독자의 1초를 아껴주는 정성!

세상이 아무리 바쁘게 돌아가더라도
책까지 아무렇게나 빨리 만들 수는 없습니다.
인스턴트 식품 같은 책보다는
오래 익힌 술이나 장맛이 밴 책을 만들고 싶습니다.

땀 흘리며 일하는 당신을 위해
한 권 한 권 마음을 다해 만들겠습니다.
마지막 페이지에서 만날 새로운 당신을 위해
더 나은 길을 준비하겠습니다.

독자의 1초를 아껴주는
정성을 만나보십시오.

미리 책을 읽고 따라해 본 2만 베타테스터 여러분과
무따기 체험단, 길벗스쿨 엄마 기획단,
시나공 평가단, 토익 배틀, 대학생 기자단까지!

믿을 수 있는 책을 함께 만들어주신 독자 여러분께 감사드립니다.

(주)도서출판 길벗 www.gilbut.co.kr
길벗이지톡 www.eztok.co.kr
길벗스쿨 www.gilbutschool.co.kr

경영학

무작정 따라하기

경영학 무작정 따라하기
The Cakewalk Series – Business Administration

초판 발행 · 2021년 8월 11일

지은이 · 최중락
발행인 · 이종원
발행처 · (주)도서출판 길벗
출판사 등록일 · 1990년 12월 24일
주소 · 서울시 마포구 월드컵로 10길 56(서교동)
대표 전화 · 02)332-0931 | **팩스** · 02)323-0586
홈페이지 · www.gilbut.co.kr | **이메일** · gilbut@gilbut.co.kr

기획 및 책임 편집 · 김동섭(dseop@gilbut.co.kr) | **디자인** · 박상희 | **영업마케팅** · 정경원, 최명주
웹마케팅 · 김진영, 장세진 | **제작** · 손일순 | **영업관리** · 심선숙, 정경화 | **독자지원** · 송혜란, 윤정아

교정교열 · 김동화 | **전산편집** · 김정미 | **CTP 출력 및 인쇄** · 예림인쇄 | **제본** · 예림바인딩

ISBN 979-11-6521-640-5 13320
(길벗도서번호 070412)

정가 17,500원

독자의 1초를 아껴주는 정성 길벗출판사

- **길벗** IT실용서, IT/일반 수험서, IT전문서, 경제실용서, 취미실용서, 건강실용서, 자녀교육서
- **더퀘스트** 인문교양서, 비즈니스서
- **길벗이지톡** 어학단행본, 어학수험서
- **길벗스쿨** 국어학습서, 수학학습서, 유아학습서, 어학학습서, 어린이교양서, 교과서

네이버포스트 https://post.naver.com/gilbutzigy
유튜브 https://www.youtube.com/ilovegilbut
페이스북 https://www.facebook.com/gilbutzigy

경영학
무작정 따라하기

최중락 지음

길벗

강의보다 쉽게,
중요한 건 빠짐없이!

경영학의 세계에 오신 것을 진심으로 환영합니다! 이 책은 경영학에 관심이 있는 모든 분들을 위해 만들어졌습니다. 대학에 입학해 경영학을 전공할 예정인 예비 대학생들, 현재 경영학을 전공하고 있지만 좀 더 쉽고 폭넓게 공부하고 싶은 대학생들, 경영학에 관심이 있지만 어려운 대학 교재를 읽을 엄두가 나지 않는 직장인들, 현대 경영학계의 이론적 이슈들을 쉽게 이해하고자 하는 분들은 이 책과 함께하는 시간을 가져보시기 바랍니다.

이 책은 현대경영학을 구성하는 다양한 요소를 일정한 기준에 따라 분류해 소개했으며, 독립적인 내용으로 각 장을 구성했습니다. 따라서 순서와 상관없이 목차를 보고 관심이 가는 주제를 먼저 읽어도 무방합니다.

이 책을 집필하면서 몇 가지 원칙을 지키고자 노력했습니다.

1. 가급적 쉬운 언어로 설명했습니다.

경영학의 이론적 연구들은 주로 미국, 독일, 일본 등 외국에서 진행되었기에 대학 교재의 용어나 문장 서술 자체가 번역 투인 경우가 많습니다. 따라서 그러한 문제점을 극복하기 위해 최대한 구어체를 사용해 제가 옆에서 직접 설명해드리는 것처럼 친절하게 서술하고자 노력했습니다.

2. 현대경영학의 다양한 주제를 포괄적으로 다루었습니다.

경영학은 조직행동, 경영전략, 마케팅, 인적자원관리, 생산운영관리, 회계학, 재무관리 등 다양한 세부 전공 분야로 구성되어 있어 저자의 주 전공이 무엇인지에 따라 책의 서술 방향이 특정 분야로 치우칠 가능성이 있습니다. 전문직 및 공무원시험 수험생들을 대상으로 10년 이상 강의를 진행해

온 저의 경험을 최대한 살려 균형 잡힌 시각으로 경영학 전반을 다루기 위해 노력했습니다.

3. 깊이 있는 설명을 추구했습니다.

개론서의 일반적인 문제점 중 하나는 단순히 용어나 개념만을 나열한다는 것입니다. 시험 문제를 풀기 위해 공부하는 것이라면 그러한 책이 필요할 수도 있습니다. 하지만 이 책은 '경영학의 이해'를 돕기 위해 만들어졌습니다. 따라서 대학교 학부 수준 이상의 심도 있는 설명을 병행했습니다.

이 책이 세상에 나오기까지 많은 분들의 도움을 받았습니다. 제가 기업과 경영에 관심을 갖고 공부할 수 있도록 성원해주신 서울대학교 경영대학 은사님들과 기업 실무를 간접적으로 체험할 수 있도록 배려해주신 삼성전자, 삼성물산, LG인화원, SK텔레콤, 한화인재개발원, 대한항공, 오리온그룹, 효성그룹 관계자 분들께 진심으로 감사드립니다. 또한 길어진 집필 기간을 인내해주고 독려해준 길벗출판사 팀원분들께도 미안함과 고마움을 동시에 전합니다.

여러모로 부족함이 많은 책이지만, 독자 여러분의 학업과 인생에 조금이나마 도움이 된다면 더 바랄 것이 없습니다. 이 책을 읽으시는 모든 분들의 건강과 행복을 기원합니다.

이촌동 서재에서

최중락

첫째마당

경영학의 시작, 인간을 이해하라

둘째마당

조직은 어떻게 구성되고 운영될까

셋째마당

직무를 이해하고 평가하는 방법

넷째 마당

경영 전략이 기업의 생사를 결정한다

다섯째마당

경영에서 공격수를 맡고 있는 마케팅

여섯째마당

적은 비용으로 큰 수익을 만들어라! 생산운영관리

경영학이란
무엇인가

경영학,
무엇을 연구하는 학문인가

경영학은 오늘날 세계에서 가장 주목받고 있는 학문 중 하나입니다. 실제로 대학에서도 상당히 많은 학생이 자신의 전공과 무관하게 경영학 수업을 듣습니다. 경영과 관련된 책이 베스트셀러에 오르는가 하면, 직장인과 자영업자를 대상으로 하는 경영학 강좌도 상당히 많아졌습니다. 그런데 '학(學)'이라는 글자가 붙어서일까요? 경영학은 뭔가 어렵고 딱딱하며 고리타분한 내용이 가득할 것 같아 쉽게 접근하지 못하는 분들이 많습니다. 경영 분야의 기사나 책을 읽을 때 관련 지식이 없어 내용을 이해하지 못해 답답함을 느끼기도 하죠.

이 책은 그러한 어려움을 해결해드리고자 만들어졌습니다. 책 내용을 차근차근 살펴보다 보면 경영학이 쉽고 친숙하게 느껴질 것입니다. 자, 그럼 시작해볼까요?

 알아두세요

피터 드러커(1909~2005)
오스트리아 출신의 미국 경영학자. 다수의 책을 통해 이윤 추구보다는 직원과 고객의 만족을 강조하여 오늘날 경영학에 큰 영향을 미쳤다고 평가받고 있다.

경영이란 무엇인가

경영학의 아버지라 불리는 피터 드러커(Peter Drucker)는 경영(management)을 다음과 같이 정의했습니다.

Management is a multi-purpose organ that manages business and manages managers and manages workers and work.

출처: 피터 드러커, 《경영의 실제(The Practice of Management)》

갑자기 영어가 나와 당황하셨나요? '경영이란 사업(business)을 관리하고, 경영자(manager)를 관리하며, 근로자와 그들의 일(workers and work)을 관리하는 다목적 조직이다'라는 뜻입니다. 즉 기업이 돈을 벌기 위해 수행하는 다양한 사업과 그 사업을 이끌어 나가는 경영자, 기업에 고용되어 일하는 근로자들을 '관리'하는 것이 경영이라는 의미입니다.

보다 쉽게 설명해볼까요? 우리 주변의 기업(회사)이 어떤 일을 하는지, 그 기업에서 일하는 근로자들은 어떻게 채용되어 어떤 업무를 부여받는지, 이러한 업무를 총괄하는 경영자는 무슨 일을 어떻게 하는지 체계적으로 '관리'하는 것이 바로 경영입니다. 예를 들어, 삼성전자가 갤럭시 스마트폰을 만들기 위해 직원들을 선발하고 교육시키며, 임직원들이 노력을 기울인다면 이 전체 과정을 통틀어 경영이라 부르는 것입니다. 경영학은 기업의 다양한 활동을 의미하는 '경영' 뒤에 '학문'을 뜻하는 '學'을 붙인 것으로, '기업 경영에 관한 학문'으로 정의할 수 있습니다.

실제 경영에 바로 사용할 수 있는 경영학

경영학은 분명 이론입니다. 학자들이 주로 연구하며, 대학교에서 전공 과목으로 인정받고 있기 때문이죠. 그러나 경영학은 철학이나 역사학 같은 순수 학문 분야와 달리 실천적 성격을 갖고 있습니다. 실천적이라는 말은 곧 실무와 밀접한 관련이 있다는 의미입니다. 경영은 학술적 연구 분야이기도 하지만, 언론을 통해 접할 수 있듯, 다양한 기업이 매일

치열하게 경쟁하고 고객의 마음을 얻기 위해 노력하는 과정 그 자체이기도 합니다. 대학 교수님들이 경영이론을 연구하기도 하지만, 성공한 기업의 사례를 분석하는 과정에서 놀라운 이론이 만들어지기도 합니다. 이러한 의미에서 경영학은 이론적 성격과 실천적 성격을 동시에 갖습니다. 이 책에서도 다양한 기업 사례를 소개하고 있으니 경영학의 실천적 성격을 엿볼 수 있을 것입니다.

경영학은 학문이자 이론이므로 과학적인 방식으로 연구됩니다. 실험, 설문조사, 통계, 시뮬레이션과 같은 체계적이고 과학적인 방식으로 이론을 만들어내기도 하고, 기존 이론을 검증하기도 합니다. 그러나 앞서 이야기했듯 경영학은 실천적 성격을 갖기 때문에 좋은 경영이론은 기업이 더 좋은 제품을 만들고 더 많은 돈을 벌도록 하는 하나의 기술로 쓰이기도 합니다. 매출을 높이는 방법, 사업경비를 절약하는 방법, 뛰어난 인재를 선발하는 방법 등은 과학적인 연구 결과인 동시에, 실무자들이 유용하게 활용할 수 있는 기술인 것이죠.

결론적으로 경영학은 이론적 성격과 실천적 성격을 함께 가지므로 과학인 동시에 기술이라 할 수 있습니다.

기업을 이해하면
경영학이 보인다

기업이란 무엇인가

경영학은 기업의 활동을 연구하는 학문입니다. 사실 기업은 정부나 군대, 시민단체 등과 마찬가지로 '조직'의 일종이라 할 수 있습니다. 조직(organization)은 공동의 목적을 달성하기 위해 둘 이상의 사람이 모여 협력하는 단체입니다. 조직에는 영리조직, 비영리조직, 공공복리조직 등의 형태가 있으며, 그중에서도 영리를 목적으로 형성된 조직을 특별히 지칭하는 용어가 바로 기업(enterprise, business organization)입니다. 기업은 다음과 같이 세 가지 특징을 갖고 있습니다.

효과성과 효율성의 실현을 목표로 한다

기업은 효과성(effectiveness)과 효율성(efficiency)의 실현을 목표로 합니다. 효과성은 조직이 목표를 달성한 정도를 뜻합니다. 일반 기업의 경우에는 높은 수익성을 거두었거나 많은 이윤을 남겼을 때 효과성이 실현되었다고 말하고, 비영리조직인 정부기관이나 행정조직의 경우에는 국민을 위한 서비스가 개선되거나 당연히 해야 할 일(mission)을 완수했을 때 효과성이 높다고 말합니다.

효율성은 투입된 자원의 양에 대비해 조직이 산출해내는 결과물의 비

 알아두세요

조직과 집단
조직은 여러 집단(group)으로 구성된다. 회사에서 볼 수 있는 다양한 부서(department) 또는 팀(team)이 집단의 사례라 할 수 있다.

율을 말합니다. 일반적으로 보다 적은 투입물(input)로 보다 많은 산출물(output)을 내놓았을 때 그 조직을 효율적이라고 봅니다.

효과성과 효율성의 개념이 조금 어렵나요? 예를 들어 설명해보겠습니다. 서울에서 부산으로 이동해야 한다고 가정해봅시다. 이때 자동차를 타든, 비행기를 타든, KTX를 타든 부산에 도착하기만 한다면 효과성은 달성된 것입니다. 목표(부산 도착)를 달성한 것이니까요. 그런데 만약 1시간 만에 도착할 수 있는 방법이 있는데 100시간 걸려 도착했다면 목표는 달성했으나 시간이 과도하게 투입되었기 때문에 효율성이 낮다고 평가할 수 있습니다.

소유자와 경영자가 분리되어 있다

기업에서는 소유자와 경영자가 분리되어 있는 경우가 많습니다. 소유자는 기업을 지배하는 사람으로, 보통 주주(stockholder)를 의미합니다. 기업이 설립되기 위해서는 자본을 투자하는 과정, 즉 출자가 필요한데, 주주는 바로 출자자를 뜻합니다. 자본을 조달한 주주가 직접 경영을 해도 되지만, 보다 효과적인 경영을 위해 경영능력이 탁월한 전문 경영인을 고용하여 그들에게 경영을 위임하는 경우가 많습니다.

지속적으로 유지된다

기업활동은 특별한 경우가 없는 한 지속적으로 유지됩니다. 이를 '계속기업의 가정'이라 부릅니다. 기업이 당장 경영활동을 청산 혹은 중단할 의도가 있거나 경영활동을 지속할 수 없는 상황에 놓인 경우를 제외하고는 계속해서 존속합니다.

기업의 주인은 누구인가

기업의 주인이 누구인지 그리고 의사결정은 누가 하는지 등을 나타내는 용어가 바로 기업지배구조(corporate governance)입니다. 기업지배구조의 유형으로는 영국과 미국에서 주로 언급되는 '주주 자본주의(stockholder capitalism)'와 독일과 일본에서 주로 받아들여지는 '이해관계자 자본주의(stakeholder capitalism)'가 있습니다.

먼저 주주 자본주의는 기업의 주인을 주주로 보는 관점입니다. 앞서 이야기했듯 경영자는 주주로부터 경영권을 위임받아 기업을 관리하는데, 이 과정에서 주주의 관심사(주식 가격 상승 등)와 경영자의 이해관계(연봉 상승 등)가 일치하지 않는 경우가 발생할 수 있습니다. 따라서 주주 자본주의에서는 일을 시키는 사람과 실제로 일을 수행하는 사람 간의 이익 충돌 문제인 '주인-대리인 문제(principal-agent problem)'가 발생할 가능성이 있습니다. 이때는 경영진의 행동을 통제하고 주주의 이익을 확보하기 위한 장치(스톡옵션 등)가 필요합니다.

이해관계자 자본주의는 기업을 이해관계자(주주, 채권자, 경영자, 구성원, 거래 기업, 소비자, 정부 등)들의 연합체로 보는 관점입니다. 이 관점에 따르면 기업은 주주뿐 아니라 이해관계자들의 다양한 욕구를 동시에 충족시키기 위해 노력해야 합니다. 이와 관련된 개념이 바로 기업의 사회적 책임(CSR, Corporate Social Responsibility)입니다.

 알아두세요

스톡옵션(stock option)
주식을 특정 가격에 사거나 판매할 수 있는 권리. 이 권리는 경영자에게 부여되는 경우가 많으며, 경영자가 기업을 효과적으로 관리해 주식가치가 상승할 경우 그 가치의 일부를 경영자에게 보상한다.

기업의 사회적 책임, CSR

기업은 가치(돈)를 창출하는 이익집단인 동시에 사회적 인프라와 제도의 각종 혜택을 입고 있는 존재로, 일정한 사회적 책임을 진다. 이윤을 추구하는 활동 이외에 법령과 윤리를 준수하고, 이해관계자들의 요구에 적절히 대응함으로써 사회에 긍정적인 영향을 미치는 책임 있는 활동을 '기업의 사회적 책임'이라 한다. 기업의 사회적 책임은 크게 네 가지, 즉 경제적, 법적, 윤리적, 자선적 책임으로 구분할 수 있다.

기업의 사회적 책임은 기업의 재정적인 이익뿐 아니라 이해관계자들과 그들이 생활하는 사회조직에 긍정적인 영향을 미친다. 따라서 기업이 사회적 책임을 수행하기 위해 사회와 이해관계자들의 광범위한 고려 사항을 인식하고, 경영활동을 그것들과 연관시킬 때 사회적 선(善)과 공공의 이익에 가장 잘 공헌할 수 있게 된다.

이렇듯 기업의 사회적 책임은 기업 경영활동에 매우 유익한 전략 중 하나가 될 수 있다. 사회적 책임이라고 해서 기업의 목적이나 비전과 경쟁 관계에 있는 것이 아니라, 기업의 임무 수행을 위한 상호보완적 관계라고 볼 수 있다.

경영학
무작정 따라하기

003

기업은 어떻게
가치를 만드는 걸까

기업은 가치를 만들어내는 조직이다

 알아두세요 ─────

마이클 포터(1947~)
미국 하버드대학교 경영대학원
교수이자 경영 전략과 사회적 책
임 분야의 최고 권위자. 26세에
하버드대학교 교수로 임용되었
고, 35세에 하버드대학교 정년 보
장 교수로 임명되는 기록을 세웠
다. 주요 저서로는 《경영전략》,
《경쟁전략》 등이 있다.

경영학은 기업에 관한 학문이므로 우리는 기업이 수행하는 다양한 활동을 들여다보아야 합니다. 이에 관해 연구한 마이클 포터(Michael Porter)는 기업은 가치를 만들어내는 조직이므로 기업활동 역시 가치가 만들어지는 과정에 따라 분석할 필요가 있다고 주장했습니다.

여기서 가치란 무엇일까요? 쉽게 말하면 '돈(money)'입니다. 따라서 가치를 만들어낸다는 말은 곧 돈을 번다는 의미죠. 현대자동차에서 그랜저를 생산하는 것, 삼성전자에서 갤럭시 스마트폰을 출시하는 것, 출판사에서 《경영학 무작정 따라하기》를 출판하는 것과 같이 고객에게 판매해 돈을 벌 수 있는 무언가를 기획하고 만들어내는 활동은 모두 가치를 창출하는 일입니다.

포터는 기업을 가치창출활동의 덩어리(집합)로 보았습니다. 즉 돈을 벌기위해 진행되는 모든 활동을 합한 것이 기업 그 자체라는 의미입니다.

기업 = 가치를 창출하는 활동들의 집합

기업이 가치를 만들어내는 과정 – 가치사슬

그렇다면 기업이 돈을 벌기 위해 수행하는 활동에는 어떤 것들이 있을까요? 포터는 1980년 《경쟁전략(Competitive Strategy)》이라는 책을 통해 기업의 활동을 크게 운영활동(primary activity, 본원활동)과 지원활동(support activity, 보조활동)으로 나누었습니다. 두 가지 활동이 이익으로 이어지는 과정을 설명한 것이 바로 가치사슬(value chain)이며, 오늘날 기업가치 분석모델로 널리 쓰이고 있습니다.

| 마이클 포터의 가치사슬 |

지원(보조) 활동	인프라(기업 하부구조)				이익
	인적자원관리(인사관리)				
	기술 개발(R&D)				
	구매와 조달, 회계, 재무관리				
운영(본원) 활동	투입 측면의 물류활동	생산 및 운영	산출 측면의 물류활동	마케팅과 판매 및 영업	서비스 활동

출처: 마이클 포터, 《경쟁전략(Competitive Strategy)》

가치 창출에 직접적으로 기여하는 운영활동

운영활동이란, 가치를 창출하는 과정에 직접적으로 기여하는 활동을 말합니다. 쉽게 설명하면, 돈을 버는 데 가장 필수적인 업무들을 흐름에 따라 정리한 것입니다. 이에 해당하는 기업활동 영역은 다음과 같습니다.

- **투입 측면의 물류활동(inbound logistics)**: 제품 생산에 필요한 원자재를 수송하거나 재고를 관리하는 활동. 식당의 경우 고기, 야채 등의 식자재를 식당으로 운송해 보관하는 업무가 이에 해당한다.
- **생산 및 운영(operations)**: 고객이 원하는 제품과 서비스를 직접 만들어내는 활동. 식당의 경우 주방에서 음식을 조리하는 업무가 이에 해당한다.

알아두세요 ─

보통 기업에서는 운영활동을 담당하는 직원들을 라인(line) 근로자라 부른다.

- **산출 측면의 물류활동(outbound logistics)**: 만들어진 제품과 서비스를 고객에게 제공하기 위해 수송하는 활동. 식당의 경우 각종 배달 애플리케이션을 통해 주문받은 음식을 고객에게 전달하는 업무가 이에 해당한다.

- **마케팅과 판매 및 영업(marketing and sales)**: 제품과 서비스가 더욱 잘 팔리도록 고객을 분석하고 고객에게 적합한 방식으로 홍보하는 활동. 식당의 경우 전단지를 붙이거나 온라인 광고를 제작하는 업무가 이에 해당한다.

- **서비스활동(service)**: 만들어진 제품에 문제가 생겼거나 고객 응대 과정에서 불만 사항 등이 접수될 경우 이를 해결하고 처리하는 활동. 식당의 경우 배달된 음식에 문제가 있다고 불만을 제기한 고객에게 음식을 새로 만들어 배달해주거나 환불을 진행하는 등의 업무가 이에 해당한다.

운영활동이 진행될 수 있도록 돕는 지원활동

 알아두세요

보통 기업에서는 지원활동을 담당하는 직원들을 스탭(staff) 근로자라 부른다.

지원활동이란, 앞서 설명한 운영활동이 제대로 진행될 수 있도록 도와주는 다양한 활동을 말합니다. 기업이 지원활동을 통해 돈을 버는 것은 아니지만, 지원활동이 충분히 뒷받침되지 않으면 운영활동 수행에 문제가 발생할 수도 있기 때문에 이 역시 중요한 활동입니다. 이에 해당하는 기업활동 영역은 다음과 같습니다.

- **조달(procurement)**: 제품과 서비스를 생산하는 과정에 필요한 소모품이나 비품 등을 확보하는 활동. 식당의 경우 고객들이 사용할 의자, 테이블, 식기류 등을 구입하는 업무가 이에 해당한다.

- **인적자원관리(human resource management)**: 기업의 다양한 업무를 수행하는 사람(직원)을 선발하고 교육하며 보상을 주는 모든 활동. 식당의 경우 주방에서 일하는 요리사, 음식 서빙을 담당하는 직원 등을 선발하고, 그들의 업무 수행을 관리·감독하는 모든 업무가 이에 해당한다.

- **기술 개발(technological development)**: 제품 생산과 서비스 수행에 필요한 하드웨어나 소프트웨어 측면의 기술을 만들거나 기존 기술을 개선하는 활동. 식당의 경우 새로운 메뉴를 개발하거나 기존 음식의 레시피를 바꾸어 보는 업무가 이에 해당한다.

- **인프라(infrastructure)**: 기업이 업무를 수행하기 위해 필요한 자산(건물이나 기계 등)을 관리하고 다양한 사무(회계 장부, 매출 데이터 등)를 처리하는 활동. 식당의 경우 매장 건물 관리, 현금 관리, 법적 문제(프랜차이즈 계약 문제 등) 해결 등을 담당하는 업무가 이에 해당한다.

기업은 이처럼 크게 두 활동으로 구성되며, 각 활동은 다양한 세부 활동을 포함합니다. 따라서 기업을 연구하는 경영학은 운영활동과 지원활동에 관련된 다양한 업무 영역에 관한 세부 연구 분야로 구성됩니다.

기업의 목표는
오직 이윤 추구일까

기업의 목표는 공식목표와 운영목표로 나뉜다

우리나라 대표 기업인 삼성전자의 홈페이지에 접속해보면 좌측 상단에 '비전'이라는 메뉴가 있습니다. 그곳을 클릭하면 이런 문구가 나옵니다.

> 인재와 기술을 바탕으로 최고의 제품과 서비스를 창출하여 인류 사회에 공헌
>
> 출처: 삼성전자 홈페이지

비전(vision)은 기업이 존재하는 이유 내지는 목적을 의미하는 영어 단어입니다. 유사한 의미를 가진 단어로 미션(mission)이 있는데, 기업에 주어진 목표를 뜻합니다. 이 두 단어는 '기업이 어떤 일을 하기 위해 세상에 존재하는가'를 설명한다는 공통점을 가지고 있습니다. 이처럼 기업이 존재하는 이유에 해당하는 경영학적 개념이 바로 공식목표(official goal)입니다. 공식목표는 조직이 달성하고자 하는 사업의 범위와 결과를 담고 있죠.

기업의 목표에는 공식목표 외에도 운영목표(operative goals)라는 것이 있습니다. 이는 기업이 실제 경영활동을 통해 달성하고자 하는 최종 성과

로서 구체적이고 측정 가능한 형태로 제시되는 단기목표입니다. 간단히 말해 공식목표가 존재의 이유라면, 운영목표는 공식목표의 하위 항목 내지는 공식목표를 달성하기 위한 수단이라 할 수 있습니다.

어느 기업에서는 규정 및 절차 준수가 성과를 내는 것 이상의 중요성을 가지기도 하고, 어느 기업에서는 조직의 목표를 구성원 간의 단결에 두기도 합니다. 이상의 설명은 조직의 목표가 그리 단순하게 측정되지 않는다는 점을 시사합니다.

목표를 '효과적'으로 달성하기 위한 경영학

경영학에서 많이 사용되는 용어 중 하나가 바로 조직효과성(organizational effectiveness)입니다. 이는 조직이 공식목표와 운영목표를 달성한 정도를 의미하죠. 우리는 특정 제품이나 서비스를 구매해 사용할 때 구매 목적이 충족되면 '효과가 좋다'라고 말합니다. 예를 들어, 약을 구매해 먹은 뒤 병이 낫거나 기력이 회복되면 약효가 좋다고 말하죠.

기업에서의 효과성 역시 마찬가지 의미입니다. 기업은 높은 수익을 거두었거나 많은 이윤을 남겼을 때, 정부기관이나 행정조직은 그들이 당연히 해야 하는 미션을 완수하거나 서비스의 질이 상승했을 때 효과성이 높다고 판단합니다.

효과성을 달성하기 위한 수단으로 경영학에서 중요하게 생각하는 또 다른 개념은 효율성입니다. 효율성은 앞서 언급했듯 투입된 자원의 양에 대비해 조직이 산출해내는 결과물의 비율을 말합니다. 보다 적은 투입물로 보다 많은 산출물을 내놓았을 때 그 조직을 효율적이라고 합니다. 이는 흔히 말하는 '가성비(가격 대비 성능이나 효과)가 좋다'라는 의미와 비슷합니다.

| **효과성** | 목표 달성 | Do the right things(무엇을 할 것인가) |
| **효율성** | 투입 대비 산출의 극대화 | Do things right(어떻게 할 것인가) |

기업은 돈만 잘 벌면 되는가

깊이 생각하지 않으면 대답하기 어려운 질문입니다. 회사는 설립 목표에 부합하게 경영활동을 수행하고, 이윤을 창출해야 합니다. 그래야 직원들의 월급을 줄 수 있고, 새로운 제품이나 서비스를 개발할 수 있죠. 다만, 여기서 말하는 '이윤 창출'이 기업의 유일한 목표는 아닙니다. 즉 돈을 잘 버는 것이 기업의 중요한 목표인 것은 맞지만, 그 외 다른 목표들도 존재할 수 있다는 의미입니다. 그럼 어떤 목표들이 있을까요?

- 유능한 인재 선발하기
- 고객들과 좋은 관계 유지하기
- 대외적 이미지 개선하기
- 적절한 시점에 필요자금 조달하기
- 구성원들의 단합과 결속 장려하기
- 다른 기업보다 앞서 나가는 기술 개발하기

이처럼 기업의 목표를 정하고 이를 평가하는 기준은 매우 다양할 수 있습니다. 따라서 특정 목표만으로 기업의 효과성을 검토하기는 어렵습니다. 경영학에서는 이러한 문제점을 극복하기 위해 조직 전반의 활동을 검토하는 통합적 관점이 등장했고, 그 대표적인 사례가 바로 이해관계자 접근법(stakeholder approach)입니다.

이해관계자는 조직과 직간접적인 관계를 맺고 있는 당사자들을 뜻합니다. 따라서 조직효과성 역시 다양한 이해관계자의 요구에 얼마나 균형적으로 잘 대응하는지를 평가해야 합니다. 주주 입장에서는 높은 배당수익률을, 노조 입장에서는 높은 임금과 복지 수준을, 고객 입장에서는 우수한 제품과 사용가치를 제공하는 조직이 효과적일 테니까요.

잠깐만요

조직효과성을 다각도로 평가할 수 있는 균형성과표

균형성과표(BSC, Balanced Score Card)는 하버드대학교 교수 로버트 카플란(Robert Kaplan)과 데이비드 노튼(David Norton)에 의해 개발된 기업 성과 측정 도구로, 흔히 'BSC'라 불린다. 조직효과성을 재무적 성과로만 이야기할 수 없는 경우가 종종 있다. 매출은 높지만 고객만족도가 낮아 향후 전망이 밝지 않은 경우, 돈은 잘 버는데 직원들의 이직률이 높아 고민인 경우 등이 바로 그 사례다.

무엇으로 성과를 측정해야 기업의 현재 상태를 가장 잘 나타낼 수 있을지 고민하던 많은 기업에게 BSC의 등장은 갈증을 해소시켜줄 단비와 같았다. BSC의 포인트는 전통적인 재무적 성과 지표에 다양한 운영상 지표(고객 측면, 내부 프로세스 측면, 직원의 학습 및 성장 측면 등)를 의미 있게 결합해 조직 차원의 성과(조직효과성)를 종합적으로 측정할 수 있다는 점이다.

BSC는 조직효과성을 네 가지 측면으로 평가한다. 각 요소는 조직효과성에 직접적으로 영향을 주는 순서대로 나열했다.

- **재무적 측면**: 이익이나 매출액, 투자수익률(ROI, Return On Investment) 등 회계학적 측정치를 사용해 평가한다.
- **고객 측면**: 고객만족도나 재구매율, 고객충성도 등으로 평가한다.
- **내부 프로세스 측면**: 내부 공정이나 생산 과정 및 업무 흐름 등과 관련해 주문 이행률이나 주문당 비용, 리드 타임(lead time) 등으로 평가한다.
- **학습 및 성장 측면**: 조직구성원들이 내부적 프로세스를 개선하기 위해 기울이는 노력이나 이직률, 직무만족도, 조직몰입도 등으로 평가한다.

테일러의 과학적 관리론, 경영학 역사의 시작

조직의 정체성은 인간을 어떻게 보느냐에 달려 있다

이번 장에서는 경영학의 주된 연구 대상인 '조직'의 정체성과 그 운영 원리에 관한 학자들의 견해를 살펴보겠습니다. 조직의 정체성이란 '조직은 무엇인가?'라는 질문에 대한 답이라 할 수 있습니다. 자신이 속해 있는 조직이 어떤 속성을 갖고 있고, 어떤 방식으로 운영되는지 알고 있으면 자신의 행동 방식과 삶의 목표를 설정하는 데 도움이 됩니다.

예를 들어볼까요? 회사가 능력에 입각해 보상과 승진을 결정한다고 생각하는 사람이 있고, 상사와의 관계에 따라 보상과 승진이 결정된다고 생각하는 사람이 있습니다. 어떻게 생각하느냐에 따라 분명 회사생활이 달라질 것입니다.

이처럼 조직생활은 우리가 조직과 그 운영 방식에 대해 가지는 이미지나 인상에 의해 좌우될 수 있습니다. 많은 경영학자가 바로 이 점에 주목해 나름의 가정과 원칙에 따라 조직 현상을 분석하고 설명했습니다.

조직에 관한 연구 내용은 크게 인간의 이성과 합리성을 중시하는 입장과 비이성적 측면과 인간관계를 중시하는 입장으로 나눌 수 있습니다. 윌리엄 리차드 스콧(W. Richard Scott)은 전자를 합리적(rational) 측면, 후자를 자연적(natural) 측면이라 명명했습니다. 지금부터 대표적인 조직이론들을 이 두 가지 관점으로 살펴보겠습니다.

인간은 늘 합리적인 판단을 한다 – 경제인 가설

철학이나 사상의 역사를 보면 인간의 이성을 신뢰하는 관점의 이론이 많습니다. 경영학에서도 마찬가지입니다. 인간은 손해보다 이익을 추구하고, 여러 정보를 취합해 합리적으로 사고하며, 감정이나 충동보다는 이성과 논리에 의해 작동하는 존재라는 것이죠. 이러한 관점을 '경제인 (economic man) 가설'이라 하며, 그 세부 내용은 다음과 같습니다.

- 인간은 외적으로 주어지는 경제적 유인(incentive)에 의해서(만) 동기부여되며, 경제적 이익을 최대로 얻을 수 있는 방향으로 행동한다. 이 과정에서 조직의 통제하에 경제적 유인이 부여되는 경우가 많으므로 인간은 조직에 의해 동기부여되고 통제되는 수동성을 가진다.
- 감정은 인간의 합리적 선택에 방해가 되므로 조직 차원에서 개인적 요소들이 개입되지 않도록 통제할 필요가 있다. 인간의 자연적인 목적과 조직 차원에서의 목적이 대립되는 경우가 꽤 많이 발생한다.

이 관점에 따르면 인간의 집합인 조직도 같은 원리로 돌아갑니다. 따라서 조직은 분명한 목표를 갖고 있으며, 이를 달성하기 위해 보유하고 있는 여러 자원을 최적의 상태에서 활용합니다. 경제인 가설의 대표적 이론은 프레드릭 테일러(Frederick Taylor)의 과학적 관리론(scientific management)입니다.

 알아두세요

프레드릭 테일러(1856~1915)
미국의 경영학자. 과학적 관리론을 창안해 공장 개혁과 경영합리화에 큰 공적을 남겼다. 저서로는 《과학적 관리의 원칙》 등이 있다.

조직도 합리적인 판단으로 과학적 관리가 가능하다

과학적 관리론은 개인 사업장을 관리한 경험이 있는 테일러의 개인적 경험과 통찰에 의해 고안된 몇 가지 원칙입니다. 과학적 관리론, 용어가 참 재미있죠? 그렇다면 그 이전 조직관리 방식은 '비과학적'이었다는 말일까요? 적어도 테일러의 눈에는 그렇게 비쳤습니다.

19세기 말과 20세기 초 미국 공장들을 보면 작업 시작 시간과 종료 시간 및 휴식 시간, 작업 도구와 작업 방법, 성과 측정과 통제 절차 등 조직관리의 핵심이자 기초라 할 수 있는 몇몇 원칙조차 확립되어 있지 않은 경우가 많았습니다. 테일러가 관리한 공장도 예외는 아니었죠. 테일러는 문제의식을 가지고 조직의 운영효율성을 높일 수 있는 몇 가지 원칙을 고안했습니다. 주된 내용은 노동 분업에 입각한 직무전문화(job specializartion)를 통해 한 작업자가 투입하는 노력과 시간을 줄이는 방법들에 관한 것이었습니다. 이를 통해 생산 현장에 산재한 비효율과 인력 낭비를 막을 수 있다는 것이 테일러의 기본 관점입니다.

테일러에 따르면 과학적 관리를 구성하는 원칙은 다음과 같습니다.

- 구성원이 수행하는 개별적인 업무는 과학적 분석에 의해 설계되어야 하며, 그것을 바탕으로 표준화된 작업 절차와 공정한 작업량 및 임금지급률(시급 등)이 설정된다.
- 과학적으로 설계된 과업을 원활하게 수행하기 위해서는 근로자들을 과학적인 방법으로 선발하고 훈련하며, 적절한 직무에 배치시킬 필요가 있다.
- 할당된 과업의 달성 정도에 따라 구성원들에게 차별성과급을 지급한다. 이를 통해 궁극적으로 고임금·저인건비(paradox of high wages and low costs), 즉 열심히 일하는 소수의 사람에게 많은 임금을 줌으로써 그들의 성과 향상을 토대로 전체 인건비를 감축하는 것이 가능해진다.

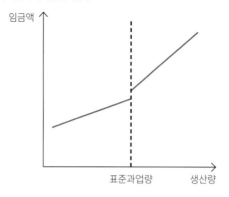

| 테일러의 차별성과급 |

많은 기업이 과학적 관리론을 통해 생산성과 효율성을 높였고, 테일러가 주창한 성과급 지급 방식, 구성원 선발 방식, 작업 배치 방식 등은 현대 조직관리에도 큰 영향을 미쳤습니다. 다만 분업을 지나치게 강조해 업무가 세분화되면서 조직구성원들이 일하는 재미를 잃게 된 점, 인간을 경제적 인센티브에만 매달리는 존재로 가정한 점 등은 많은 비판을 받았습니다.

조직관리 관점으로의 도약, 베버의 관료제론

앞서 살펴본 프레드릭 테일러의 과학적 관리론은 유럽에서 등장한 미시적(micro) 이론입니다. 미시적 이론이라는 것은 직원들이 어떻게 작업해야 하는지를 설명했다는 점에서 개인에 초점을 둔 이론이라는 뜻입니다. 이와 반대로 조직 전체를 관리하는 방식을 설명했다면 거시적(macro) 이론이 됩니다. 막스 베버(Max Weber)의 관료제론은 대표적인 거시적 이론입니다. 어떤 이론인지 자세히 알아볼까요?

 알아두세요

막스 베버(1864~1920)
독일의 사회학자. 관료제 이론을 집대성하였으며, 《프로테스탄티즘 윤리와 자본주의 정신》, 《직업으로서의 정치》 등의 저서를 남겼다.

조직을 관리하기 위한 세 가지 권한

관료제(bureaucracy)는 절대왕정기 이후 근대 서구사회에서 가장 두드러진 현상이자, 베버가 가장 이상적이라고 생각한 형태의 조직입니다. 베버는 정부 조직의 합리적·능률적 운영에 관심이 많았습니다. 관료제는 역사 흐름에 따라 인간이 다른 인간을 통제하는 방식이 진화되는 과정에서 등장한다고 보았습니다. 베버에 따르면 조직을 관리하고 구성원을 통제하는 공식적 힘이라 할 수 있는 권한(authority)의 형태는 다음과 같이 크게 세 가지로 나뉩니다.

- **카리스마적 권한**: 지배자에 대한 개인적인 헌신과 충성을 바탕으로 한 권한이다. 카리스마를 지닌 지배자와 헌신적인 피지배자 사이에는 매우 개인적이고 밀접한 관계가 존재한다.(예: 전제군주, 히틀러)
- **전통적 권한**: 신성하게 여겨지는 전통(tradition)이 규정하는 범위 내에서 지배자가 행사하는 권한이다. 지배자의 통치 행위에 피지배자는 무조건적으로 복종하게 된다.(예: 장로, 영주)
- **합리적·법적 권한**: 조직의 규범적 규칙이 합리적이고 합법적으로 제정되어 그에 따르는 것이 정당한 것으로 간주되는 권한이다. 여기서의 복종은 어느 특정 지배자나 개인을 향한 것이 아니라, 규칙과 규정을 향한 것으로 정당화될 수 있는 시스템적인 행위다.(예: 대부분의 현대 조직)

알아두세요

중세 유럽에서는 영주와 농노의 신분이 세습되었다. 이러한 신분 세습제는 전통이라는 미명하에 당연하게 받아들여졌다. 베버는 이를 전근대적이라 비판했다.

베버는 역사적 발전에 따라 위 세 유형의 권한이 순서대로 발현된다고 보았습니다. 합리적·법적 권한을 기초로 하는 관료제를 조직구조로 정할 때 비로소 가장 효율적이고 합리적인 조직이 이루어진다고 주장했습니다.

상하관계가 뚜렷하고 친분보다 능력을 중시한다

가장 대표적인 관료제 조직은 정부라 할 수 있습니다. 우리나라의 정부 조직을 예를 들면서 관료제의 몇 가지 특징을 알아봅시다.

첫째, 위계 서열이 중시됩니다. 베버는 관료제 조직의 핵심을 관료들 간의 연속적 계층구조로 보았습니다. 이는 상명하복(上命下服)의 원칙에 따라 상위 조직원이 하위 조직원을 관리·감독하는 형태로 나타납니다.

알아두세요

상명하복

상사가 명령하면 부하는 복종한다는 뜻이다.

둘째, 분업이 강조됩니다. 관료제 조직에서는 전문화의 원리에 따라 각자가 책임을 지는 행동 범위와 권한이 구체화되는 시스템적 분업이 이루어집니다. 국방부와 환경부의 업무가 다른 것이 대표적인 사례죠. 이는 구성원이 성과를 잘 냈는지 확인하고 통제하는 방법인 동시에, 각자의 역할을 조정해 서로 간섭하거나 방해하지 않도록 만듭니다.

셋째, 규칙과 절차가 강조됩니다. 임무 수행은 문서화된 규칙을 따르게 되며, 수행 과정에서의 행동 및 의사결정 내용은 기록되어 관리됩니다. 그로 인해 사람이 바뀌어도 업무는 연속적으로 이루어질 수 있습니다.

넷째, 혈연보다는 능력이 중시됩니다. 관료제는 출신이나 거주 지역, 권력자와의 개인적인 친분이 아닌, 업무 수행에 필요한 자격 요건을 갖춘 인재를 선발한다는 점에서 능력주의의 특징을 갖고 있습니다. 우리나라의 공무원도 공개 경쟁 채용 방식, 즉 필기시험을 통해 선발되는 경우가 대부분이죠.

알아두세요

많은 사람이 관료제는 능력보다 연공, 즉 근무 기간이 중시되는 것으로 알고 있는데, 이는 우리나라에서의 특이한 현상일 뿐, 관료제의 일반적인 특징은 아니다.

안정적이지만 변화에 둔한 관료제의 한계

관료제는 조직의 안정과 합리적 운영에 많은 신경을 쓰다 보니 제도 개선이 필요함에도 불구하고 그대로 묵혀두는 경우가 많습니다.

'정부항공운송의뢰제도'는 1980년대에 공무원들이 국적기(대한항공)를 이용하도록 하면서 도입되었습니다. 당시에는 항공권을 구하기 쉽지 않았기 때문에 주요 인사들의 업무 편의를 위해 제정된 것이었죠. 하지만 2016년 기준 인천-뉴욕 간 왕복 티켓값은 421만 원이었다고 합니다. 이는 일반인이 부담하는 것보다 3~4배가 비싼 값이었죠. 현재는 예매와 일정 변경 등이 쉬워졌기 때문에 이 제도는 결국 2018년 제정된 지 38년 만에 폐지되었습니다. 모든 조직은 설립 목적이 있기 마련이고, 목적 달성을 위해 여러 제도와 규정을 만듭니다. 그러나 종종 규정과 절차가 목적 달성에 해가 되기도 합니다. 사례처럼 적절한 시기에 변화하지 못해 국민 예산을 낭비하는 제도가 오래 운영된 것이죠. 이를 목적전도(goal displacement)라 부릅니다.

인간의 심리를 중시하는 메이요의 인간관계론

사람은 주변인들의 영향을 받는다 – 사회인 가설

인간은 이성적이지만, 한편으로는 비이성적이기도 합니다. 충동적이고, 감정에 흔들리는 일이 많죠. 우리는 조직에서의 의사결정이 합리적으로 이루어지는 것만은 아니라는 사실을 이미 잘 알고 있습니다. 이처럼 인간의 행동이 그를 둘러싸고 있는 주변 환경 및 타인과의 관계에 많은 영향을 받는다고 보는 관점을 '사회인(social man) 가설'이라 합니다. 그 세부 내용은 다음과 같습니다.

- 인간은 기본적으로 사회적인 욕구와 타인과의 일체감을 통해 동기부여가 된다. 따라서 작업이나 직무 자체를 통해 동기부여를 꾀하기보다는 직무와 관련하여 형성되는 사회적 관계에서 의미를 찾아야 한다.
- 경영자는 개인적 유인보다 집단적 유인의 방법을 활용할 때 더 큰 동기부여 효과를 기대할 수 있다. 이는 일방적인 통제보다 소속감과 일체감의 부여 및 감정이나 욕구를 통한 관리 방법이 더 효과적일 수 있음을 의미한다.

이 관점에 따르면 인간의 집합인 조직에는 개인의 행동을 분석할 때와는 다른 차원의 논리가 적용됩니다. 이후에 집단사고나 사회적 태만 등 합리적 인간의 가정만으로는 설명되지 않는 현상들이 발생하기 때문입니다. 따라서 조직의 정체를 밝히고 그 운영 원리를 설명하는 과정에는 여러 사람(또는 타 조직)과의 상호작용 방식과 그 속에서 살아남기 위한 생존 논리가 동원됩니다. 이러한 관점을 가진 대표적 이론이 인간관계론(human relation theory)입니다.

조직 속 인간관계를 검증한 메이요의 호손실험

과학적 관리론으로 대표되는 관리 방식이 한 시대를 풍미하면서 인류 문명은 급격한 생산성 증대를 경험하게 되었습니다. 엘튼 메이요(Elton Mayo)는 제자이자 하버드대학교 동료 교수였던 프리츠 뢰슬리스버거(Fritz Roethlisberger)와 함께 미국 서부전기회사 호손공장 근로자들을 상대로 최적의 작업 조건을 찾기 위한 연구를 수행했습니다. 그 과정에서 과학적 관리론의 문제점과 한계를 발견했죠. 장장 8년에 걸쳐 4단계로 진행된 실험의 내용은 다음과 같습니다.

알아두세요

엘튼 메이요(1880~1949)
오스트레일리아 출신의 임상심리학자. 미국으로 가 산업사회학·산업심리학 발전에 기여했다.

호손공장의 모습

- **1단계**: 조명의 효과를 측정하기 위한 실험이 진행되었다(조명 실험). 근로자를 두 집단으로 나누어 밝기 변화와 생산성의 관계를 살펴보았는데, 밝기가 변화한 실험 집단뿐 아니라 비교 대상이었던 통제집단에서도 작업 성과가 향상되는 결과가 나타났다.

- **2단계**: 조립에 종사하는 여성 근로자를 6인 1조로 구성해 특정 작업 조건(휴식 시간 제공, 간식 제공, 작업 시간 단축 등)이 주어질 때의 성과 향상 여부를 실험했다(계전기 실험). 우선 6명 중 2명에게 같이 일할 4명을 선발하게 하여 일종의 비공식 집단(서로 친밀해지는 자생집단)을 이루게 한 뒤 동일한 작업실에서 일하게 하고, 감시원 1명을 붙이는 방식으로 실험이 진행되었다. 그 결과, 여러 작업 조건의 변화에도 불구하고 생산성에는 큰 차이가 없었다. 심지어 실험이 끝난 뒤 작업 조건을 기존 상태로 되돌려놓았음에도 불구하고 생산성이 유지되었다.

- **3단계**: 공장 전체 근로자들을 대상으로 면접조사를 실시해 구성원들의 만족과 불

알아두세요

집단의 사회적 조건
작업장 내 우호적인 분위기, 관리
자의 칭찬과 기대감, 작업 집단에
대해 느끼는 자부심, 책임감 등을
포함한다.

만족에 영향을 주는 요인들을 알아보았다. 그 결과, 작업 의욕이 개인적 감정에 의해서도 영향을 받지만, 그가 속한 집단의 사회적 조건에 따라서도 크게 달라질 수 있다는 사실이 밝혀졌다.

- **4단계**: 배전기 작업을 하는 14명의 남성 근로자를 관찰했다. 실험 도중 이들 사이에 자연스럽게 2개의 비공식집단이 생겨났다. 업무 수행 과정에서는 개인의 능력이나 숙련도, 관리자의 지시나 성과급 등의 제도와 작업 능률 간의 논리적 상관관계가 도출되지 않았다. 오히려 각자의 근로 의욕 여하나 암묵적으로 합의된 규범(작업 방식이나 업무 수행에 대해 구성원들이 서로 약속한 규칙)이 작업 능률과 상관관계가 크다는 사실이 밝혀졌다.

메이요는 이상의 실험 결과를 토대로 인간관계론을 정립했습니다. 인간관계론은 조직에 의해 주어지는 외적 요소보다 개인의 내면적 요소에 의해 인간의 행위가 결정된다고 봅니다. 따라서 사람의 행동을 알고자 할 때에는 그 사람의 주관, 태도, 감정 구조, 심리 상태에 더 큰 비중을 두어야 한다고 주장합니다.

인간관계론의 핵심 내용

인간관계론에서 가장 중요한 내용을 두 가지로 요약해보겠습니다. 첫째, 전문성에 입각한 분업이 반드시 좋은 결과를 낳는 것은 아닙니다. 작업 능률은 임금, 노동 시간, 조명, 환기 등 물리적 환경뿐 아니라, 구성원이 자신의 직무, 동료, 상사 또는 회사에 갖는 태도나 감정, 즉 사회적·비합리적 측면에 의해서도 영향을 받습니다. 따라서 지나친 분업화는 구성원의 사회적 관계에 오히려 악영향을 미칠 수 있습니다.

둘째, 공식집단보다는 구성원 간의 관계에 입각해 자발적으로 형성된 비공식집단 그리고 이 비공식집단의 집단 압력이 조직행동을 파악하는 데 큰 도움이 됩니다. 호손실험을 통해 성과급을 많이 주어도 구성원들의 작업 능률이 오르지 않는다는 사실이 확인되었는데, 이는 성과급이 효과가 있다는 사실을 회사 측이 확인하게 되면 작업 기준 자체가 상향 조정될 것을 두려워한 구성원들의 암묵적 담합과 집단 압력이 존재했기 때문입니다. 예를 들어, 주변을 둘러보면 일부러 일을 천천히 하는 사람이 있죠. 일을 빨리 끝냈을 때 보상이 아닌 더 많은 일이 주어진다는 것을 경험했기에 나타나는 결과입니다. 결론적으로 인간은 합리적인 것 같지만 실제로는 그렇지 않을 수도 있습니다.

현대경영학 이론들

과학적 관리론, 관료제론, 인간관계론 등은 모두 경영학의 이론적 기초를 제공한 전통적 이론이라 할 수 있습니다. 이번 장에서는 경영학의 최신 연구 동향을 파악하는 데 도움이 될 만한 이론들을 소개하겠습니다.

모든 상황에 맞는 해법은 없다 – 상황이론

상황이론(contingency theory) 또는 구조적 상황이론(structural contingency theory)은 모든 조직에 보편타당하게 적용되는 원리나 설계 기법을 찾기보다는 각 조직이 처한 상황에 맞는 조직 구성 방법이 있다고 보는 관점입니다.

앞서 과학적 관리론과 관료제론, 인간관계론에 대해 알아보았는데, 이 이론들은 최선의 조직관리 및 운영 방식이 정해져 있다고 보기 때문에 보편론적 관점으로 평가받습니다. 반면 상황이론은 조직이 여러 가지 특성 및 운영 방식(조직구조, 제도, 업무 처리 방식 등)을 가질 수 있으며, 그중 어떤 특성을 가지는지는 대외적 환경, 조직이 속한 업종, 조직구성원 수 등의 요인에 따라 달라진다고 봅니다. 제이 갤브레이스(Jay Galbraith)에 따르면 모든 상황에 보편적으로 적용될 수 있는 최선의 조직관리 방식은 존재하지 않으며, 어떤 조직관리 방식이라도 늘 똑같이 효과적일 수는 없습니다. 실제로 같은 IT 업계에 속해 있는 삼성전자와 애플(Apple)은 조직구조 특성이 다른데, 이는 각 기업이 고려하는 환경 요인이 다르기 때문입니다.

상황이론은 조직 성과(조직이 목표를 달성하는 정도), 상황, 특성(조직구조 및 관리 시스템 등)에 초점을 둡니다. 즉 조직 성과에 영향을 미치는 요인을 상황과 조직 특성으로 보며, 이들 간의 적합성이 조직효과성을 결정한다는 것입니다.

여기서 적합성이 크다는 말은 상황과 조직 특성이 논리적으로 잘 어울린다는 의미입니다. 예를 들어 신분제도라는 사회적 상황 속에서 능력에 입각해 승진이나 보상을 실시하는 조직이 있다면 이 둘은 어울리지 않겠죠. 이러한 경우를 '부적합'이라 합니다. 미국과 같이 개인주의적 사고가 일반적인 문화권에서 팀 구성원들에게 술을 많이 먹이는 회식 문화를 도입하려는 조직이 있다면, 이 역시 부적합인 것입니다.

상황이론은 조직관리의 유일 최선의 답이 존재하지 않는다고 주장한다는 점에서 앞서 살펴본 이론들과 차이를 보입니다.

알아두세요

조직효과성

한 조직이 목표를 얼마나 달성했는지를 나타내는 폭넓은 개념. 조직효과성은 4장 〈기업의 목표는 오직 이윤 추구일까〉에서 설명한 공식목표와 운영목표의 달성 정도로 평가한다.

| 상황이론의 개념 모형 |

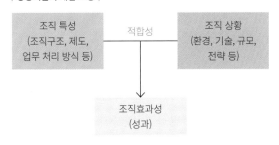

조직 간의 갑을 관계를 밝혀라 - 자원의존이론

제프리 페퍼(Jeffrey Pfeffer)와 제럴드 살란시크(Gerald Salancik)에 의해 정립된 자원의존이론(resource dependent theory)은 조직이 환경 제약을 극복하기 위해 주체적 노력을 기울일 수 있다고 보는 접근법입니다. 조금 어렵죠? 예를 들어 설명해보겠습니다.

우선, 환경 조건과 조직의 관계를 봅시다. '경영 환경', '조직 환경'은 정치적 배경, 노동시장의 움직임, 국제 정세, 인구통계학적 변화 추이, 기술 발전과 혁신 등을 모두 포함하는 포괄적 의미입니다. 두말할 나위 없이 이러한 환경 조건들은 조직에 영향을 미치죠. 기술 시스템이 발전하면서 상당수의 단순 작업이 기계로 대체된 것, 세계화로 인해 많은 기업이 영어 실력이 뛰어난 인재를 채용하는 것 등이 그 예입니다.

이상의 내용을 정리해보면, 조직의 배경 조건이 되는 '환경'은 조직의 목표 및 운영 방식에 영향을 미치는 제약 요인이라 할 수 있습니다. 자원의존이론의 두 가지 명제를 해석하면서 구체적으로 설명해보겠습니다.

> **명제1** 여러 환경 요인은 조직의 목표 설정과 운영 원리에 영향을 미친다. 즉 조직은 환경에 의존한다.

'의존한다'라는 말은 갑을(甲乙) 관계, 즉 주도권을 쥔 자와 끌려 다니는 자의 관계가 형성된다는 의미입니다. 필요한 자원을 언제 어디서 누구로부터 공급받을 수 있을지 불명확할수록 자원에 대한 의존도가 높아집니다.

일반적으로 자원의존성을 결정하는 요인은 다음과 같습니다. 첫째, 조직이 필요로 하는 자원(예: 석유)이 한 사람이나 집단(예: 사우디아라비아)에 집중되어 있다면 조직은 그 사람이나 집단에 의존할 수밖에 없습니다.

다른 자원으로의 대체가 어려울 때(예: 애플의 모바일 운영체제 iOS) 역시 조직은 해당 자원을 보유한 사람이나 집단(예: 애플)에 의존하게 됩니다. 유명 작가와 출판사의 관계를 보면 출판사가 을(乙)입니다. 잘 팔리는 원고를 제공하는 작가는 다른 이로 대체되지 않기 때문입니다.

둘째, 조직이 획득해야 하는 자원이 충분하지 못하면 희소 자원 공급자의 영향력이 커질 수밖에 없습니다. 책을 출간했다 하면 대박이 나는 작가가 대한민국에 매우 적다면 소수 작가가 출판계에 어마어마한 영향을 미칠 수 있겠죠.

셋째, 조직이 처한 환경의 불확실성에 누군가가 영향을 미친다면 조직은 그에게 의존하게 됩니다. 한 국회의원이 향후 기업활동에 영향을 미칠 법안 발의를 준비하고 있다면 그 법의 영향을 받는 기업들은 현재 누리고 있는 것들을 지키기 위해 을(乙)의 입장에서 해당 국회의원에게 로비를 시도할 수 있습니다.

'명제1'만 놓고 본다면 앞서 살펴보았던 상황이론, 즉 상황에 따라 조직 운영 방식이 달라진다는 이론과 자원의존이론은 크게 다를 바가 없습니다. 하지만 자원의존이론이 독자적 이론인 까닭은 다음 명제 때문입니다.

> **명제2** 조직은 환경으로부터의 의존성을 극복하기 위해 자체적인 노력을 기울일 수 있다.

'명제2'는 크게 두 가지 의미를 가집니다. 첫째, 조직을 주체로 봅니다. 조직은 상황 요인에 따라 수동적으로 바뀌는 것이 아니라 '스스로' 상황의 제약을 극복할 수 있습니다. 상황이론은 조직이 처한 상황과 환경에 따라 조직의 운영 양식이 달라진다고 보지만, 자원의존이론은 같은 상황에서도 조직의 자발적 선택에 따라 서로 다른 운영 방식을 취할 수 있다고 봅니다. 경기침체기에 긴축 경영을 실시하는 기업이 있는 반면, 공격적 확장 경영을 실시하는 기업이 있듯이 말이죠.

둘째, 조직은 다양한 재량권을 가집니다. 상황이론에 따르면 일정한 환경 조건에서 조직이 택할 수 있는 최적 전략이 어느 정도 정해져 있지만, 자원의존이론에 따르면 조직은 같은 환경 조건에서도 상당히 많은 선택 옵션을 가집니다. 실제로 스마트폰 시장에서 삼성, 애플, LG 등은 각각 다른 방식으로 대응했고, 그 결과 각 회사의 운명도 달라졌습니다. 이러한 과정에서 조직을 관리하는 경영자의 역할은 매우 중요합니다. 나름의 방식과 전략으로 조직의 힘이 향상될 수 있도록 해야 하기 때문이죠.

사회가 받아들인 것만 살아남는다 – 제도화 이론

한 기업 회장이 자신의 운전기사에게 폭행과 폭언을 일삼은 사실이 알려졌습니다. 해당 기업은 사회적 비난을 받았을 뿐만 아니라 소비자들로부터 불매 대상이 되는 등 값비싼 대가를 치러야 했죠. 이 기업의 제품과 서비스, 즉 기업 생산물 자체에는 아무런 문제가 없었습니다. 그저 해당 기업 회장이 소비자와 국민들의 정서와 상식에 맞지 않는 행동을 한 것이 문제였습니다. 이 사례를 통해 우리가 알 수 있는 것은 기업의 성공이 반드시 그 기업의 본질적 활동에 의해서만 결정되는 것은 아니라는 점입니다.

비교적 최근에 등장한 제도화이론은 환경(예: 소비자나 국민)으로부터 어떤 조직(예: 기업이나 정부)의 존재가 정당하다고 인정될 때 비로소 조직이 성공할 수 있다고 주장합니다. 제도란 인간의 행동에 영향을 미치는 사회적 측면(↔ 경제적 측면)의 요인을 총체적으로 일컫는 표현으로, 경제적 측면으로 설명되지 않는 규범, 윤리, 감정 등이 이에 해당합니다. 제도화(institutionalization)는 조직이 사회구성원으로부터 정당성(legitimacy), 즉 조직의 활동이 바람직하고 적절하다는 인식을 획득하는 것을 의미합니다. 제도화이론에 의하면 유사한 제도적 환경에서 활동하는 조직들은 동일한 구조적 형태를 띠게 되는데, 이를 제도적 동형화(institutional isomorphism)라 합니다. 폴 디마지오(Paul DiMaggio)와 월터 포웰(Walter Powell)은 이러한 제도적 동형화를 세 가지 유형으로 나누었습니다.

- **강압적 동형화(coercive isomorphism)**: 강압적 압력(정부 규제, 법적 제약 등)에 의해 조직 간 유사성이 발생하는 것(예: 오염 통제, 기업 규제)

- **모방적 동형화(mimetic isomorphism)**: 환경의 불확실성이 높을 때 성공을 거둔 타 조직들을 모델로 삼아 모방하는 것(예: 벤치마킹)

- **규범적 동형화(normative isomorphism)**: 주로 전문적인 기준을 수용하거나 전문가 집단에서 가장 효과적이고 최선의 방법이라고 규정한 기법을 수용하는 것. 정보기술(IT), 마케팅 기법 등 여러 영역에서 규범적 동형화가 일어나고 있다.

경영학의 시작,
인간을 이해하라

조직원의 다양성을
이해하는 방법

기업에서 일하는 대부분의 사람은 각자의 고유한 특성, 즉 개인차
(individual difference)를 가지고 있습니다. 개인차는 개인의 능력, 성격, 감
정 상태 등에서 나타나는 차이를 의미합니다. 과거에는 개인차가 조직
생활에 부정적인 영향을 미친다고 보는 경우가 많았습니다. 다름을 인
정하지 않고 통일과 단합을 강조했죠. 그러나 최근 경영학의 많은 연구
에 따르면 다양성은 오히려 기업 성과에 긍정적인 영향을 미친다고 합
니다. '다양성이 힘이다'라는 말도 그래서 나온 것이죠. 이번 장에서는
개인차를 만드는 몇 가지 개념들을 살펴보겠습니다.

사람마다 잘할 수 있는 것이 다르다 – 능력

능력(ability)은 무엇인가를 할 수 있는 힘 혹은 잠재력을 뜻합니다. 머리
쓰는 일을 잘하는 사람은 지적능력이 뛰어난 것이고, 몸 쓰는 일을 잘하
는 사람은 신체적 능력이 훌륭한 것입니다. 상대방이 현재 어떤 감정 상
태인지 잘 파악하고 기분을 맞춰 줄 수 있는 능력은 감성적 능력이라 부
릅니다. 이처럼 능력은 지적 측면, 신체적 측면, 감성적 측면으로 구분할
수 있습니다.

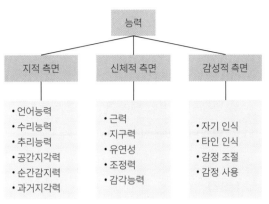

출처: 제이슨 콜퀴트 외, 《조직행동론(Organizational Behavior)》

우리에게 가장 익숙한 능력의 개념은 '지능'이라 줄여 부르는 지적능력입니다. 여러분은 한 번쯤 IQ 테스트를 해보았을 것입니다. 이 IQ가 바로 Intelligence Quotient, 즉 지능지수의 줄임말입니다. 하워드 가드너(Howard Gardner)에 따르면 사람의 지능은 여러 개의 영역(음악 지능, 신체·운동 지능, 논리·수리 지능, 언어 지능, 공간 지능, 대인 관계 지능, 자기 이해 지능, 자연 탐구 지능)으로 구성되어 있다고 합니다. 이를 다중지능이론(multiple intelligence theory)이라 부릅니다.

 알아두세요

하워드 가드너(1943~)
미국의 심리학자이자 하버드대학교 교수. 저서로는 다중지능이론을 처음으로 제시한 《다중지능: 인간 지능의 새로운 이해》와 《비범성의 발견》, 《열정과 기질》 등이 있다.

상황에 대한 반응을 결정하는 차이점 – 성격

사람을 이해하려 할 때 빼놓을 수 없는 주제 중 하나가 바로 성격(personality)입니다. 성격은 한 사람을 다른 사람과 구별되게 하는 독특한 특성으로, 심리학에서는 '환경에 대한 적응 방식을 결정하는 심리 시스템'으로 정의합니다. 조금 어렵나요? 새로운 곳에 출장을 가야 하는 경우를 생각해봅시다. 어떤 사람은 새로운 곳에서 모르는 사람들과도 편안하게 대화하며 업무를 처리하지만, 어떤 사람은 낯선 장소에 가는 것

자체가 불편하고 그곳에서 업무를 수행하는 일이 그리 달갑지 않을 수 있습니다. 이처럼 환경(새로운 장소)에 내가 어떻게 적응할 것인지(편하게 받아들일 것인지, 불편함을 느낄 것인지)를 결정하는 것이 바로 성격입니다. 성격을 이해하기 위한 대표적인 이론으로는 MBTI(Myers-Briggs Type Indicator)와 빅파이브(Big-Five)가 있습니다.

MBTI

MBTI는 미국의 심리학자 캐서린 쿡 브릭스(Katharine Cook Briggs)와 그의 딸 이사벨 브릭스 마이어스(Isabel Briggs Myers)에 의해 개발되어 가장 많이 사용되는 성격 평가 도구입니다. 100문항의 설문에 응답하고, 그 결과를 외향적-내향적, 감각적-직관적, 사고적-감정적, 판단적-지각적 등의 기준으로 나누어 사람의 성격을 16가지로 구분합니다.

외향적(E)	감각적(S)	사고적(T)	판단적(J)
인간관계에 초점을 두며, 활동적이고 정열적인 성격	미래보다는 현재를, 신속함보다는 정확함을 중시하는 성격	객관적이고 논리적이며 분석적인 성격	목표를 중시하고 엄격한 기준에 입각해 결론을 내리는 성격
내향적(I)	직관적(N)	감정적(F)	지각적(P)
인간관계보다는 자기 자신에 집중하며, 조용하고 신중한 성격	현재보다는 미래(상상)를, 정확함보다는 신속함을 중시하는 성격	감정적이며, 부분보다는 전체를 보려는 성격	다름에 대해 열린 자세를 가지며, 융통성이 있는 성격

빅파이브

빅파이브는 로버트 맥크레(Robert McCrae)와 폴 코스타(Paul Costa)가 제안한 성격이론입니다. 이 이론에 따르면 사람의 성격이 복잡해 보여도 알고 보면 다섯 가지의 기본적 요인으로 구성된다고 합니다. 각 요인은 다음과 같습니다.

- **감정안정성(emotional stability)**: 스트레스를 잘 견디는 성격. 감정안정성이

높은 사람은 온화하고 심리가 안정적이어서 자신감이 있는 반면, 감정안정성이 낮은 사람은 신경질을 잘 내고 불안함을 느낀다.

- **외향성(extraversion)**: 많은 사람 속에서 편안함을 느끼는 성격. 외향적인 성향의 사람은 사교적이며 친화성이 뛰어난 반면, 내향적인 성향의 사람은 수줍어하고 소심하며 조용한 편이다.

- **개방성(openness to experience)**: 새로운 것에 흥미를 느끼는 성격. 개방성이 높은 사람은 창의적이고 호기심이 많으며 예술적 감수성이 풍부한 반면, 개방성이 낮은 사람은 보수적이고 익숙한 환경에서 편안함을 느낀다.

- **친화성(agreeableness, 조화성)**: 다른 사람에게 양보하고 순응하는 성격. 친화성이 높은 사람은 협력적이고 따뜻하며 남을 잘 믿는 반면, 친화성이 낮은 사람은 상대에게 차갑고 까다로우며 적대적이다.

- **성실성(conscientiousness)**: 책임감 있고 믿음직스러운 성격. 성실성이 높은 사람은 끈기와 의욕이 강하고 열심히 일하는 반면, 성실성이 낮은 사람은 산만하고 일에 집중하지 못하는 편이다.

기타 성격이론

경영학에서 사람의 성격을 설명할 때 자주 언급되는 몇 가지 개념을 더 소개하도록 하겠습니다.

- **자기관찰(self-monitoring)**: 상황에 따라 자신의 행동을 변화시키는 성향을 뜻한다. 상사와 함께 있을 때와 동료끼리만 있을 때 말과 행동이 달라진다면 자기관찰에 능한 사람이라 할 수 있다.

- **Type-A와 Type-B**: 불안과 초조함을 잘 느껴 끊임없이 노력하고 여가 시간에 무언가를 하지 않으면 죄책감을 느끼는 성격을 Type-A, 반면 시간에 쫓기지 않고 여유가 있으며 성과가 드러나는 것을 별로 선호하지 않는 성격을 Type-B라고 한다.

- **통제위치(locus of control)**: 운명의 결정 요인이 어디에 있는지를 뜻하는 용어다. 내재론자는 자신의 운명은 자신의 능력이나 노력 등에 의해 결정된다고 믿는 반면, 외재론자는 자신의 운명은 운이나 동료 등 외부 영향력에 의해 결정된다고 믿는다.

태도와 직무만족의 관계

태도는 사람이나 사건에 대한 호불호 판단을 뜻합니다. 땅콩을 좋아한다면 땅콩에 대해 긍정적 태도를 갖고 있는 것이고, 회사에 출근하는 것이 두렵다면 회사에 대해 부정적 태도를 갖고 있는 것입니다. 일반적으로 태도는 정서, 인지, 행동이라는 세 가지 요소로 형성됩니다. 예를 들어 팀의 한 구성원이 거짓말을 자주 한다면 그 사람이 점점 싫어지고(정서적 태도), 그를 정직하지 않은 사람으로 판단하며(인지적 태도), 마침내 그와 점심식사를 함께하지 않는 등(행동적 태도)의 행동을 하게 됩니다.

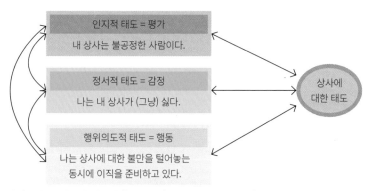

출처: 스티븐 로빈스, 티모시 저지, 《조직행동론(Organizational Behavior)》, 한티미디어

태도는 조직구성원의 업무 수행 과정 전반에 걸쳐 중요한 영향을 미칩니다. 조직구성원이 회사에 대해 좋은 태도를 가진다면 업무 효율도 오르고, 상사의 지시나 명령도 긍정적으로 받아들일 가능성이 큽니다.

이렇듯 조직구성원이 조직 자체에 대해 가지는 긍정적 태도를 직무만족(job satisfaction)이라 부릅니다. 일반적으로 직무만족도가 높은 직원이 많은 회사가 그렇지 못한 회사에 비해 성과가 좋은 것으로 알려져 있습니다. 직무만족에 관한 자세한 내용은 이후 프레드릭 허츠버그(Frederick Herzberg)의 '2요인이론'에 대해 설명할 때 자세히 살펴보도록 하겠습니다.

잠깐만요

페스팅거의 인지부조화이론

레온 페스팅거(Leon Festinger)는 개인이 가지는 신념, 생각, 태도와 행동 간의 부조화가 발생하는 경우를 '인지부조화(cognitive dissonance)'라 불렀다. 많은 사람이 금연을 해야 한다는 생각(태도)과 다르게 실제로는 담배를 피우는 행위(행동)를 반복하는데, 이러한 상황이 바로 인지부조화다.

대부분의 사람은 인지부조화가 발생하면 불편함을 느낀다. 페스팅거는 사람들이 이러한 심리적 불균형을 극복하기 위해 태도와 행동 간 불일치를 최소화하고자 노력한다고 보았다. 예를 들면 담배를 피우는 행위를 중단하거나(행동 변화를 통한 불일치 극복), 담배를 피우는 행위가 나쁘지 않다고 생각하는(태도 변화를 통한 불일치 극복) 것이다.

인지부조화를 감소시키려는 노력은 해당 이슈가 중요해지거나, 자기 스스로에 의해 통제 가능하다고 믿을 때 강화된다. 건강을 중요하게 생각하거나 흡연과 같은 습관은 스스로 통제할 수 있다고 믿는 경우, 담배에 대한 부정적 태도가 금연이라는 행동으로 이어진다. 반면, 인지부조화가 크더라도 의미 있는 보상이 따른다면 부조화로 인한 불편을 덜 느낄 수 있다. 예를 들어 담배를 통해 얻는 즐거움이 심리적 불편함보다 훨씬 크다면 인지부조화 상태를 계속 유지할 수도 있다.

같은 상황도 사람마다 느끼는 원인과 결과가 다르다

같은 것도 다르게 받아들이는 이유 – 지각

지각(perception)은 눈, 코, 귀, 입, 손 등의 감각기관으로 받아들인 정보를 각자 나름의 배경지식(schema, 스키마)에 따라 기존 정보와 합쳐(organizing, 조직화) 의미를 부여(해석)하는 과정을 말합니다. 조금 어렵다고요? 예를 들어 설명해보겠습니다.

옆의 그림은 누구의 모습을 그린 것일까요? 젊은 여인이라고 대답한 사람도 있을 것이고, 할머니라고 대답한 사람도 있을 것입니다. 이것이 바로 지각입니다. 같은 현상에 대한 지각이라 해도 그 내용에는 의미 부여와 해석이 포함되므로, 지각된 사실은 모두 다를 수 있습니다. 부하 직원이 제출한 기획서를 보고 어떤 상사는 일을 잘했다고 판단하고, 어떤 상사는 그렇지 않다고 판단할 수 있듯이 말이죠.

이처럼 지각은 누가 지각을 하는가, 지각이 이루어지는 상황은 어떤가, 어떤 대상을 지각하는가 등에 의해 영향을 받습니다.

이해한 것이 같아도 다르게 행동하는 이유 – 귀인

지각이 경영학에서 중요한 것은 바로 귀인(attribution) 때문입니다. 귀인이란, 사람들의 행동과 그 결과에 대한 원인을 파악하고 이를 설명하는 과정을 뜻합니다. "최중락의 경영학 책을 읽고 시험에 합격했다"라고 이야기하는 사람이 있다면, 그는 자신의 시험 합격(결과)과 최중락의 경영학 책(원인)을 연결시키는 귀인을 거친 것입니다.

귀인은 크게 내적귀인(internal attribution)과 외적귀인(external attribution)으로 나누어 살펴볼 수 있습니다. 내적귀인은 행위의 원인이 행위를 한 사람의 내부 요인, 즉 능력, 동기, 감정(정서), 성격, 가치관 등에 있다고 이해하는 것을 말하고, 외적귀인은 행위의 원인이 행위를 한 사람의 외부 요인에 있다고 이해하는 것을 말합니다. 앞서 언급한 시험 합격의 경우, 본인의 노력 덕에 합격했다고 믿는다면 이는 내적귀인이 되고, 특정 강사의 교재 덕이라고 믿는다면 외적귀인이 됩니다.

귀인을 체계적으로 분석한 큐빅모델

사회심리학자 해럴드 켈리(Harold Kelley)는 관찰자가 특정 행동의 원인을 어떤 경우에 내부에 있다고 보고, 어떤 경우에 외부에 있다고 보는지 체계적으로 설명했습니다. 그에 의하면 내적·외적귀인은 상황의 특수성, 사회적 합의성, 행동의 일관성에 의해 결정된다고 합니다. 이와 같이 세 가지 결정 요인으로 귀인을 설명했다 하여 '귀인이론'이라 불리며, 이를 설명한 모형을 큐빅모델(cubic model)이라 합니다.

그럼 세 가지 결정 요인을 좀 더 자세히 알아볼까요? 첫째, 상황의 특수성(distinctiveness)은 사람이 특정 상황에서만 다르게 행동하는 것을 말합니다. 어떤 사람이 평소의 행동 방식과 다르게 행동했다면 그 행동은 외적 상황 때문에 발생한 것으로 귀인할 수 있습니다. 예를 들어 회사에는

알아두세요

큐빅모델
큐빅은 정육면체로 가로, 세로, 높이의 세 가지 차원으로 구성되어 있다. 켈리의 큐빅모델에서는 상황의 특수성, 사회적 합의성, 행동의 일관성이 세 가지 차원을 구성한다.

지각하지 않는 사람이 친구들과의 모임에는 지각했다면 이는 '친구들과의 모임'이라는 상황의 특수성 때문에 지각한 것이라 볼 수 있습니다.

둘째, 사회적 합의성(consensus)은 서로 다른 사람이 같은 상황에서 비슷하게 행동하는 것을 말합니다. 특정 행동의 합의성이 높다면 그 행동의 원인은 행위자에게 있다기보다는 상황 요인 때문인 것으로 파악할 수 있습니다. 예를 들어 친구들과의 모임에서 A도, B도, C도 지각했다면 이는 그들이 게을러서가 아니라 교통 정체, 지하철 고장 등 지각할 수밖에 없는 요인이 발생했을 가능성이 큽니다.

셋째, 행동의 일관성(consistency)은 한 사람이 정기적·지속적으로 동일하거나 비슷하게 행동하는 것을 말합니다. 행동의 일관성이 높다면 그 행동의 원인이 행위자의 내부에 있을 것이라 추측할 수 있습니다. 예를 들어 A가 매일 회사에 10분씩 지각한다면 이는 A의 습관 때문이라 보는 것이죠.

| 귀인이론에 따른 판단 기준과 귀인 |

상황 또는 행동	판단 기준	귀인의 종류	상사의 판단(예)
이 사람은 다른 상황에는 늦지 않았다.	특수성	외적귀인	알람이 고장 났을 거야.
다른 사람들도 모두 지각했다.	합의성	외적귀인	지하철에 문제가 생겼을 거야.
이 사람은 매일 지각한다.	일관성	내적귀인	이 친구 안 되겠군.

지각과 귀인 과정에서 발생하는 각종 오류

지금까지 살펴본 바와 같이 지각은 지각하는 사람, 환경, 지각 대상에 의해 영향을 받으며, 관련 정보가 '관찰 → 조직화 → 해석'되는 과정에서 정보 손실이나 왜곡이 발생할 가능성이 있습니다. 이 때문에 우리는 일상생활에서 다양한 종류의 지각 오류를 범하게 됩니다. 대표적인 오류들과 간단한 사례를 몇 가지 소개합니다.

- **기본적 귀인오류(fundamental attribution error)**: 다른 사람의 행동을 평가할 때 내적 요인의 영향력을 과대평가하고, 외적 요인의 영향력을 과소평가하는 경향을 말한다. 공부를 잘하는 사람을 보고 흔히 '머리가 좋다'라고 생각하는 것이 그 예다.

- **자기보호오류(self-serving bias, 자존적 편견)**: 자신이 성공한 경우에는 능력이나 노력과 같은 내적 요인에 귀인하는 반면, 실패한 경우에는 그 원인을 운이나 상황 조건 등 외적 요인에 귀속시키려는 경향을 말한다. 이는 비단 자신에 대한 사건뿐 아니라 자신이 속한 집단이나 가깝게 여기고 있는 집단(내가 응원하는 스포츠팀)의 성패에 대해서도 비슷하게 나타난다.

- **고정관념(stereotyping, 스테레오타입, 상동효과)**: 사람이나 대상이 소속된 집단의 특성을 통해 상대방을 평가함으로써 발생하는 오류를 말한다. 성별, 학벌, 결혼 유무, 나이 등 그 사람이 속하는 한 그룹의 특징만으로 그 사람에 대한 일반적 인상을 형성하는 것이 그 예다.

- **후광효과(halo effect, 현혹효과)**: 지각 대상의 어느 한 가지 특성을 통해 종합적으로 대상 전체를 평가함으로써 발생하는 오류를 말한다. 지능, 외모, 성격 등 한 가지 특징만으로 그 사람에 대한 일반적 인상을 형성하는 것이 그 예다.

- **대조효과(cortrast effect)**: 사람이나 대상에 대한 우리의 평가가 그 근처의 사람이나 대상에 영향을 미침으로써 발생하는 오류를 말한다. 평범한 사람이 잘생긴 사람 옆에 서 있으면 상대적으로 인물이 못나 보이는 것이 그 예다.

- **최근효과(recency effect)**: 사람이나 대상에 대한 반응이 비교적 최근에 접한 정보의 영향을 받음으로써 발생하는 오류를 말한다. 과거에 업적을 남겼더라도 임기말에 실책을 범한 대통령의 평가가 비교적 좋지 못한 것이 그 예다.

- **자기충족적예언(self-fulfilling prophecy, 자기실현예언 또는 기대의 오류)**: 어떤 것을 믿으면 실제로 이루어질 수 있다고 믿는 현상을 뜻하는 개념으로, 피그말리온 효과(Pygmalion effect)라 불리기도 한다. 흔히 '간절히 바라면 이루어진다' 등의 이야기를 하는데, 이것이 바로 자기충족적예언이 된다.

- **투사(projection, 주관의 객관화, 투영효과)**: 자신이 가진 특성이나 태도를 타인에게 귀속시키거나 전가하려는 성향을 말한다. 거짓말을 잘하는 사람이 다른 사람

들 역시 자신처럼 거짓말을 잘할 것이라고 생각하는 것이 그 예다.

- **몰입의 심화(escalation of commitment)**: 기존에 내린 의사결정이 분명히 잘못되었다는 증거가 있음에도 불구하고 기존 결정을 고수하거나 오히려 더 강화시키는 것을 의미한다. 대개 사람들은 실패에 대한 책임이 본인에게 있다는 사실을 인정하기 싫어한다. 이 때문에 발생하는 오류로 같은 방식을 계속 고집하다 더 큰 실패를 겪는 경우가 많다.

경영학
무작정 따라하기

011

학습과 강화로
조직 행동력을 높여라

기업에서는 직원들의 행동을 바람직하게 바꾸어 나가기 위해 여러 가지 노력을 합니다. 이 과정에서 직원들을 대상으로 하는 교육, 즉 학습 (learning)은 필수죠. 이번 장에서는 학습에 관한 이론적 개념을 살펴보도록 하겠습니다.

학습은 어떤 방식으로 이루어질까

학습은 반복적인 연습이나 경험을 통해 장기적인 행동 변화를 이룩해 나가는 과정을 의미합니다. 학습이론은 그 초점을 어디에 두느냐에 따라 학습 행동 자체에 초점을 맞춘 행동주의적 관점, 사람이 사고하고 판단하는 과정에 초점을 맞춘 인지주의적 관점, 행동과 인지의 상호작용을 중시한 사회인지적 관점으로 나뉩니다. 이 세 가지 관점을 자세히 알아보도록 합시다.

행동주의적 관점

행동주의적 관점은 학습이 어떤 조건하에서 이루어지는지에 초점을 두는 학습이론으로, 학습 조건을 만드는 방식에 따라 고전적 조건화

(classical conditioning)와 조작적 조건화(operant conditioning, 작동적 조건화)로 나누어 살펴볼 수 있습니다.

고전적 조건화는 이반 파블로프(Ivan Pavlov)가 제시한 이론입니다. 그는 개에게 무조건 자극(예: 음식)과 조건 자극(예: 종소리)을 결합해 반복적으로 제공함으로써 궁극적으로 조건 자극만으로 원하는 반응(예: 침의 분비)을 유도할 수 있다는 사실을 밝혀냈습니다. 제품 광고에 소비자들이 좋아하는 음악을 사용하는 것은 그 음악에 대해 가지는 소비자들의 태도가 제품에 대한 태도로 이전되기를 기대하기 때문인입니다. 이 과정에서 고전적 조건화의 개념이 적용될 수 있습니다.

조작적 조건화는 버러스 프레더릭 스키너(Burrhus Frederic Skinner)가 제시한 이론입니다. 그에 따르면 학습은 파블로프가 말한 반복효과보다는 반응의 결과에 대한 피드백에 따라 발생합니다. 조금 어렵죠? 쉽게 말하면, 특정한 반응을 보일 때 그 사람이 원하는 보상이 주어지는지의 여부에 따라 행동이 강화된다고 보았습니다. 예를 들어 부모님이 자녀에게 반복적으로 "공부 좀 해"라고 말한다고 해서 자녀가 공부하는 것은 아니죠. 공부를 한 이후 부모님으로부터 자신이 원하는 보상(친구들과의 만남, 게임, 스마트폰 사용 등)을 받을 수 있으리라 기대할 때 비로소 공부를 열심히 하게 된다는 것입니다.

인지주의적 관점

인지주의적 관점은 에드워드 톨먼(Edward Tolman)이 제시한 학습이론입니다. 학습이 직접 또는 간접적 경험 없이도 이루어질 수 있다고 믿으며, 인지에 의한 학습 과정을 중시합니다. 예를 들어 바람직한 행동양식이 무엇인지 배운 학생들은 별도의 경험 없이도 이를 실제 행동으로 옮길 수 있습니다.

사회인지적 관점

알아두세요

알버트 반두라(1925~)
미국의 심리학자. 사회인지학습
이론의 창시자로, 그의 이론은 심
리학, 교육학, 경영학 등 거의 모
든 사회과학 분야에 지대한 영향
을 미쳤다.

사회인지적 관점은 알버트 반두라(Albert Bandura)가 제시한 학습이론입니다. 직접 경험해야만 학습이 가능하다는 행동주의적 관점에서 벗어나 동료, 스승, 부모 등 주변 사람들의 행위를 관찰하고 이를 모방함으로써 학습할 수 있다는 관점으로, 행동주의적 관점과 인지주의적 관점을 통합한 것이라 할 수 있습니다. 반두라의 사회인지학습은 자기효능감(self-efficacy), 즉 자기 스스로 어떤 일을 잘 해낼 수 있다는 믿음을 강조합니다. 어떤 행동을 모방하고 자신의 행동을 바꾸어 나가기 위해서는 스스로 잘할 수 있다는 믿음이 있어야 하기 때문입니다. 반두라의 이론은 자기효능감의 역할을 강조해 '자기효능감 학습이론'이라 불리기도 합니다.

행동의 변화를 이끌어내는 강화

학습은 일회성으로 그치는 것이 아니라 지속적으로 반복해 지식이나 업무 수행 방식 등의 기능을 몸에 익히는 것을 목표로 합니다. 이처럼 원하는 행동을 반복적으로 유도하기 위해 적절한 피드백을 제공하는 과정을 강화(reinforcement)라 부릅니다.

목적에 따라 달라지는 강화 전략

사람의 행동을 변화시키기 위해서는 개인에게 유리한 보상과 불리한 내용을 부여하거나 제거하는 방식이 흔히 사용됩니다. 사람들이 선호하는 무언가를 제공하는 것을 긍정적(적극적) 강화, 사람들이 싫어하는 무언가를 제거하는 것을 부정적(소극적) 강화라 부릅니다. 사람들이 싫어하는 것을 제공하는 벌(처벌)이나 좋아하는 것을 제거하는 소거 등도 강화 수단으로 사용될 수 있습니다.

	선호하거나 바람직한 것	싫어하거나 부정적인 것
부여(제공)	긍정적(적극적) 강화 예) 포상 휴가 제공	벌 예) 벌금이나 과태료 부과
제거(박탈)	소거 예) 급여 삭감	부정적(소극적) 강화 예) 징계 취소, 가석방

긍정적 강화와 부정적 강화는 바람직한 행동을 유도하려는 경우에, 벌과 소거는 원치 않는 행동을 줄이려는 경우에 사용됩니다.

기업 특성에 맞게 계획하는 강화 일정

강화 일정(reinforcement schedule)은 앞서 언급한 강화 수단을 언제, 어떤 방식으로 제공할 것인지를 설계하고 기획하는 작업을 말합니다. 강화 일정은 크게 연속강화법(continuous reinforcement)과 단속강화법(intermittent reinforcement, 부분강화법)으로 구분할 수 있습니다.

우선 연속강화법은 직원들이 바람직한 행동을 할 때마다 포상 등의 강화 요인을 제공하는 방법입니다. 실제로 이 방법을 적용할 경우, 성과는 매우 빠른 속도로 향상되지만, 강화 요인(금전적 요소 등)을 항상 준비해야 하므로 현실에서 적용되는 빈도가 크지 않습니다.

단속강화법은 직원들이 부분적으로 특정 기준(행동이 발생하는 빈도, 행동의 양 등)을 충족했을 때 강화 요인을 제공하는 방법입니다. 일정 업무량을 충족할 경우 제공하는 강화를 고정 강화, 그렇지 않고 불규칙적으로 제공하는 강화를 변동 강화라 합니다.

| 강화 계획의 종류 |

강화 제공 기준 간격 또는 반응량	반응 시간	반응량
고정	고정간격법	고정비율법
변동	변동간격법	변동비율법

출처: 박경규, 《조직행동》, 홍문사

- **고정간격법**: 일정한 시간 간격으로 강화를 제공하는 방법. 일정 시간만 지나면 강화물이 주어지므로 작업 동기부여 효과가 크지 않다.(시간급 등)

- **고정비율법**: 일정한 반응의 양이 나타날 때마다 강화를 제공하는 방법. 일하는 만큼 성과가 주어지므로 학습자의 반응이 빠르고 안정적으로 나타난다는 점에서 동기부여 효과가 크다.(단순성과급 등)

- **변동간격법**: 변화하는 시간 간격으로 강화 요인을 제공하는 방법. 시행 초기에는 적절한 시간 간격을 예측하는 것이 어려워 학습에 시간이 걸리지만, 익숙해진 뒤에는 불시 점검을 통해 일을 열심히 한 사람에게 강화가 주어지므로 학습자의 안정적 반응을 기대할 수 있다. 칭찬, 승진 등을 시행할 때 적합하다.(감독 방문 등)

- **변동비율법**: 변화하는 반응의 양이 나타날 때마다 강화 요인을 제공하는 방법. 변동간격법과 마찬가지로 시행 초기에는 학습 시간이 오래 걸리지만, 장기적으로는 가장 강력한 동기부여 효과가 있는 것으로 알려져 있다.(매년 목표치를 설정하고 이를 충족했을 때 성과급 지급 등)

잠깐만요

반두라의 자기효능감

자기효능감은 자신이 수행하고 있는 특정 업무를 잘 해낼 수 있을 것이라 믿는 개인의 성향을 뜻한다. 자기효능감의 개념을 창안한 반두라는 자기효능감을 증진시키는 네 가지 방법을 제시했다.

- **성공 경험(enactive mastery)**: '직접적 성취'라고도 한다. 자기효능감을 증진시키는 가장 중요한 원천은 해당 과업이나 직무와 관계된 경험을 직접 해보는 것이다. 어떠한 일을 수행한 경험이 있다면 미래에도 그 일을 잘할 수 있을 것이라 확신하게 된다.
- **대리 학습(vicarious learning)**: 직접 경험하지 않은 일이라 해도 다른 누군가가 그 일을 하는 것을 관찰함으로써 그 일에 대한 지식과 정보를 얻을 수 있다. 이를 대리 학습이라 하는데, 관찰 대상이 자신과 비슷하다고 생각할 때 효과가 가장 좋다.
- **언어적 설득(verbal communication)**: 다른 사람으로부터 각자 성공에 필요한 기술을 갖추고 있다고 이야기를 듣는 것으로, 상사로부터의 긍정적 피드백 등을 포함한다. 동기부여에 대한 강연을 하는 사람들이 주로 이러한 방식을 사용한다.
- **각성(arousal)**: 정신적·육체적으로 건강하고, 깨어 있는 상태를 뜻한다. 우리를 활력이 넘치는 상태로 만들어주며, 업무를 수행할 때 마음을 가다듬고 더욱 집중할 수 있도록 도와준다.

동기부여 성공 여부가 성과를 결정한다

동기부여가 중요한 이유

 알아두세요

동기부여
'움직임'을 뜻하는 라틴어 'movere'에서 유래했다. 조직구성원의 사기(morale)와 밀접한 관련이 있는 개념으로, 원어 그대로 모티베이션(motivation)으로 불리기도 한다.

동기부여(motivation)는 '목표 달성'이라는 특정 방향을 위해 한 개인의 노력이 발휘되고 지속되는 과정을 의미합니다. 전통적으로 동기부여는 경영학에서 가장 중요한 개념 중 하나로 취급됩니다. 그 이유는 기업의 성과 창출에 필요한 세 가지 생산 요소(토지, 자본, 노동) 중 최근 중요성이 부각되고 있는 '노동'의 가치가 조직구성원의 동기부여 상태에 따라 달라지기 때문입니다. 토지와 자본은 시장가격이라는 일정한 활용가치를 가지지만, 사람은 능력이 일정하게 유지된다 하더라도 기분에 따라, 분위기에 따라 열심히 일할 수도 있고, 그렇지 않을 수도 있습니다. 따라서 경영학자들의 주된 관심사 중 하나는 '어떻게 해야 구성원들이 자신의 실력을 더욱 발휘할 수 있는 여건을 조성해줄 수 있는가'이며, 동기부여가 중요한 이유도 바로 여기에 있습니다.

일반적으로 동기부여는 크게 '무엇이 동기를 형성하는가'에 초점을 둔 내용이론(content theory)과 '어떻게 동기가 형성되는가'에 초점을 둔 과정이론(process theory)으로 구분할 수 있습니다. 이번 장에서는 내용이론에 관해 더욱 자세히 살펴보도록 하겠습니다.

구분	초점	관련 이론
내용이론	무엇이 동기를 형성하는가.	욕구단계이론, ERG이론, 성취동기이론, X-Y이론, 2요인이론, 직무특성이론*
과정이론	어떻게 동기가 형성되는가.	기대이론, 공정성이론, 목표설정이론, 내재적 동기이론*

* 직무특성이론과 내재적 동기이론은 별도로 분류하기도 한다.

매슬로우의 욕구단계이론

에이브러햄 매슬로우(Abraham Maslow)는 인간이 가지는 다양한 욕구가 사람의 행동을 이끄는 주된 원동력이라고 보았습니다. 이러한 욕구에는 위계(hierarchy, 서열)가 있어 하위 단계의 욕구가 충분히 채워지면 그보다 높은 수준의 욕구가 행동을 유발한다고 보았습니다. 그에 따르면 한 번 충족된 욕구는 더 이상 동기부여 기능을 수행할 수 없으며, 상위 단계의 욕구만이 동기부여의 원천이 됩니다.

매슬로우의 다섯 가지 욕구는 크게 저차(low-order) 욕구와 고차(high-order) 욕구로 구분할 수 있습니다. 전자는 생리적 욕구와 안전 욕구를, 후자는 사회적 욕구와 존경 욕구, 자아실현 욕구를 의미합니다. 저차 욕

| 매슬로우의 다섯 가지 욕구 |

자아실현
욕구

존경 욕구

사회적 욕구

안전 욕구

생리적 욕구

구는 주로 외적 요인에 의해 충족되는 반면, 고차 욕구는 개인의 내적 요인에 의해 충족되는 경우가 많습니다. 다섯 가지 욕구의 내용을 살펴보면 다음과 같습니다.

- **생리적 욕구(physiological needs)**: 식욕, 성욕, 수면욕, 배설욕 등 인간의 본능에 해당하는 욕구를 의미한다.
- **안전 욕구(safety needs)**: 신체적 위협이나 정서적 위해로부터 스스로를 보호하고, 안전한 상태를 원하는 욕구를 의미한다.
- **사회적 욕구(social needs)**: 타인과의 원활한 상호작용과 집단에서의 소속감, 타인으로부터의 수용성, 우정 및 애정에 대한 욕구를 의미한다.
- **존경 욕구(esteem needs)**: 자존심을 유지하고 주위로부터 인정받으며, 목표를 달성했을 때 개인적으로 느끼는 성취 욕구를 의미한다.
- **자아실현 욕구(self-actualization needs)**: 개인적 성장과 잠재력의 실현을 추구하는 것으로, 진정으로 원하는 바를 이루도록 소망하는 욕구를 의미한다.

알더퍼의 ERG이론

알아두세요

클레이튼 알더퍼(1940~2015)

미국의 심리학자. 매슬로우의 연구를 확장시켰으며, 1969년 자신의 논문 〈인간 욕구에 대한 새로운 이론의 실증적 연구〉를 통해 ERG이론을 발표했다.

클레이튼 알더퍼(Clayton Alderfer)는 매슬로우와 마찬가지로 인간 욕구에 단계가 있음을 인정했습니다. 하지만 그의 이론은 각 단계의 내용이나 욕구 간의 관계를 설정하는 방식에서 매슬로우의 이론과 차이가 있습니다. 그는 인간의 욕구를 다음과 같이 크게 세 가지로 구분했습니다.

- **존재 욕구(existence needs)**: 매슬로우의 생리적 욕구와 안전 욕구의 일부를 통합한 개념으로, 생존을 위해 필요한 것들에 대한 욕구라는 점에서 생존 욕구라 부르기도 한다.
- **관계 욕구(relatedness needs)**: 매슬로우의 안전 욕구, 사회적 욕구, 존경 욕구의 일부를 통합한 개념으로, 타인과의 관계를 원만히 유지하고자 하는 욕구를 의미

한다.

- **성장 욕구(growth needs)**: 매슬로우의 존경 욕구와 자아실현 욕구의 일부를 통합한 개념으로, 개인의 잠재력 그리고 능력의 성장과 관련된 욕구를 의미한다.

알더퍼의 연구가 매슬로우의 연구와 가장 크게 다른 점은 욕구의 이동 방향입니다. 매슬로우는 하위 욕구에서 상위 욕구로 점차 이동한다고 보았지만, 알더퍼는 어느 방향으로도 이동할 수 있다고 보았습니다. 즉 하위 단계의 욕구가 만족되면 상위 단계의 욕구로 진행하지만(충족-진행 원리), 상위 단계 욕구가 제대로 충족되지 않을 경우에는 하위 단계에 대한 욕구가 더 커진다(좌절-퇴행 원리)고 본 것입니다.

| ERG이론의 욕구 이동 |

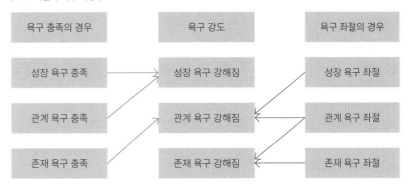

맥클레랜드의 성취동기이론

🖊 **알아두세요**

**데이비드 맥클레랜드
(1917~1998)**

미국의 심리학자. 미국 해군연구소의 의뢰를 받아 성취동기에 대한 실험을 진행했다. 저서로는 《성취동기》, 《동기의 연구》 등이 있다.

데이비드 맥클레랜드(David McClelland)는 인간의 욕구를 다음과 같이 크게 세 가지로 구분했습니다.

- **성취 욕구(need for achievement)**: 도전적인 목표를 설정하고 이를 달성하고자 하는 욕구. 너무 쉽거나 지나치게 어려운 과업을 수행할 때보다 적당한 난이도

(성공률과 실패율이 비슷한 업무)의 업무를 수행할 때 성취 욕구가 자극된다.

- **권력 욕구(need for power)**: 자신의 영향력으로 다른 사람들을 통제하려는 욕구. 권력 욕구가 높은 사람은 신분이나 지위 상승에 많은 관심을 보인다.
- **친교 욕구(need for affiliation)**: 대인관계에 대한 욕구. 친교 욕구가 높은 사람은 상대적으로 협력적 상황을 선호하며, 우정과 친밀감을 중시한다.

맥클레랜드는 개인의 성격을 이 세 가지 욕구의 합으로 보고, 그중 성취 욕구가 높은 사람이 강한 수준의 동기를 갖고 직무를 수행한다고 보았습니다.

허츠버그의 2요인이론

프레드릭 허츠버그는 직무만족에 깊은 관심을 가진 학자였습니다. 상식적으로 만족과 불만족은 반대 개념이라고 생각하기 쉬운데, 허츠버그는 불만을 제거한다고 해서 바로 만족이 증진되는 것은 아닐 수도 있다고 생각했습니다. 즉 사람에게 만족을 가져다주는 요인과 불만족을 가져다주는 요인이 전혀 다를 수 있다는 점을 지적한 것입니다. 그래서 그의 이론을 '2요인이론(two-factor theory)', 즉 '두 가지 원인에 관한 이론'이라 부릅니다.

〈하버드 비즈니스 리뷰(Harvard Business Review)〉에 발표한 허츠버그의 연구에 의하면, 일을 하며 느끼는 성취감, 상사나 동료로부터의 인정이나 칭찬, 일 자체, 직무 수행 과정에서 느끼는 책임감, 자신의 성장과 발전 등이 만족의 원인으로 지목되었습니다. 허츠버그는 이것들을 동기 요인(motivational factor)이라 불렀습니다. 반면 불만족의 원인으로는 회사 정책, 관리 규정, 감독 행위, 임금, 물리적 작업 조건, 상사와 동료와의 관계

등이 지목되었습니다. 허츠버그는 이것들을 위생 요인(hygiene factor)이라 불렀습니다. 만족과 불만족의 원인이 다르다는 것은 만족하지 않는 것이 곧 불만족을 뜻하지는 않는다는 의미로, 당시 학자들이 연구해온 내용과는 사뭇 다른 결론이었습니다.

기존 학자들의 관점　　　　　　　　　허츠버그의 관점

허츠버그의 연구 이전에는 직원이 회사에 불만을 가지거나 업무에 몰입하지 못할 때, 그 원인을 직원의 개인적 특징(성격, 태도, 정서 등) 탓으로 돌리는 분위기가 강했습니다. 하지만 2요인이론의 영향으로 현대경영학에서는 만족의 원인이 되는 직무 측면(동기 요인)과 불만족의 원인이 되는 작업 환경 측면(위생 요인)에 모두 관심을 갖고 연구를 진행했습니다.

2요인이론에 의하면 동기유발을 위해 직원의 책임감을 강조하는 업무 방식의 설계가 필요한데, 이를 직무충실(job enrichment, 권한과 책임 부여)이라 부릅니다. 직무충실은 직원이 상사가 시킨 일만 하는 것이 아니라 스스로 업무 계획을 세우고 실천 결과에 대한 검토까지 본인이 할 수 있도록 권한을 제공하는 것입니다. 직무충실이 잘 이루어진 직원은 회사에서 수동적인 부하가 아니라 능동적인 참여자가 되므로 업무에 대한 동기부여 증진을 기대할 수 있습니다.

2요인이론을 실무에 적용한 직무특성이론

허츠버그의 2요인이론에서 발견된 동기 요인과 직무충실의 시사점을 실제 기업에 적용한 대표적인 학자로는 리처드 해크만(Richard Hackman)과 그레그 올드햄(Greg Oldham)이 있다. 이들은 동기부여 증진에 가장 필수적인 요소로 직무특성을 꼽았으며, 그림으로 설명하면 다음과 같다.

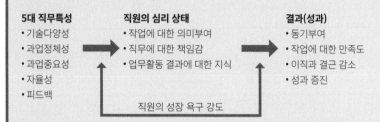

직원이 성장 욕구(회사 내에서 성장하고자 하는 욕구)를 높게 가지는 경우, 직무특성이 직원의 심리 상태에 영향을 미치고, 그 결과 조직의 성과가 향상된다는 것이다. 해크만과 올드햄이 직무특성 중 가장 중요하다고 말한 다섯 가지 요소는 다음과 같다.

- **기술다양성(skill variety, 기능다양성)**: 얼마나 다양한 작업을 수행하는지를 의미한다. 단순한 작업을 반복하기보다 여러 작업을 수행하는 경우 기술다양성이 크다.
- **과업정체성(task identity)**: 담당 직무가 다른 이들의 직무와 어떻게 연결되어 완결되는지를 확인할 수 있는 정도다. 상사가 시킨 일만 할 때보다 스스로 계획을 세우고 실천할 때 과업정체성을 크게 느낄 수 있다.
- **과업중요성(task significance)**: 담당 직무가 조직 목표 달성이나 타인의 삶에 영향을 미치는 정도를 의미한다.
- **자율성(autonomy)**: 직무의 계획 및 실천에 있어 자유와 독립성이 주어지는 정도를 의미한다.
- **피드백(feedback)**: 업무를 수행한 뒤 해당 업무 수행의 효과성과 적절성에 대한 명확한 정보가 주어지는 정도를 의미한다.

해크만과 올드햄은 특정 직무가 직원들을 어느 정도 동기부여시키는지 확인할 수 있도록 동기부여 잠재점수(MPS, Motivating Potential Score)를 개발했다. 이 점수가 높을수록 해당 직무의 동기부여 가능성 내지 잠재력이 높은 것이다.

$$\text{MPS} = \frac{\text{기술다양성} \times \text{과업정체성} \times \text{과업중요성}}{3} \times \text{자율성} \times \text{피드백}$$

013

높은 동기부여는
어떻게 이루어지는가

동기부여 과정이론은 사람이 어떤 심리적 과정을 거쳐 열심히 일하려는 동기가 형성되는지에 관해 연구한 이론입니다. 이 분야의 대표 학자로는 빅터 브룸(Victor Vroom), 존 애덤스(John Adams), 에드윈 로크(Edwin Locke) 등이 있습니다. 각 학자들의 대표 이론을 구체적으로 알아봅시다.

브룸의 기대이론

 알아두세요

빅터 브룸(1932~)
캐나다의 심리학자. 그가 고안한 기대이론은 산업 및 조직심리학에서 구성원의 동기를 설명하는 주요 이론으로 많은 영향을 미쳤다.

브룸은 개인의 노력이 특정한 업적(성과)으로 이어지고, 그 업적에 대해 보상이 주어진다는 전제하에, 각 단계별로 동기부여와 관련된 세 가지 개념을 기대, 수단성, 유의성으로 정리했습니다.

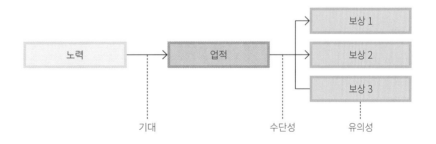

- **기대(expectancy)**: 나의 노력이 특정한 성과나 업적으로 이어질 가능성을 의미한다. 주관적으로 생각하는 확률이며, 수치상으로는 0(실현불가능)부터 1(확실하게 가능)까지의 값을 갖게 된다. 일반적으로 특정한 일을 잘할 수 있다는 믿음(자기효능감)이 높을수록, 난이도가 낮은 일일수록, 구성원이 자신의 운명은 자신이 결정한다고 믿는 내재론자일수록 기댓값이 커진다.

- **수단성(instrumentality)**: 업적(성과)과 보상 간의 상관성을 의미한다. 업적과 보상이 비례한다면 값은 1에 가까워지고, 그렇지 않다면 그 값은 −1에 가까워진다. 예를 들어 전년도보다 향상된 실적을 세운 직원에게 성과급을 지급한다면 수단성은 높아진다. 조직이 구성원들에게 보상 지급에 관한 약속을 지키거나 성과급을 결정하는 방식이 (구성원들의 내부 정치 행동이 아니라) 각자의 능력과 공정한 경쟁을 반영한다고 생각할수록 수단성이 높아진다.

- **유의성(valence)**: 보상에 대한 개인의 선호도나 중요성, 가치를 의미한다. 좋아하는 보상이 주어지면 양(+)의 값을 갖게 되며, 싫어하는 보상이 주어지면 음(-)의 값을 갖게 된다. 예를 들어 일에 지쳐 휴식을 원하는 직원에게 휴가를 주거나 큰 지출이 필요한 직원에게 성과급을 줄 때 유의성이 증가한다. 이처럼 보상 내용이 구성원의 욕구, 가치관, 각자의 목표에 부합할수록 유의성은 커진다.

브룸에 의하면 기대, 수단성, 유의성이 모두 높은 값을 가질 때 비로소 동기부여가 됩니다.

> 동기부여 = 기대 × 수단성 × 유의성

알아두세요

존 애덤스(1925~)
미국의 행동심리학자. 작업장에서의 동기부여와 그 원천으로서의 공정성을 연구했다.

애덤스의 공정성이론

애덤스는 업무 수행에 투입한 노력(input)과 그로 인해 달성된 보상(output)을 다른 사람과 비교한 결과가 동기부여에 매우 중요하다고 생각했습니다. 즉 내가 투입한 노력이나 업무 시간에 대해 받는 보상과 다른 알아두세요 ——

공정성이론에서의 비교 대상

비교 대상(referent, 준거인물)
은 본인을 포함한 다른 사람들이
되며, 비교가 이루어지는 상황은
현 조직 내부와 외부 모두를 포함
한다.

사람의 보상이 균형을 이룬다면 이 조직에서의 보상 시스템은 공정하다
고 인식하게 됩니다. 예를 들어 두 사람 모두 동일한 시간급을 받는 경우
가 있겠죠. 그러나 만약 비교 결과가 불균형하다면 이를 불편하게 여기
고, 그 불편함을 줄여 나가기 위한 노력을 기울이게 됩니다. 노력은 다음
과 같이 두 가지 방향으로 나타납니다.

- **회사가 노력의 크기에 비해 많은 보상을 지급**: 노력의 양과 보상의 크기 사이의 균
  형을 추구하기 위해 노력의 양을 늘리게 된다.
- **회사가 내 노력의 크기에 비해 적은 보상을 지급**: 노력의 양과 보상의 크기 사이의
  균형을 추구하기 위해 노력의 양을 줄이게 된다.

| 애덤스의 동기부여 방식 |

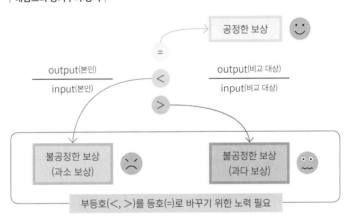

애덤스의 동기부여 논리는 사람이 불편함을 느낄 때 이를 해소하기 위
한 노력을 한다는 레온 페스팅거의 인지부조화이론에 기초한 것입니다.
이때 불공정성은 자신의 비교 대상보다 적은 보상을 받을 때뿐 아니라
많은 보상을 받을 때도 느낍니다. 불공정성을 느꼈을 때, 이를 줄이기 위
한 개인의 행동 방식에는 다음과 같은 것들이 있습니다.

- **노력의 투입이나 산출물 변경**: 노력에 비해 보상이 변변치 않다고 느끼는 사람은
  노력을 덜 기울이거나 같은 노력으로 더 많은 생산물을 만드는 방법을 찾게 된다.

- **지각 왜곡**: 다른 사람의 노력 대비 보상이 더 크다고 느끼면 그 사람이 더 중요한 일을 하고 있을 것이라 합리화 하는 경우가 이에 해당된다.
- **준거대상 변경**: 자신보다 상대적으로 노력 대비 보상이 부족해 보이는 대상과 비교함으로써 우월감을 가지려 하는 경우가 있다.
- **상황 변경**: '장(場) 이탈'이라고도 하며, 그 조직이나 부서를 떠나는 것을 의미한다.

로크의 목표설정이론

에드윈 로크(1938~)
체계적인 목표 수립의 대가로 불리는 미국의 심리학자. 목표의 난이도와 성취 사이의 객관적인 상관관계를 주제로 수십 차례 연구를 추진했다.

로크는 회사나 상사가 구성원에게 구체적이고도 명확한 목표를 정해줄 경우, 구성원의 업무 동기가 증진될 수 있다고 생각했습니다. 그냥 일하는 것이 아니라, 무언가를 달성하기 위해 일하는지가 분명할 때 더 열심히 일한다는 것입니다.

목표 → 노력 → 성과

로크는 구성원을 동기부여시킬 수 있는 좋은 목표가 되려면 세 가지 조건을 갖추어야 한다고 주장했습니다. 첫째, 구성원에게 달성 기준을 구체적으로 제공해야 합니다. 추상적이고 모호한 목표(예: 영어 공부를 해라)는 어느 정도의 노력을 기울여야 하는지 알기 어려운 반면, 구체적이고 명확한 목표(예: 매일 영어 단어를 20개씩 외워라)는 얼마만큼의 노력을 투입해야 하는지 쉽게 알 수 있습니다.

둘째, 목표는 업무 달성에 매진할 수 있도록 적당히 어려운 수준의 난이도를 가져야 합니다. 목표가 너무 쉽다면 노력을 기울이지 않을 가능성이 크고, 너무 어렵다면 해보기도 전에 포기할 가능성이 큽니다.

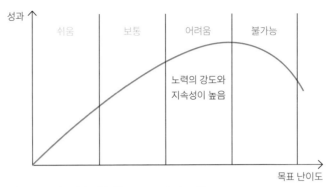

성과

쉬움　보통　어려움　불가능

노력의 강도와
지속성이 높음

목표 난이도

출처: 제이슨 콜퀴트 등, 《조직행동론(Organizational Behavior)》

셋째, 목표는 구성원이 수용 가능한 것이어야 합니다. 목표 자체는 회사
나 상사가 설정하더라도 구성원이 그 목표를 받아들이고 '할 만 하다'라
는 느낌이 들게 하려면, 구성원이 '이것은 나의 일이고, 내가 달성해야
할 목표다'라는 생각을 갖게 할 필요가 있습니다.

잠깐만요

데시와 라이언의 인지평가이론

에드워드 데시(Edward Deci)와 리처드 라이언(Richard Ryan)은 자신이 하는 일의 의미
와 가치에 대한 인지적 평가(cognitive evaluation), 즉 '내가 왜 일을 열심히 하는가'에
관한 원인 분석 과정이 동기부여에 영향을 미친다고 보았다. 인지평가이론은 내재적 보상
(자신의 일에 대한 만족감과 성취감)과 외재적 보상(외부에서 주어지는 보상)을 구분한다.
일에 대가가 주어지면 사람들은 그 일을 자신이 원해서 하는 것이 아니라 해야 하기 때문
에 하는 것으로 받아들이게 된다. 즉 내재적 보상이 존재할 때 외재적 보상이 개입하면 내
재적 보상의 동기부여 효과가 줄어들 수 있다.

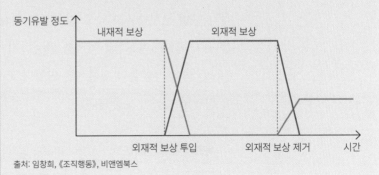

동기유발 정도

내재적 보상　　외재적 보상

외재적 보상 투입　　외재적 보상 제거　시간

출처: 임창희, 《조직행동》, 비앤엠북스

인간이 집단을 만드는 이유를 이해하라

사람은 '사회적 동물'이라 불립니다. 이는 우리가 다른 누군가와 어울려 지내는 존재라는 뜻입니다. 그런데 한편으로 여러 사람이 함께 지내다 보면 누가 더 잘났고, 누가 더 힘이 센지 겨루는 경우가 발생하고, 나의 힘을 통해 상대방이 내 말을 듣도록 지시하는 경우도 발생합니다. 이 과정에서 갈등이 생기죠. 이번 장에서는 집단이란 무엇인지 자세히 알아 보겠습니다.

집단의 개념과 특징

사람은 혼자 살 수 없습니다. 그래서 여러 명이 모여 함께 살아가죠. 우리가 흔히 부서나 팀이라고 지칭하는 것을 경영학에서는 '집단'이라 부릅니다. 집단이란, 특정 목적을 달성하기 위해 지속적으로 상호작용하는 2인 이상 사람들의 집합체를 말합니다. 이상의 정의로부터 다음과 같은 집단의 속성이 도출됩니다.

- **목표의 존재**: 집단이라면 존재의 이유가 있어야 한다. 대부분의 집단은 특정한 목적을 성취하기 위해 형성된 결사체라는 점에서, 목표는 집단을 규정짓는 가장 중요

한 요소 중 하나다.

- **구성원 간의 상호작용**: 동일한 목표를 가지고 있다 해도 구성원 간 상호작용(의사소통이나 의견 조율 및 협력 행동)이 없다면 그러한 사람들의 집합을 집단이라고 할 수 없다. 동일한 비행기에 탑승한 승객들을 경영학적 의미에서의 집단이라고 볼 수 없는 것은 상호작용이 없기 때문이다.

- **비교적 장기간 지속되는 인간관계**: 구성원 간에 상호작용이 있다 해도 그 시간이 너무 짧다면 집단구성원이라 볼 수 없다. 주말에 클럽에 모인 젊은이들은 대화도 나누고 함께 춤도 추지만 그 시간이 지나고 나면 더 이상의 상호작용이 이루어지는 경우가 드물다. 따라서 이들은 집단이 아니다.

집단이 만들어지고 사라지는 과정

친한 사람들 간에 집단이나 기업 등을 형성하는 이유는 무엇일까요? 함께 모일 경우 혼자 지내는 것보다 안전하고 소속감을 느끼는 동시에 복잡하고 다양한 업무를 처리하며 목표로 하는 임무를 보다 쉽게 달성할 수 있기 때문입니다.

브루스 터크만(1938~2016)
조직심리학자. 모든 팀이 경험하는 팀의 발달 단계를 자신의 이름을 딴 '터크만 모델'로 소개했다.

브루스 터크만(Bruce Tuckman)에 따르면 사람들이 모여 만든 집단은 다음과 같이 다섯 단계를 거쳐 발전합니다.

| 집단의 발달 과정 |

형성기   혼란기   규범화   수행/성취기   해체기

- **형성기(forming)**: 처음 모인 사람들이 서로에 대해 조금씩 알아가는 단계
- **혼란기(storming)**: 무엇을 어떻게 처리해야 하는지에 관한 합의를 이루는 과정에서 구성원 간의 갈등과 대립이 나타나는 단계

- **규범화(norming)**: 앞서 발생한 갈등을 극복하고 해소하는 과정에서 구성원 간 동지애가 강해지고, 업무 처리 방식의 합의가 이루어져 문제 해결이 시작되는 단계

- **수행/성취기(performing)**: 집단구성원이 공동의 목표 수행을 위해 각자에게 부여된 역할에 최선을 다하고, 집단의 에너지가 과업의 수행 및 성취를 위해 집중되는 단계

- **해체기(adjourning)**: 목적을 달성한 경우 기존 활동을 마무리하고, 집단구성원 간의 관계를 정리하는 단계

잠깐만요

권력의 의미와 원천

집단이 존재하면 이에 따라 권력도 생겨나게 된다. 권력이란, 한 개인이나 집단의 행동을 자신이 원하는 대로 바꿀 수 있는 능력이나 영향력을 뜻한다. 권한은 권력과 유사하지만 그 의미가 다르다. 권한은 조직 내 직위에서 비롯된 합법적인 권리를 뜻한다. 권력이 공식적 지위 혹은 근거를 반드시 필요로 하지 않는다는 점에서 권한과 차이가 있다.

| 권력의 원천과 유형 |

공식적 권력	강압적 권력	무력이나 위협으로부터 발생
	보상적 권력	상대가 원하는 경제적·정신적 보상을 해줄 수 있는 능력으로부터 발생
	합법적 권력	규정이나 법규와 같은 공식적 제도에 의해 발생
개인적 권력	준거적 권력	매력이나 바람직한 자원 및 인간적 특성을 보유함으로써 발생
	전문적 권력	특정 분야에 대한 지식이나 해결 방안을 알고 있다는 점으로부터 발생

사회심리학자 존 프렌치(John French)와 벨트람 라벤(Beltrame Raven)은 권력의 원천과 유형을 위와 같이 정리했다. 개인이 사회에서 차지하고 있는 지위(회사 직급 등)로부터 발생하는 것을 '공식적 권력'이라 하고, 개인의 성격이나 지식과 같은 고유 특성으로부터 비롯되는 것을 '개인적 권력'이라 한다.

사람들은 권력을 강화하기 위해 다양한 전략을 사용한다. 가장 대표적인 전략이 상대방이 내게 의존하게 만드는 것이다. 예를 들어 내가 흔치 않은 자원을 가지거나 상대방이 처한 상황을 복잡하고 어렵게 만들면 해결을 위해 내게 의존할 가능성이 커지므로 권력 강화 전략이 될 수 있다. 개인이나 특정 집단이 조직에서 인맥의 중심 역할을 하는 경우에도 권력을 갖게 된다.

경영학
무직정 따라하기

015

훌륭한 경영자는 갈등의 순기능을 이용한다

집단에는 갈등이 필요하다

앞서 살펴본 바와 같이 집단이 발전하는 다섯 단계에서 필수적인 절차 중 하나는 바로 혼란 내지는 갈등(conflict)이 개입한다는 점입니다. 갈등은 사람 간에 이해관계가 충돌해 서로 적대시하거나 대립이 발생하는 현상을 뜻합니다.

많은 사람이 갈등은 나쁜 것이고, 갈등이 적을수록 좋다고 생각합니다. 하지만 우리 스스로를 돌아보면 갈등이 반드시 나쁜 역할만 하는 것은 아니라는 사실을 깨달을 수 있습니다. 전혀 싸우지 않는 부부, 연인, 친구는 없습니다. 티격태격하는 과정에서 상대방의 성격이나 취향 또는 콤플렉스 같은 것들을 알아가죠. 이렇게 축적된 지식은 향후 상대와의 인간관계를 유지해 나가는 데 도움이 됩니다. '비 온 뒤 땅 굳는다'라는 말이 그냥 나온 것이 아닙니다.

학자들도 갈등의 순기능을 점차 인정하고 있습니다. 그들은 조직 구성원들의 내부 결속을 해칠 만큼의 지나친 갈등은 결코 바람직하지 않지만, 너무나 정적이고 냉

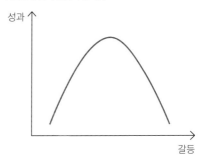

| 갈등 수준과 집단의 성과 |

담하며 변화와 혁신의 필요성에 대해 무감각할 정도의 안정 상태도 집단성과 목표 달성에 도움이 되지 않는다고 말합니다. 따라서 조직의 생동감 유지, 자기비판과 반성, 창조적 아이디어 형성에 기여 가능한 수준의 갈등은 오히려 장려될 필요가 있습니다.

사람이 갈등을 관리하는 유형

갈등을 관리하는 방법을 갈등처리유형(conflict handling mode)이라 부릅니다. 이 개념은 라힘(Rahim), 토마스(Thomas), 루블(Ruble) 등의 학자들에 의해 연구되었습니다. 그들에 따르면 갈등 관리 방법은 자신의 주장을 관철시키려는 의도(자기주장성)와 상대방의 관심사를 만족시켜주려는 정도(협력성)에 따라 다섯 가지 유형으로 나눕니다.

| 다섯 가지 갈등처리유형 |

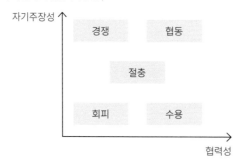

- **경쟁(competing, 강요)**: 자신의 주장을 관철시키는 것이 다른 사람의 요구를 받아주는 것보다 우선시되는 갈등 관리 방법. 시간이 없거나 나의 힘이 상대방보다 우월한 경우에 주로 사용한다.
- **협동(collaboration)**: 자신의 주장과 상대방의 주장을 동시에 충족시키고자 하는 갈등 관리 방법. 모두가 이기는 대안을 찾아야 하므로 문제를 해결하는 데 오랜 시간이 걸리지만 가장 바람직한 방법이라 할 수 있다.
- **절충(compromising, 타협)**: 자신의 주장과 상대방의 주장을 중간 수준에서 조

정하는 갈등 관리 방법. 5대 5로 나눠 가져가는 경우인데, 적당한 합의로 더 큰 손실을 막아야 할 때 주로 사용한다.

- **회피(avoiding)**: 자신의 주장도 포기하고 상대방의 주장도 받아들일 생각이 없는 경우 주로 사용하는 갈등 관리 방법. 문제 해결 자체를 나중으로 미루는 방식에 가깝다.

- **수용(accomodating, 조화)**: 자신의 주장을 포기하고 상대방의 주장을 받아들이는 갈등 관리 방법. 자신의 양보를 통해 상대방으로부터 신뢰를 얻어야 할 필요가 있을 때 주로 사용한다.

분배적 협상과 통합적 협상

갈등을 해소하는 수단 중 가장 대표적인 것이 바로 '협상'입니다. 협상은 서로 다른 이해관계를 가진 당사자들이 각자가 가진 것을 교환하는 과정으로, 교섭(bargaining)이라고도 합니다. 현대경영학에서는 협상을 크게 분배적 협상(distributive bargaining)과 통합적 협상(integrative bargaining)으로 구분합니다.

분배적 협상
제한된 자원을 두고 누가 더 많이 가질 것인가를 결정하는 방법입니다. 세입자와 집주인이 임대료를 두고 벌이는 협상이 분배적 협상의 사례죠. 여기서는 어느 한쪽에 유리한 대안이 다른 한쪽에는 불리한 대안이 됩니다. 따라서 누군가는 이기고 다른 누군가는 지는 'win-lose 협상'이라 할 수 있습니다.

통합적 협상
서로가 모두 만족할 수 있는 대안을 도출하는 방법입니다. 직원에게 성과급을 얼마나 지급할 것인가를 두고 회사와 노조가 벌이는 협상이 통합적 협상의 사례죠. 성과급을 많이 지급할 경우 단기적으로는 회사가 손해인 것처럼 보이지만, 동기부여된 직원들이 더 열심히 일하면 회사의 이익이 늘어나게 됩니다. 따라서 통합적 협상은 서로에게 유리한 결과로 이어지므로 'win-win 협상'이라 할 수 있습니다.

구분	분배적 협상	통합적 협상
목표	상대보다 더 많이 갖는 것	서로 만족할 만큼 나눠 갖는 것
동기	상대를 꺾고 이겨야 한다.	나와 상대 모두 이길 수 있다.
주요 관심사의 방향	반대	조화
정보 공유 정도	최소화: 정보 공유는 상대방을 이롭게 할 뿐이다.	최대화: 정보 공유는 각자의 이해를 충족시킨다.
협상의 초점	각자의 입장	서로의 이해관계
관계의 초점	비교적 짧은 기간	비교적 긴 기간

경영학
무작정 따라하기

016

의사소통 방식을 바꾸어 소통의 오류를 줄여라

상사에게 보고하는 것, 동료들과 회의하는 것, 가족과 밥상에 둘러앉아 하루를 돌아보며 대화하는 것 등은 모두 의사소통, 즉 커뮤니케이션(communication)입니다. 활발한 커뮤니케이션은 타인과의 원만한 관계 유지를 위해 필수적이라 할 수 있죠. 그러나 일상생활을 하다 보면 사소한 오해나 실수로 타인과의 관계가 악화되기도 합니다. 타인과의 소통은 생각처럼 쉽지만은 않습니다.

의사소통은 어떻게 이루어질까

의사소통 과정을 간단하게 설명하면 이야기를 하는 사람(송신자)이 자신이 하고 싶은 말(메시지1)을 표현(메시지2)하고, 이를 들은 사람(수신자)이 자신의 배경지식을 활용해 해석(메시지3)하는 것입니다. 송신자가 메시지를 표현하는 과정을 '암호화(encoding)'라고 합니다. 메시지 표현을 '암호'라고 부르는 이유는 머릿속 생각이 언어 형태로 변환되기 때문입니다. 전달된 메시지를 수신자가 해석하는 과정을 '복호화(decoding)'라 하며, 나름의 방식으로 재해석하기 때문에 '암호해독'이라고도 부릅니다. 수신자가 송신자의 이야기를 제대로 알아들었다면 적절한 피드백(반응)을 제공

 알아두세요

언어와 암호
언어는 특정 사회구성원만이 알아들을 수 있는 일종의 암호 같은 것이다. 외국인들이 사용하는 언어가 우리에겐 암호처럼 느껴지는 것과 마찬가지다.

할 수 있습니다. 이러한 커뮤니케이션 과정에서 송신자와 수신자가 사용하는 소통 수단을 '경로(channel)'라고 합니다.

| 의사소통이 이루어지는 과정 |

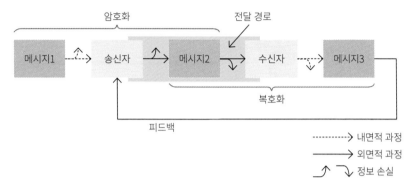

의도를 정확히 전달하려면 경로풍부성이 높은 수단으로

대면 접촉, 전화, 메신저, 이메일, 편지, 공문서 등은 모두 소통의 경로가 됩니다. 한 가지 분명한 사실은 대면 접촉에 비해 나머지 소통 수단은 오해의 가능성이 크다는 것입니다. 연인 간에 갈등이 생겼을 때 얼굴을 보고 이야기하는 경우와 전화 통화로 이야기하는 경우를 비교해보면 잘 알 수 있겠죠? 정보가 전달되는 경로가 충분하게 많은 정도를 '경로풍부성(channel richness)'이라 합니다. 앞서 언급한 소통 수단들을 경로풍부성에 따라 나열하면 다음과 같습니다.

경로풍부성이 낮은 소통 수단을 사용할수록 송신자가 의도한 내용이 제대로 전달되지 않을 가능성이 큽니다. 이를 정보 손실(information loss)이라 하는데, 손실되는 정보량이 많을수록 소통의 장애가 빈번하게 발생합니다.

사람 간의 소통에 항상 오류가 생기는 이유

일반적으로 정보 손실을 야기하는 소통의 장애 요인으로는 자신에게 유리한 말만 골라 하거나 듣고 싶은 말만 골라 듣는 여과(filtering), 각종 오해와 편견, 너무 많은 정보, 수신자의 지적 수준을 넘어서는 어려운 메시지, 각자의 감정과 정서 상태의 차이, 남성과 여성의 성차, 문화적 차이, 거짓말 등이 있습니다. 이러한 소통 오류들 중 몇 가지를 구체적으로 살펴보겠습니다.

- **여과와 선택적 지각**: 여과, 즉 필터링은 전달자가 자신에게 유리하게 의도적으로 정보를 조작하는 것이다. 상사가 듣고 싶어 한다고 생각하는 내용만 보고하는 것이 그 예다. 반대로 정보를 받아들이는 입장에 있을 때는 자신의 입맛에 맞는 것만 기억하는 선택적 오류를 범할 수도 있다.
- **정보 과중**: 개인의 정보처리능력은 제한되어 있다. 사람은 다루어야 할 정보가 이 능력을 초과할 때는 일부 정보를 무시하고 그냥 넘기거나 잊어버리는 경향이 있다. 이는 정보 손실을 초래하는 중요한 문제다.
- **정서**: 기쁨과 같은 긍정적 정서와 분노와 같은 부정적 정서는 종종 객관적인 사고 과정을 압도해 결과적으로 효과적인 커뮤니케이션을 방해하는 경향이 있다.
- **언어**: 공식적으로 사용해야 하는 언어가 있음에도 불구하고 약어나 용어, 속어 등을 사용할 경우, 소통의 오류를 초래할 수 있다.
- **거짓말**: 효과적인 커뮤니케이션을 방해하는 최종 장벽은 노골적으로 거짓 정보를 전달하는 것이다. 사람들은 실수를 은폐하거나 좋은 인상을 전달하기 위해 종종 거짓말을 한다.

오류를 줄이고 전달력을 높이는 소통의 방법

이상의 소통 오류를 줄이기 위해서는 오해의 소지가 적은 소통경로를 확보할 필요가 있으며, 소통의 빈도를 높여 서로에 대한 이해의 폭을 넓혀야 합니다. 소통의 오류를 줄이는 데 도움이 되는 세 가지 방안을 소개하겠습니다.

첫째, 정보 과중으로 인한 오해를 줄이기 위해서는 상대방의 흥미와 관심을 끌 수 있도록 중요한 정보를 선별한 뒤 우선순위를 정해 순차적으로 정보를 전달해야 합니다.

둘째, 상사와 부하 간 계층 차이로 인한 오해를 줄이기 위해서는 우선 구성원들이 상급자에게 신뢰를 가질 수 있게 해야 합니다. 이를 위해서는 부하 직원을 사적인 감정으로 대하거나 불공정한 처우를 하지 않아야 합니다. 또 계급이나 계층에 신경 쓰지 않고 격의 없는 소통의 기회를 부여해야 합니다.

셋째, 경청하는 자세와 적극적 피드백을 통해 편견과 지각오류의 개입을 줄이도록 노력해야 합니다. 이 과정에서 필요한 기술이 바로 적극적 경청(active listening)입니다. 이는 수동적으로 듣기만 하는 것이 아니라, 대화 내용을 예상하고 중간중간 적절한 피드백 또는 리액션을 하며 상대방에게 공감해주는 듣기 방식입니다.

잠깐만요

소통 오류 극복에 도움이 되는 조하리의 창

심리학자 조셉 루프트(Joseph Luft)와 해리 잉햄(Harry Ingham)은 의사소통을 통해 전달되는 메시지의 내용과 범위를 자신과 상대방에게 드러나는 정도에 따라 사분면으로 나누어 살펴볼 수 있다고 주장했다. 그리고 자신들의 이름을 결합하여 조하리의 창(Johari's window)이라 명명했다. 여기서 중요한 점은 각 영역의 면적이 확정적으로 정해져 있는 것이 아니며 의사소통 당사자 간의 노력 및 관계에 따라 달라질 수 있다는 것이다. 사분면의 명칭은 다음과 같다.

	자신이 알고 있는 부분	자신이 모르고 있는 부분
상대방에게 알려진 부분	공개 영역(open area)	맹인 영역(blind area)
상대방이 모르고 있는 부분	비밀 영역(hidden area)	미지 영역(unknown area)

- **공개 영역**: 나와 상대방 모두에게 알려진 영역이다. 서로 신뢰하는 영역이므로 갈등이 거의 유발되지 않는다.
- **맹인 영역**: 상대방은 알지만 나는 모르는 영역이다. 공통 과제에 대한 나의 이해도가 상대방에 비해 낮다면 소통에 일정 부분 장애가 될 뿐만 아니라 부적절한 의사결정을 할 수도 있다. 따라서 상대방으로부터 적극적인 피드백을 받는 것이 중요하다.
- **비밀 영역**: 나만 알고 상대방은 잘 모르는 영역이다. 상대방이 내용을 알게 되었을 때 어떻게 반응할지 두려워 숨기는 것이다. 이는 상대방 입장에서 볼 때 맹인 영역이 되므로, 내가 먼저 나서 상대방에게 피드백을 해주도록 노력해야 한다.
- **미지 영역**: 나와 상대방 모두에게 알려져 있지 않은 영역이다. 만약 실체적 진실이나 중요한 정보가 여기에 포함되어 있다면 집단/조직 차원에서 갈등의 소지가 될 수 있다.

공개 영역의 면적이 클수록 당사자 간의 의사소통이 오해 없이 원활하게 이루어질 수 있다. 공개 영역을 넓히기 위해서는 내가 상대방에게, 상대방이 나에게 속마음을 드러내야 한다.

최적의 결정을 위한 의사결정 방법

의사결정의 의미와 이론적인 과정

여러 사람이 모인 집단에서 가장 어렵고도 중요한 일 중 하나는 여러 견해를 하나로 모으는 일, 즉 의사결정일 것입니다. 일반적으로 의사결정이란, 여러 대안 중에서 최적이라 여겨지는 것을 선택하는 과정을 일컫습니다.

의사결정은 크게 문제 인식과 정의, 목표 설정, 대안 개발, 대안 분석과 평가, 대안 선택과 실행의 단계로 구분됩니다.

문제 인식과 정의

의사결정의 출발점은 무엇을 해결해야 하는지, 즉 문제가 무엇인지 명확히 하는 것입니다. 관리자 혹은 의사결정자는 조직에 어떤 문제가 있다고 판단될 경우 문제의 내용과 상황을 확인하기 위해 정확하고 충분한 정보를 수집해 분석해야 하며, 그러한 분석에 입각해 문제를 정의해야 합니다. 이때 여러 전문가의 경험과 지식 및 분석을 동원해 최대한 객관적으로 문제를 정의하는 것이 좋습니다.

목표 설정

문제를 정의했다면 문제 해결을 위해 현재 상태를 어떻게 변화시킬지 구상해야 합니다. 예를 들어 매출이 전년도보다 감소했다면 의사결정 목표를 매출 증가에 둘 수도 있고, 비용 절감에 둘 수도 있습니다. 목표를 어디에 두느냐에 따라 대안 개발과 평가, 선택이 달라집니다. 구체적이면서 현실적이고 적당한 수준의 난이도를 갖춘 목표, 구성원들이 충분히 합의할 수 있는 목표를 설정한다면 구성원들의 동기가 유발되는 동시에 업무 성과 향상도 기대할 수 있습니다.

대안 개발

목표를 설정한 다음에는 목표 달성을 위해 필요한 대안이 무엇인지 개발해야 합니다. 대안이란, 문제 해결이나 목표 달성을 위한 방안을 말합니다. 조직에서 빈번하게 발생하는 문제를 해결해야 할 때에는 선례와 규정에 따라 비교적 쉽고 간단하게 대안을 개발할 수 있지만, 중대한 문제를 해결해야 할 때에는 대안 개발이 매우 어렵고 복잡할 수 있습니다. 또한 대안은 복수로 개발할 필요가 있는데, 각각의 대안이 장단점을 갖기 때문입니다. 따라서 이해관계자 모두 대안 개발에 참여하는 것이 바람직합니다.

대안 분석과 평가

개발된 대안들은 상대적 가치와 장단점이 모두 분석되고 평가되어야 합니다. 이러한 분석과 평가의 목적은 의사결정자가 대안을 선택하는 데 도움이 될 수 있는 정보를 확인하는 데 있습니다. 제시된 각 대안이 문제 해결에 도움이 되는지, 예상되는 성과나 효과는 무엇인지, 실행 가능성이 있는지 등을 검토할 필요가 있습니다. 이 과정에서는 각종 계량적·비계량적 분석 기법이 사용될 수 있습니다. 원칙적으로 대안을 검토하는 과정에서는 다양한 정보와 평가 기준이 동원되어야 합니다.

그러나 허버트 사이먼(Herbert Simon)에 따르면 인간의 인지능력은 제한이 있어 최적 의사결정을 위한 모든 정보의 이해와 활용이 사실상 불가능합니다. 경영 환경 변화와 시간 제약 및 수많은 고려 사항 등은 의사결정자들로 하여금 합리적인 판단 과정을 따르기 어렵게 합니다. 그래서 사이먼은 대부분의 의사결정은 최적화보다는 인간이 이해할 수 있는 범위 내에서 의사결정자가 만족하는 수준으로 결정된다고 말합니다. 이를 제한된 합리성(bounded rationality)에 입각한 의사결정이라 부릅니다.

대안 선택과 실행

둘 이상의 대안 중에서 상대적으로 장점이 큰 대안, 즉 문제 해결 적합성이 높고 충분한 성과를 기대할 수 있는 대안을 선택할 필요가 있습니다. 대안 선택은 의사결정 참여자 간의 합의로 이루어지는 경우가 많습니다. 목표가 여러 가지이거나, 각각의 대안에 일관된 합의가 도출되기 어려운 경우에는 다수의 구성원이 지지하는 대안이 채택되는 것입니다. 선택된 대안은 구체적인 실행 계획에 따라 집행되어야 합니다.

실제 의사결정은 대부분 비합리적이다

이상의 의사결정 과정은 매우 타당하고 당연한 것처럼 보입니다. 그러나 실제 의사결정 과정에서는 전혀 다른 양상이 관찰됩니다. 공공시설물의 입지 선정, 경제적으로 큰 영향이 예상되는 외국과의 무역협정, 나라의 미래를 좌우할 정치 지도자를 뽑는 선거 행위 등을 차분히 지켜보면 논리적으로 납득이 되지 않는 부분이 매우 많습니다.

학자들은 의사결정 과정에서 혼란이 발생하는 이유를 세 가지로 정리했습니다. 첫째, 우선순위 자체가 애매한 경우가 많습니다. 목표, 문제, 대안 및 해결 방안 등이 분명하지 않다는 의미입니다. 따라서 의사결정 과정의 각 단계를 밟으려 해도 명확한 것이 거의 없어 극도로 모호한 상태에 놓이게 되죠.

둘째, 문제 해결에 대한 지식과 경험이 부족합니다. 의사결정 참여자들은 문제의 원인과 결과를 명확히 밝히는 데 어려움을 겪습니다. 또 의사결정에 활용할 구체적인 근거 자료를 얻기도 힘듭니다.

셋째, 의사결정자들이 계속 바뀝니다. 정기적인 인사 발령으로 담당자의 직무가 주기적으로 바뀌어 문제를 책임져야 할 사람이 명확하지 않고, 그 범위 역시 제한적입니다. 그 결과, 이성적 절차를 따르기보다는 우연적인 요인의 영향을 받아 의사결정이 이루어지는 경우가 많습니다. 위와 같은 이유로 이루어지는 비논리적이고 혼란스러운 의사결정을 무정부적 의사결정 또는 쓰레기통 모형(garbage can model)이라 부릅니다.

집단사고의 개념과 극복 방안

심지어 어떤 경우에는 집단구성원들이 일종의 자기최면에 빠져 대안적인 의견(보기 드문 견해, 소수 입장, 비대중적인 의견 등)에 대해 비판적이고 심도 있는 평가를 행하지 못하는 현상이 발생하기도 합니다. 심리학자 어빙 제니스(Irving Janis)는 이를 집단사고(groupthink)라 명명했습니다.

집단사고는 자신들의 집단이 도덕적으로도, 능력적으로도 우월하다는 근거 없는 믿음을 가지거나, 상대 집단에 대한 부정적인 고정관념에 사로잡혀 있을 때 발생하기 쉽습니다. 집단사고가 발생하는 경우, 집단 내 주류 구성원은 다수의 견해에 조금이라도 의심을 표하거나 비판적인 사람들에게 직간접적 압력을 행사합니다. 그로 인해 비주류 구성원들은 의심과 공격을 피하기 위해 침묵하게 되어 더욱더 주류적 아이디어로의 쏠림현상이 발생하게 되고, 그 결과, 비합리적인 의사결정과 성과 저하가 나타납니다. 다음 사례를 살펴봅시다.

2003년 2월 1일 임무를 마치고 지구에 귀환하기 위해 대기권에 진입하던 미국의 우주왕복선 컬럼비아호가 텍사스 주 상공에서 폭발하여 승무원 7명이 전원 사망하는 사건이 있었다. 사고조사위원회는 우주선 이륙 때 연료탱크에서 떨어져 나온 서류 가방 크기의 단열재가 왼쪽 날개 일부에 구멍을 냈고, 임무를 마친 우주선이 대기권에 진입할 때 이 구멍으로 고온의 플라스마가 들어가 폭발을 일으켰다고 밝혔다. 그러나 학자들은 당시 미국항공우주국(NASA) 안에 팽배한 집단사고가 콜롬비아호 참사의 또 다른 원인이라고 지적했다.

NASA는 소수의 엘리트로 이루어진 응집력 강한 조직이었으며, 리더들은 정해진 날짜에 우주선을 발사해야 한다는 압박 때문에 발사 연기를 불러올 '부정적 정보'를 듣지 않으려는 경향이 강했다. NASA 운영팀은 수십 차례 우주선을 발사한 조직의 역량을 과신하며 사고 이전에 드러난 문제의 중요성을 무시했다. 컬럼비아호의 폭발을 부른 단열재 문제는 이전에 애틀랜티스호를 발사할 때 드러났지만, NASA는 단열재 문제에 대해 '실험으로 검토해본 결과 별 문제가 없다'라고 결론을 내렸다. 이후 이 실험은 충분한 데이터가 뒷받침되지 못한 것으로 밝혀졌다. 또한 NASA는 이륙 때 떨어져 나간 단열재가 우주선 선체에 피해를 주었는지 알아보기 위해 천체  망원경이나 첩보위성 사진을 이용하자는 일부 전문가의 의견을 "말도 안 된다"며 일축했고, 이후 사고를 막을 대안을 모색하지도 않았다. 결국 컬럼비아호는 참혹한 최후를 맞았다.

– 문권모, '컬럼비아호 폭발과 집단사고' 수정 인용, 2008년

집단사고는 다수로 이루어진 집단이 언제나 개인보다 합리적이고 올바른 결정을 내리는 것은 아니라는 사실을 알려줍니다. 따라서 집단사고는 여러 구성원이 함께 의사결정하는 과정에서 반드시 극복되어야 하며, 이를 위해서는 주류적이지 않은 아이디어도 열린 마음으로 받아들여야 합니다. 집단사고의 극복 방안으로 제안되는 네 가지 기법을 소개하겠습니다.

- **브레인스토밍(brainstorming)**: 알렉스 오스본(Alex Osborn)에 의해 창안된 기법으로, 다수 인원이 한 가지 문제를 두고 떠오르는 각종 생각을 자유롭게 무작위적으로 말한다. 이때, 토론을 이끄는 리더와 아이디어를 정리하는 역할을 하는 사람이 필요하며, 개진된 의견에 대해서는 비판을 가하지 않는 것을 원칙으로 한다.

- **명목집단법(nominal group technique)**: 의사결정이 이루어지는 동안 구성원 간 커뮤니케이션이 제한된, 그야말로 명목적(nominal) 집단을 구성해 의사결정을 행하는 기법이다. 참여자들은 사전에 주어진 문제에 대한 최적 대안을 생각하고, 함께 모인 자리에서 자신의 대안을 무기명으로 제출한다. 그 시점 이후부터 비로소 토론이 시작되며, 각 대안의 특징과 장단점 등을 살펴본다. 토론이 끝나면 투표를 실시해 최적의 대안을 확정한다.

- **델파이법(delphi technique)**: 전문가들에 의해 서면상으로 이루어지는 일종의 무기명 토론 방식이다. 각 전문가가 문제나 이슈에 대해 자신이 생각하는 바를 서면으로 제출하면 토론 진행자는 이를 전문가 집단의 모든 구성원에게 전달한다. 그러면 각 전문가는 다른 이들의 의견에 자신의 견해를 적어 다시 토론 진행자에게 제출한다. 토론 진행자는 그것을 처음 의견을 낸 이들에게 전달하고, 그들은 자신의 의견을 수정해 다시 토론 진행자에게 제출한다. 이 과정을 최적의 대안이 도출될 때까지 반복한다. 다음 해 경제 전망, 새로운 기술이 인류에 미칠 영향 등을 예측하는 과정에서 각종 언론사가 실시하는 전문가 대상 조사 등이 델파이법의 확장된 예라 할 수 있다.

- **변증법적 토의법(dialectical inquiry model)**: 집단구성원을 명시적으로(때로는 암묵적으로) 2개의 편으로 나누어 토론하게 하는 방식으로, 악마의 주장(devil's advocacy)이라고도 불린다. 정(正)-반(反)-합(合)으로 대표되는 헤겔(Hegel)의 변증법에서 아이디어를 차용했으며, 각자의 역할이 미리 정해진 상태에서 토론이 진행되므로 상대의 주장을 보다 효과적이고 공격적으로 비판할 수 있다. 이 과정을 통해 어떤 대안이 더 설득력 있는지, 어떤 대안이 덜 논리적인지 판명된다.

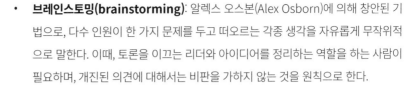
알아두세요

명목적 집단
명목적 집단으로 불리는 이유는 집단의 구성 요건 중 하나인 상호작용, 즉 대화를 차단하기 때문이다.

전통적 리더십 –
선두에서 성과를 이끈다

집단이 제대로 돌아가기 위해서는 갈등 관리, 원활한 의사소통, 무임승차자의 최소화, 다양성을 통한 팀워크의 증진, 합리적인 의사결정 등의 과업이 모두 달성되어야 합니다. 이러한 과업이 자발적이고 원만하게 이루어진다면 다행이지만, 우리가 이미 잘 알고 있듯 인간은 본래 이기적이고, 지식과 정보의 제약도 크죠. 따라서 누군가가 총대를 메고 업무를 나누고, 지시하고, 수행을 독려하는 역할을 맡아야 합니다. 즉 리더(leader)가 필요하다는 의미입니다.

흔히 리더의 자질과 역량 및 행동 방식을 리더십(leadership)이라고 합니다. 하지만 많은 경영학 용어가 그렇듯 리더십도 통일된(또는 합의된) 견해보다는 여러 학자가 주장하는 다양한 리더십의 의미가 존재합니다. 지금부터 리더십이 가지는 여러 의미와 리더가 어떻게 조직 성과를 증진시킬 수 있는지 하나씩 알아보도록 하겠습니다.

성공한 리더가 공통적으로 가지고 있는 자질

많은 사람이 리더의 자리에 오른 사람들은 일반인과는 다른 자질을 갖고 있을 것이라 생각합니다. 그래서 학자들은 성공한 리더들이 공통적으로 가지고 있는 남다른 자질이 무엇인지 밝혀내는 데 집중했습니다. 그들의 연구 결과로 도출된 성공한 리더의 자질은 다음과 같습니다.

첫째, 성공한 리더들은 대개 감성지능(emotional intelligence)이 높습니다. 감성지능이 높은 사람은 상대방의 감정을 잘 파악하고 이를 활용할 줄 알기에 대인관계를 원만하게 유지합니다. 또한 조직 장악력이 높으며, 구성원에게 영향력을 효과적으로 행사합니다.

둘째, 성공한 리더들은 자존감(self-esteem)이 높습니다. 자존감은 개인이 자신의 가치와 능력에 대해 긍정적으로 평가하는 정도로, 자존감이 높은 리더는 구성원들에게 보다 많은 지원과 도움을 제공하고, 신뢰감을 줍니다. 따라서 구성원들에게 상당한 수준의 카리스마, 즉 남다르게 느껴지는 타고난 능력을 갖고 있는 것으로 인식될 수 있습니다.

셋째, 성공한 리더들은 성격 측면에서 빅파이브 구성 요인 중 외향성, 성실성, 개방성이 높습니다. 외향성이 큰 리더는 대체로 사교적이고 단호한 면이 있어 구성원들과 적극적으로 상호작용을 하고, 타인에게 자신감을 보여줍니다. 성실성이 높은 리더는 일의 절차와 수행 방법을 잘 컨트롤하고, 주도적으로 업무를 수행하며 어려운 문제도 인내심을 가지고 극복하는 경향을 보입니다. 개방성이 큰 리더는 조직에서 창의력에 기반을 둔 과업을 추진하는 데 적합합니다.

리더의 성향에 따라 나타나는 독특한 행동양식

리더는 앞서 언급한 자질 외에도 구성원들을 동기부여할 수 있는 행동양식을 가져야 합니다. 로버트 블레이크(Robert Blakes)와 제인 머튼(Jane Mouton)은 리더가 취할 수 있는 행동양식을 생산성 향상과 업무 성과에 초점을 맞춘 행동양식과 인간관계에 초점을 맞춘 행동양식으로 분류했습니다. 전자의 행동양식은 '생산에 대한 관심(concern for production)'이라 불리며, 주로 정책 결정의 질, 절차와 과정, 연구의 창의성, 업무의 효율성 등에 갖는 관심을 뜻합니다. 후자의 행동양식은 '인간에 대한 관심(concern for people)'이라 불리며, 주로 조직에 대한 몰입과 충성심의 재고, 자존심 유지, 구성원에 대한 전적인 신뢰, 양호한 작업 환경 제공, 긍정적인 대인관계 유지 등에 갖는 관심을 뜻합니다.

블레이크와 머튼은 오하이오와 미시간 연구를 기초로 리더의 행동 유형을 더욱 구체화하고, 효과적인 리더의 행동을 배양하기 위해 관리격자 모형을 제안했습니다. 생산에 대한 관심과 인간에 대한 관심, 2개의 축을 9등분하는 척도를 만들어 81개의 그리드, 즉 81개 행동 유형의 조합 중 특징적인 다섯 가지 행동 유형을 분류했습니다.

- **무관심형(impoverished style)**: 생산에 대한 관심과 인간에 대한 관심이 모두 낮은 유형. 이러한 유형의 리더는 요구되는 업무를 수행하는 데 최소한의 노력만을 기울인다.

- **컨트리클럽형(contry club style)**; 인간에 대한 관심은 매우 높은 반면 생산에 대한 관심은 매우 낮은 유형. 이러한 유형의 리더는 만족스러운 인간관계를 유지하기 위해 구성원들의 욕구에 깊은 관심을 보이며 긍정적이고 우호적인 집단 분위기와 그에 맞는 업무 진행 속도를 유지한다. 그러나 생산에 대한 적극적인 관심이 부족해 효과적이라고 보기 어렵다.

- **과업형(task style)**: 생산에 대한 관심은 매우 높은 반면 인간에 대한 관심은 매우 낮은 유형. 이러한 유형의 리더는 업무를 수행하는 데 인간적인 요소로 인한 방해가 최소화되도록 여건을 조성하는 것이 중요하다고 생각한다. 따라서 단기적으로 성과를 높일 수는 있지만 높은 성과를 장기적으로 유지하는 데에는 한계가 있다.

- **중간형(middle of the road)**: 생산에 대한 관심과 인간에 대한 관심이 중간 수준인 유형. 이러한 유형의 리더는 적절한 수준의 성과를 유지하려고 할 뿐만 아니라 구성원의 만족도 추구한다. 이렇게 함으로써 적절한 업무 속도와 우호적인 집단 분위기를 동시에 추구하고자 한다.

- **팀형(team leader)**: 인간과 과업 모두에 높은 관심을 가지는 유형. 이러한 유형
  의 리더는 높은 수준의 성과를 내기 위해 부하 직원들의 성과에 대한 몰입의 정도
  가 높아야 함을 인식하고, 구성원들의 만족과 인간관계 그리고 집단의 긍정적 분위
  기를 조성한다.

| 블레이크와 머튼의 관리격자모형 |

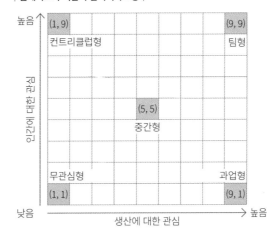

여럿이면 덜 일하게 되는 사회적 태만 현상

사람은 혼자 일할 때보다 여러 명이 함께 일할 때 노력의 투입량을 줄이는 경향이 있는데,
이를 사회적 태만(social loafing)이라 한다. 이론상으로는 구성원 수가 두 배 늘어나면
업무량도 두 배 많아질 것 같지만, 실제로는 그렇지 않다는 의미이다.

| 규모와 성과의 관계 |

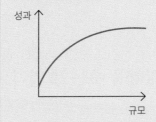

이러한 현상의 주된 이유는 집단적 노력의 결과(성과)가 구성원 개인들이 투입하는 노력의
크기와 비례하지 않는 경우가 많아 무임승차자가 발생하기 때문이다. 이러한 무임승차 현상
을 방지하기 위해서는 분업을 통해 책임 소재를 분명하게 하고, 개인별 성과를 측정해 비교
할 수 있게 만들 필요가 있다. 처음부터 근무 의욕이 높은 사람을 선발하거나 권한과 책임을
충분히 부여해 업무를 수행하는 과정에 흥미와 동기가 유발되도록 하는 것도 대안이 된다.

현대적 리더십 - 상황에 따라 달라지는 스타일

앞서 살펴본 리더의 자질이나 행동 방식은 그 자체로 구성원들에게 일정한 효과를 기대할 수 있지만, 하나의 리더십 스타일이 언제 어디서나 동일하게 작용하는 것은 아닙니다. 예를 들어 카리스마 있는 리더가 효과적인 상황이 있고, 부드러운 리더가 효과적인 상황이 있죠.

그로 인해 최근 학자들은 리더의 특성이나 행동(과업지향적 행동, 인간지향적 행동 등)의 효과가 언제 달라지는지 그 상황에 관심을 갖게 되었습니다. 즉 성공적인 리더는 자신이 처한 상황에 적절한 스타일의 리더십을 구사할 줄 아는 사람이라는 것입니다. 일반적으로 리더십에 영향을 미치는 요인으로는 구성원의 특성, 집단의 특성, 과업의 특성을 꼽습니다. 각각에 대한 학자들의 연구 내용 중 일부를 소개합니다.

리더십에 영향을 주는 세 가지 요인

구성원의 특성

조직심리학자 폴 허시(Paul Hersey)와 켄 블랜차드(Ken Blanchard)는 리더십의 효과가 구성원의 특성에 의해 달라질 수 있다는 상황적 리더십 이론(SLT, Situational Leadership Theory)을 제안했습니다. 그들은 구성원의 특성을 성숙도(maturity)로 정의했는데, 이는 달성 가능한 범위 내에서 높은 목표를 세울 수 있는 성취 욕구, 자신의 일에 대해 책임을 지려는 의지와 능력, 과업과 관련된 교육과 경험을 종합적으로 지칭하는 변수가 됩니다. 구성원의 성숙도(M)에 따라 적합한 리더십의 형태가 달라집니다.

| 구성원의 성숙도별 적합한 리더십 |

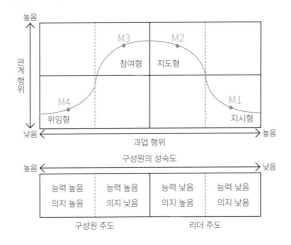

- **능력과 의지 모두 낮은 경우(M1)**: 이 경우에는 관계행동보다는 과업행동을 위주로 하는 리더십이 효과가 있으며, 이를 지시형(directing)이라 한다. 여기서는 구성원의 직무 수행 역량이 갖추어져 있지 않기 때문에 리더가 직무 수행 방법과 절차를 구체적으로 지시함으로써 구성원의 성과 향상을 도모할 수 있다.

- **능력은 낮으나 의지가 높은 경우(M2)**: 이 경우에는 과업행동과 관계행동의 수준을 모두 높이는 리더십이 효과가 있으며, 이를 지도형(coaching)이라 한다. 구성원이 직무를 시작한 지 일정 기간이 경과해 조직원으로서의 정체성이 형성되고 몰입도가 높아지는 시기이지만 아직 직무가 요구하는 역량은 충분히 갖추지 못한 시기다. 구성원이 의사결정 내용을 납득할 수 있도록 기회를 부여해야 한다.

- **능력은 높으나 의지가 낮은 경우(M3)**: 이 경우에는 관계행동의 수준은 높게 유지하되 과업행동 수준은 약간 낮은 수준으로 유지하는 리더십이 효과가 있으며, 이를 참여형(participating)이라 한다. 구성원이 직무를 맡은 기간이 어느 정도 경과해 직무가 요구하는 역량을 충분히 갖추었지만 점차 업무상 매너리즘(mannerism)에 빠지는 시기다. 의사결정 과정에서 정보와 아이디어만 공유하는 것이 효과적이다.

- **능력과 의지 모두 높은 경우(M4)**: 이 경우에는 과업행동과 관계행동의 수준을 모두 낮게 유지하는 리더십이 효과가 있으며, 이를 위임형(delegating)이라 한다. 여기서는 구성원이 성취동기에 의해 스스로 동기유발되며, 리더가 구체적으로 지시를 하지 않더라도 스스로 목표를 달성할 수 있으므로 리더는 많은 부분 권한위양이 가능해진다.

알아두세요

권한위양

보통 'empowerment'라 불린다. 조직구성원들에게 자신이 조직을 위해 중요한 일들을 수행할 수 있는 권력이나 능력, 힘을 가지고 있다는 확신을 심어주는 일련의 과정을 총칭하는 개념이다.

집단의 특성

상황에 따라 리더십 효과성이 달라질 수 있다고 주장한 로버트 하우스(Robert House)에 따르면 집단의 특성, 구성원의 특성, 과업의 특성 등 다양한 상황 변수에 따라 리더십의 성과가 달라질 수 있습니다.

하우스는 그중 집단의 발달 과정에 주목했습니다. 집단 형성 초기에는 구성원들이 업무에 익숙하지 않을 뿐만 아니라 업무 처리 절차나 시기 등에 대한 지식이 전반적으로 부족한 상태입니다. 따라서 이 경우에는 구성원에 대한 통제와 감독, 규정 준수, 작업 일정 등을 강조하는 지시적 리더십(directive leadership)이 높은 성과를 냅니다. 점차 집단이 안정기에 접어들면 업무 절차가 구체화되는 동시에 구성원들이 업무에 익숙해집니다. 따라서 이때는 업무 성과를 독려하기보다 구성원들의 욕구 충족을 돕고 그들의 복지에 신경을 쓰는 후원적 리더십(supportive leadership)이나 의사결정에 있어 구성원들의 견해를 중시하며 그들과 진지하게 상의하는 참여적 리더십(participative leadership)이 효과가 있습니다.

과업의 특성

프레드 피들러(Fred Fiedler)는 상황과 리더십이 적합하는 정도에 따라 집단 성과가 달라지며, 이때 상황을 결정하는 여러 요인 중 하나가 과업의 특성이라고 주장했습니다. 과업의 특성은 업무 요구 조건이 명확한 정도(목표명료성), 과업을 수행하는 데 사용 가능한 방법의 수(목표-경로의 다양성), 과업 수행의 결과를 확인할 수 있는 정도(검증가능성), 과업에 대한 최적의 해답이나 결과가 존재하는 정도(구체성) 등의 요인으로 구성됩니다. 피들러는 과업의 특성과 다른 요인들을 함께 검토하여 각 상황별로 어떤 리더가 적합한지 결정할 수 있다고 보았습니다. 이상의 내용을 요약하면 다음과 같습니다.

구분	상황 I	상황 II	상황 III	상황 IV	상황 V	상황 VI	상황 VII	상황 VIII
관계	리더와 구성원의 관계가 좋음				리더와 구성원의 관계가 나쁨			
과업의 특성	명료함		애매함		명료함		애매함	
권력	강함	약함	강함	약함	강함	약함	강함	약함
리더의 상황	매우 유리				중간 정도 유리		매우 불리	
적합한 리더십	과업지향적 리더십				관계지향적 리더십		과업지향적 리더십	

리더는 혁신과 변화를 이끌어야 한다

창의와 혁신이 중시되는 지식경영시대에는 리더가 단순히 업무 지시를 내리는 감독자 역할에 그쳐서는 안 됩니다. 구성원들이 보다 큰 꿈과 비전을 가질 수 있도록 적극적으로 지원하고 독려하는 촉진자(facilitator)로서의 역할을 수행할 필요가 있습니다.

변혁적 리더십

버나드 바스(Beranrd Bass)와 로날드 리지오(Ronald Riggio)는 기존 리더십 이론이 구성원과 리더 간 교환 관계, 즉 구성원이 일을 잘하면 리더가 상을 주고 그렇지 않으면 처벌을 하는 등의 거래 관계에 기반한 거래적 리더십(transactional leadership)에 치중되어 있다고 비판하는 과정에서, 장기적인 관점에서 혁신을 위한 자극을 제공하는 새로운 유형의 리더십인 변혁적 리더십(transformational leadership)을 주창했습니다.

변혁적 리더십은 저차원적 욕구(생리적 욕구, 안전 욕구)에 얽매어 살아가는 구성원들이 고차원적 욕구(사회적 욕구, 존경 욕구, 자아실현 욕구)를 추구하도록 마음속 가치 체계를 변화시키는 리더십입니다. 이는 구성원들이 개인적 이익을 초월한 조직 차원의 이익에 기여할 수 있도록 고무시키는 동시에, 구성원 개인의 성장과 발전을 위한 노력도 기울일 수 있도록 독려하는 리더십으로, 다음 세 가지 요소로 이루어집니다.

- **카리스마**: 구성원들에게 비전을 제시하고 열정적으로 소통하며 역할 모델로서 모범적 행동을 보인다.
- **개별적 관심**: 구성원 개인의 욕구와 감정을 파악하여 맞춤형 조언과 지원을 제공한다.
- **지적 자극**: 구성원들이 관행에 의문을 가지고 새로운 과점에서 현상을 바라볼 수 있도록 자극한다.

서번트 리더십

서번트 리더십(servant leadership)은 로버트 그린리프(Robert Greenleaf)가 헤르만 헤세의 소설 《동방순례》를 읽고 영감을 받아 주창한 리더십으로, 구성원들이 목표 달성을 하기까지 지치지 않고 스스로 성장할 수 있도록 환경을 조성해주고 도와주는 리더십입니다.

서번트 리더는 구성원들과 수평적 관계를 형성하고 파트너십을 통한 협력을 강조합니다. 이는 위에서 아래로 지시하는 것이 아니라 구성원들과 같은 위치에서 그들의 업무를 적극적으로 뒷받침하고 돕는다는 의미로, 지식경영시대에 꼭 필요한 리더십 스타일이라 할 수 있습니다. 서번트 리더는 다음과 같은 특성을 갖고 있습니다.

- **경청**: 존중하고 수용적인 태도로 이해하는 것이다. 부하 직원의 말을 적극적이고 능동적으로 경청해 그의 욕구를 명확히 파악한다.
- **공감**: 차원이 높은 이해심이라고 할 수 있다. 부하 직원의 감정을 이해하고, 이를 통해 그가 필요한 것이 무엇인지 알아내고 리드한다.
- **치유**: 부하 직원을 이끌며 보살펴주어야 할 문제가 있는지 세밀하게 살핀다.
- **설득과 권한위양**: 권위주의적 리더는 부하 직원을 소극적 추종자로 만들지만, 서번트 리더는 부하 직원을 창의성을 지닌 적극적 참여자로 만든다.
- **관리**: 조직의 물적·인적 자원을 관리하고 보호하는 책임자로서 구성원에게 봉사한다.
- **부하의 성장을 위한 노력**: 부하 직원의 개인적 성장, 정신적 성숙 및 전문 분야에서의 발전을 위해 기회와 자원을 제공한다.
- **공동체 형성**: 조직구성원들이 서로 존중하며 봉사하는 진정한 의미의 공동체를 만든다.

둘째
마당

조직은
어떻게 구성되고
운영될까

경영학
무작정 따라하기

020 좋은 조직구조는 원활한 소통의 장이 된다

조직구조란 무엇인가

조직구조(organizational structure)는 각종 목표를 달성하기 위해 업무 내용과 보고 라인, 각 부서의 역할 등을 합리적으로 배열한 틀입니다. 조직구조를 그림으로 표현한 것을 조직도라 하는데, 조직도는 누가 누구의 상급자인지, 책임을 지는 범위는 어느 정도인지, 부서 간 관계는 어떤지 등을 나타냅니다.

| 조직도의 예 |

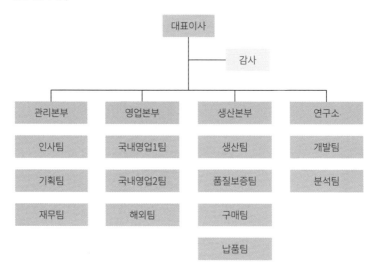

조직구조를 이해하기 위한 여덟 가지 개념을 소개하겠습니다. 이는 조직구조를 구성하는 요소들이기도 합니다.

- **복잡성(complexity)**: 분화(differentiation, 부서 간 차별화)의 정도를 뜻하는 용어로, 수직적 분화(권한 및 책임 분화), 수평적 분화(업무 내용과 역할 분화), 지리적 분화(근무 공간의 지역적 분화) 등으로 구분한다.

- **직무전문화(work specialization)**: 조직구성원 개개인이 업무의 일부를 나누어 전문적으로 수행하는 것을 의미한다. 전문화는 구성원의 기능이 숙달되고 업무 처리 속도가 빨라지며, 인력 충원과 교육 훈련이 용이하다는 점에서 효율성과 생산성 향상에 도움이 된다. 하지만 지나친 전문화는 비인간화(반복적인 업무로 인한 싫증 유발)와 스트레스를 유발하기 때문에 생산성과 구성원 만족도를 저해한다는 비판을 받기도 한다.

- **세분화(departmentalization)**: 전문화된 업무들을 묶어 시너지를 창출하기 위해 사용하는 기본 원칙을 의미한다. 기능, 제품, 지역, 프로세스, 고객 등 다양한 기준에 따라 이루어진다.

- **통제 범위(span of control)**: 한 명의 상사가 직접적으로 지휘하는 부하 직원의 수를 뜻하는 개념이다. 부하 직원의 수에 비해 관리자가 많다면 통제 범위는 좁아지고, 그 반대의 경우라면 통제 범위는 넓어진다. 일반적으로 정보화와 원가 절감 추세에 따라 통제 범위가 확대되고 있으며, 그로 인해 발생하는 단점들(상사가 부하를 관리할 시간이 부족 등)을 극복하기 위해 구성원에 대한 교육 훈련과 권한 위임이 실시되고 있다.

| 통제 범위의 예 |

〈A회사〉
통제 범위: 4명

〈B회사〉
통제 범위: 8명

출처: 최중락, 《조직행동과 조직설계》, 상경사

- **집권화(centralization)**: 조직의 어느 단일점에 의사결정권이 집중되는 정도를 나타내는 용어. 집권화 정도가 높으면 어느 한 사람(직위)에 의해 조직 전반에 관한 의사결정이 이루어질 가능성이 크고, 집권화 정도가 낮으면(즉 분권화되면) 의사결정 권한이 계층별로 분산될 가능성이 크다.
- **명령 체계(chain of command)**: 조직의 가장 높은 지위부터 가장 낮은 위치까지의 연결망으로, 누가 누구에게 보고하고 누가 누구의 책임을 지는지 명시한다. 과거에는 '1인 1상사'라는 명령통일의 원칙(unity of command)이 강하게 지켜졌지만 최근에는 임파워먼트와 매트릭스 조직의 등장 등으로 인해 이 원칙의 중요성이 점차 약화되고 있다.
- **공식성(formalization)**: 특정 과업을 누가, 언제, 어떻게 수행할 것인지를 규정해놓은 정도를 말한다. 공식화는 보통 규정이 문서화된 수준을 의미한다.
- **표준화(standardization)**: 업무 방식과 생산 과정이 통일된 정도를 뜻한다. 일반적으로 공식성이 크면 표준화도 커지지만, 반드시 그런 것만은 아니다. 예를 들어 조직론을 가르치는 교수의 강의 내용이나 진도는 비슷(표준화)할 수 있지만, 각 대학에서 그 내용들을 문서로 규정(공식성)해놓은 것은 아니다.

잘 설계된 조직이 최고의 성과를 만든다

조직구조를 만드는 작업을 조직 설계(organization design)라 합니다. 조직구조는 조직의 전체 목표를 달성하는 데 필요한 수직적·수평적 정보가 원활하게 흐를 수 있도록 설계되어야 합니다. 이는 앞서 살펴본 조직구조를 구성하는 여덟 가지 요소가 조직 목적 달성에 적합한 방향으로 설계되어야 정보의 흐름이 원활해진다는 뜻입니다. 이를 위한 도구로 통제(control)와 조정(coordination)을 들 수 있습니다.

통제

통제는 효율성을 달성하기 위해 조직의 각 부문을 연결하고, 업무 내용을 확인하며 수정하는 작업입니다. 이를 위해서는 계층상의 상사에게 통제 권한을 주거나, 상사 없이도 반복적 과업을 수행할 수 있도록 규칙과 계획을 수립하고 정기적인 보고서 작성 등으로 대표되는 수직 정보 시스템을 구축하는 것이 필요합니다.

조정

조정은 서로 다른 부문의 갈등 해소와 소통 촉진을 도모하는 작업입니다. 이를 위해서는 구성원들이 정보를 교류하는 IT 시스템이나 이해관계자들이 직접 접촉하는 장을 마련하는 것이 필요합니다. 이 밖에도 부서 간 조정을 전담하는 전임통합자, 부서별로 직원을 차출해 만드는 프로젝트팀 등이 조정 수단으로 동원될 수 있습니다.

기업은 사업을 전개하는 과정에서 다양한 경영 환경과 기술 발전의 영향을 받게 됩니다. 이 세상에 만병통치약은 없습니다. 따라서 목적을 가지고 특정한 약을 먹는다면 그 약의 효과가 최대로 나타날 수 있는 상황을 만들 필요가 있습니다. 예를 들어 몸이 아파 병원 진료를 받은 뒤 약을 먹었다면 충분한 수면을 취하거나 몸에 좋은 음식을 먹는 등의 노력을 해야겠죠.

기업도 마찬가지입니다. 경영 환경이 동일하다 해도 기업의 사정에 따라 업무를 분담하고 조직구조를 설계하는 방법이 달라집니다. 따라서 조직구조를 설계하는 과정에서 다양한 요인을 감안해 최고의 성과를 낼 수 있는 기업을 만드는 것이 중요합니다. 지금부터 조직 설계 과정에 영향을 미치는 여러 상황 요인을 환경, 기술, 전략으로 나누어 살펴보겠습니다.

조직 설계는 '환경'의 영향을 받는다

환경(environment)은 조직의 과업 수행에 영향을 미치는 모든 요인으로 정의됩니다. 조직이 환경에 영향을 미치기는 어렵지만 환경이 조직에 영향을 미칠 수는 있습니다. 조직이 처한 환경은 크게 일반 환경(general environment)과 과업 환경(task environment)으로 나뉩니다. 일반 환경은 조직에 간접적인 영향을 미치는 정치, 경제, 사회, 문화 및 기술 환경을 포함하고, 과업 환경은 조직활동과 직접적인 연관이 있어 조직구조 설계와 의사결정에 영향을 미치는 요소를 총칭합니다.

조직 설계에 영향을 주는 환경을 구분하라

제임스 톰슨(James Thompson)과 로버트 던컨(Robert Duncan) 등의 학자들은 환경을 단순하고 안정적인 환경과 복잡하고 동태적인 환경으로 구분했습니다. 그렇다면 단순하고 안정적인 환경은 무엇일까요? 대개 환경분석 시 고려해야 하는 요소의 수(complexity, 복잡성)가 적고(=단순), 환경의 변화 정도(volatility, 동태성)가 적은(=안정) 경우를 뜻합니다. 간단히 말해 신경 쓸 것이 별로 없고, 설령 고려 요소가 있다 해도 그것이 거의 변하지 않아 한 번 만들어둔 조직관리 방식을 오랫동안 유지할 수 있는 경우가 안정적인 환경이라 할 수 있습니다.

반면, 복잡하고 동태적인 환경은 고려해야 하는 요소의 수가 많고(=복잡), 환경의 변화 속도가 빠른(=동태) 경우를 뜻합니다. 첨단기술을 사용하는 정보통신 관련 기업들이 대표적인 사례입니다. 이상의 내용을 도식화하면 다음과 같습니다.

| 환경의 구분 |

- **제1상한(단순, 안정)**: 고려해야 할 요소가 복잡하지도 않고 동태적이지도 않다면 환경의 불확실성이 매우 낮다. 인쇄업, 제철업이 이에 해당한다. 이러한 환경에서는 기계적 관료제가 적합하다.

- **제2상한(복잡, 안정)**: 대학교는 고교생 입시 등 고려해야 할 사항이 많아 복잡하지만, 부모의 학구열과 신입생의 성적 수준이 일정하기 때문에 그 변동이 매년 크게 일어나지는 않는다. 이와 유사한 사례로 병원을 들 수 있다. 병원은 진료 항목 수는 많지만 의료 행위의 세부 내용이 변화할 가능성이 크지 않다. 이러한 환경에서는 전문적 관료제가 적합하다.

- **제3상한(복잡, 동태)**: 고려해야 할 요소가 많고 그것들이 시시각각 변한다면 환경 불확실성이 매우 높다. 전자산업과 항공물류업 등은 전 세계 소비자와 경쟁업체로부터 영향을 받는다. 소비자 수요와 경쟁업체의 전략이 수시로 바뀌고, 물동량의 변화 역시 세계 경기의 영향을 받기 때문에 불확실성이 최고조에 이른다. 이러한 환경에서는 혁신구조가 적합하다.

- **제4상한(단순, 동태)**: 신세대 여성의류산업에 속하는 기업이라면 10~20대 여성의 기호 변화와 디자인 변화만 고려하면 되므로 고려해야 할 요소는 적은 편이지만 요소들의 변화 폭은 무척이나 큰 편이다. 이러한 환경에서는 단순구조가 적합하다.

환경에 맞게 형성되는 조직구조 유형

환경에 따라 조직구조가 어떻게 달라지는지에 대해서는 번즈(T. Burns)와 스토커(G. M. Stalker)의 연구가 대표적입니다. 그들은 환경에 따라 조직구조 유형이 기계적 조직(mechanistic structure)과 유기적 조직(organic structure)으로 나뉜다고 보았습니다. 물론 이 두 유형은 극단적 형태의 조직이므로 현실의 조직들은 극단적인 기계적 조직과 극단적인 유기적 조직 사이에 위치한다고 볼 수 있습니다.

단순하고 안정적인 환경에서는 기계적 조직이 형성됩니다. 기계적 조직의 특징으로는 철저한 분업과 위계 서열, 다수의 규칙, 권한의 집중화 등을 들 수 있습니다. 이후에 살펴볼 기능식 조직이 기계적 조직의 대표적인 예입니다.

반면 복잡하고 동태적인 환경에서는 유기적 조직이 형성됩니다. 유기적 조직의 특징으로는 구성원 간의 강한 팀워크, 수평적이고 동등한 의사소통 구조, 구성원 각자의 전문성과 재량권을 중시하는 조직 문화, 의사결정 권한의 분권화 등을 들 수 있습니다. 이후에 살펴볼 매트릭스 조직과 네트워크 조직이 유기적 조직의 대표적인 예입니다.

조직 설계는 '기술'의 영향을 받는다

이번 장에서는 조직 설계에 영향을 미치는 요인 중 기술과 관련된 연구들을 살펴보겠습니다. '기술'이라 하면 제품을 만드는 데 동원되는 지식이나 노하우를 생각하기 쉽습니다. 경영학에서의 기술(technology)은 단순히 생산기술만을 의미하는 것이 아닙니다. 조직이 목표를 달성하기 위해 수행하는 각종 활동에 반영되는 모든 지식과 방법을 포괄적으로 가리키는 개념입니다. 즉 사람을 관리하는 방법, 의사결정 노하우, 업무를 분배하고 전략을 수립하는 방법 등이 모두 기술이죠. 조직이 사용하는 기술의 유형은 조직구성원들이 과업을 수행하는 방식뿐 아니라 조직구조에도 영향을 미치는 변수라 할 수 있습니다.

 알아두세요

예를 들어 스마트폰을 대량생산하는 기술은 원유를 정제하는 기술과 다르므로 스마트폰 공장과 원유 공장에서는 각기 다른 특성의 부서를 필요로 한다.

제조 과정의 기술 특성이 조직구조를 결정한다

기술이 조직구조에 미치는 영향을 처음으로 연구한 조앤 우드워드(Joan Woodward)는 제조 과정의 '기술적 복잡성', 즉 기계화의 정도에 따라 기술을 다음과 같이 세 가지로 분류했습니다.

- **단위생산기술**: 특정 고객의 주문에 따라 소량으로 생산하는 기술(예: 가죽 공방)

- **대량생산기술**: 대규모 조직에서 순차적 조립공정을 거쳐 생산하는 기술(예: 자동차, 가전제품)
- **연속공정생산기술**: 생산의 전 과정이 기계화되어 있고, 설비투자비용이 매우 많이 드는 기술(예: 석유화학 공장, 원자력 발전소)

우드워드에 따르면 특정 조직이 기계적 구조와 유기적 구조 중 어떤 구조로 운영되는지는 해당 조직이 사용하는 생산기술 유형에 따라 결정됩니다. 그가 직접 100여 개의 조직을 조사한 결과, 대량생산기술을 사용하는 조직은 대부분 기계적 구조로, 단위생산기술과 연속공정생산기술을 사용하는 조직은 대부분 유기적 구조로 운영되었다고 합니다.

필요한 기술 유형에 따라 조직구조가 달라진다

🖊️ **알아두세요** ────

찰스 페로
예일대학교 사회학 교수. 다양한 실제 사고 사례를 연구하며 강하게 결합된 시스템의 위험성에 대해 언급해왔다. 저서로는 《무엇이 재앙을 만드는가?》 등이 있다.

한편 찰스 페로(Charles Perrow)는 업무 수행 과정에서 발생하는 예외의 빈도인 과업다양성(task variability)과 발생된 문제의 분석가능성(problem analyzability)에 따라 기술을 다음과 같이 네 가지로 구분했습니다.

| 조직의 기술 유형과 조직구조 간의 관계 |

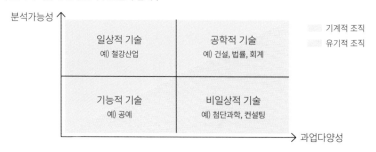

- **일상적 기술**: 예외적인 경우가 드물며, 발생하는 문제의 해결이 쉽고 분석가능성이 높은 경우의 조직 기술
- **기능적 기술**: 과업다양성이 낮으며, 발생하는 문제가 복잡하고 생소해 분석가능성

이 낮은 경우의 조직 기술

- **공학적 기술**: 과업다양성이 높아 예외가 빈번하지만 잘 짜인 공식과 기법에 의해 분석가능성이 높은 경우의 조직 기술
- **비일상적 기술**: 과업다양성이 높아 예외적인 경우가 많으며, 문제의 분석가능성이 낮은 경우의 조직 기술

일반적으로 과업다양성이 클수록 생산이나 업무 수행 과정에서 새로운 문제나 예상치 못한 일의 발생 빈도가 올라갑니다. 따라서 과업다양성이 클수록 조직은 유기적 구조에 가까워집니다. 한편 분석가능성이 높은 작업은 해결책을 찾는 방법이 구조화되어 있기 때문에 구성원 간의 긴밀한 소통보다는 이미 정해진 프로그램이나 매뉴얼에 입각해 의사결정을 하는 것이 가능합니다. 따라서 분석가능성이 높을수록 조직은 기계적 구조에 가까워집니다.

결론적으로 일상적 기술을 사용하는 조직은 기계적 구조가, 비일상적 기술을 사용하는 조직은 유기적 구조가 적합하다고 볼 수 있습니다.

조직 설계는 '전략'의 영향을 받는다

전략이란, 기업의 목적을 달성하기 위해 경쟁 환경의 제약하에서 조직 전체와 그 구성 부문 모두를 하나의 방향으로 이끄는 목표, 계획, 방침을 종합적으로 일컫는 용어입니다. 알프레드 챈들러(Alfred Chandler)가 '구조는 전략을 따른다'라는 일반 명제를 내놓은 이후, 레이먼드 마일즈(Raymond Miles)와 찰스 스노우(Charles Snow), 마이클 포터 등이 전략이 조직구조에 미치는 영향에 관한 연구를 수행했습니다.

 알아두세요

알프레드 챈들러(1918~2007)
경영학 교수이자 경영사상가. 경영사 분야를 개척하고 정립시키는 데 큰 공헌을 한 것으로 평가받고 있다.

조직의 전략에 따라 조직구조가 달라진다

마일즈와 스노우에 따르면 성공 전략 유형은 다음과 같이 세 가지로 나눕니다.

- **공격형 전략**: 역동적인 환경에서 창의와 혁신 및 모험을 추구하는 전략으로, 유연한 분권형 조직에서 효과가 크게 나타난다.
- **방어형 전략**: 안정적인 환경에서 현상 유지 및 안정을 추구하는 전략으로, 효율성과 생산성을 중시하는 집권형 조직에서 효과가 크게 나타난다.
- **분석형 전략**: 혁신과 안정성을 동시에 추구하는 전략으로, 공격형 전략과 방어형 전략의 중간 정도에 해당한다.

한편 포터는 산업 내 경쟁 관계 속에서 특정 기업이 우위를 점할 수 있는 세 가지 전략을 소개했습니다. 다른 기업에 비해 상대적으로 저렴한 재화 및 용역을 공급하는 원가우위 전략, 다른 기업이 제공할 수 없는 특이하고 우수한 제품 및 서비스를 제공하는 차별화 전략, 특정 소비자 집단, 일부 품목, 특정 지역 등을 집중적으로 공략하는 집중화 전략이 바로 그것입니다. 원가우위 전략을 수립한 기업은 권력이 집중되고, 규정 및 절차가 더욱 체계화되는 반면, 차별화 전략을 수립한 기업은 분권화와 규정 및 절차의 유연화가 이루어집니다.

잠깐만요

조직 규모와 구조의 관계

규모는 쉽게 말해 조직구성원 수를 뜻한다. 조직구성원 수는 조직의 자산 규모, 매출, 고객 수 등 일반적으로 조직 성과를 측정하는 데 활용되는 각종 요소와 유의미한 관계가 있다. 일반적으로 규모가 조직에 미치는 영향은 다음과 같다.

첫째, 조직구성원 수가 늘어나 부서 수가 증가하면 이들을 통제하기 위해 각종 규정과 절차가 만들어진다(공식성 증가). 둘째, 조직구성원 수가 늘어나면 한 부서에 소속되는 인원 수도 증가하는 경우가 많다. 그로 인해 부서 내부적으로 권한 위임과 그에 따른 각종 후속 조치가 뒤따르게 된다(집중성 감소). 셋째, 조직구성원 수가 증가하는 이유는 업무량 증가와 더불어 새로운 과업이 추가되기 때문이다. 따라서 이 경우 비슷한 일을 묶어 하나의 부서로 만들기도 하고, 새로운 업무를 전담할 부서를 신설하기도 한다(복합성 증가).

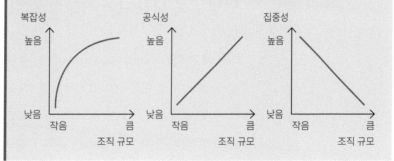

실제 기업에서 사용되는
대표적인 조직구조

조직구조는 조직 성과에 영향을 미치는 동시에 구성원들의 행동 방식이
나 상호작용의 양상을 결정하는 데 일정한 역할을 합니다. 앞서 대표적
인 조직구조 유형으로 기계적 조직과 유기적 조직을 살펴보았는데, 이
들은 모두 이상적인 경우의 극단적 조직 유형이라 할 수 있습니다. 지금
부터는 실제 기업과 정부에서 발견할 수 있는 다양한 조직 형태의 개념
과 특징들을 살펴보겠습니다.

역할별로 나눈다 – 기능식 조직

기능식 조직(functional organization)은 내용이 유사하고 업무 관련성이 높
은 조직의 구성 부문(인사, 재무, 생산, 마케팅 등)을 결합해 설계한 조직 형태
로, 직능식 조직이라고도 합니다. 주로 조직의 핵심 기능 요소를 기준으
로 분업 원리에 따라 편성되는 경우가 많으며, 탄생 초기 조직들은 대부
분 기능식 형태를 취합니다. 일반적으로 환경이 안정적이고 부서 간 상
호의존도가 그리 높지 않을 때, 조직 규모가 비교적 작고 소수 제품이나
서비스를 생산할 때 적합한 형태입니다.

제품·지역·서비스 분야별로 – 사업부제 조직

사업부제 조직(divisional organization)은 제품이나 고객, 지역, 서비스별로 분할된 사업부가 본사로부터 사업활동에 필요한 권한을 부여받아 자율적으로 구매, 생산, 판매활동을 수행하는 조직 형태입니다. 사업부제는 일반적으로 많은 종류의 제품을 생산하거나, 예외가 많아 비일상적인 기술을 사용하는 경우 효율적으로 작동합니다. 대부분의 대기업은 사업부제를 채택하고 있습니다. 올리버 윌리엄슨(Oliver Williamson)은 대규모 조직의 경우 거래비용을 줄이기 위해 사업부제를 사용하는 것이 효과적이라고 보았습니다.

| 사업부제 조직 |

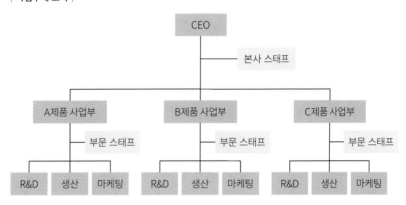

여러 조직의 특징을 한데 모아 – 매트릭스 조직

매트릭스 조직(matrix organization)은 서로 다른 두 종류의 조직구조를 결합한 조직 형태를 말합니다. 전통적인 기능별 또는 업무별 조직을 배치하는 한편, 다른 축에는 프로젝트별·제품별·지역별 조직을 배치해 종횡으로 엮어 구조를 형성하는 것입니다. 대부분의 조직은 명령일원화, 즉 한 명의 상사에게 보고하는 시스템을 갖추고 있으나, 매트릭스 조직은 전통적인 명령일원화 원칙에서 벗어나 복수의 상사에게 보고하는 시스템입니다.

| 매트릭스 조직 |

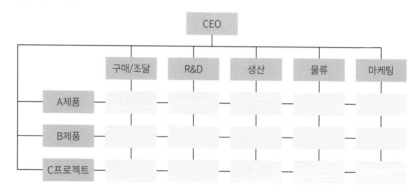

이러한 경우가 과연 있을까요? 있습니다! 대부분의 조직에는 일상적으로 수행하는 평상 업무와 임시적으로 수행하는 프로젝트성 업무가 공존합니다. 예를 들어 국내에서만 사업을 영위하던 기업이 다음 해에 일본 도쿄에 현지법인을 설립하기로 했다면, 그 실무를 담당할 부서가 마련되어야 합니다. 법인 설립을 하기 위해 법적 검토를 담당할 인력, 도쿄에서 건물을 알아보고 계약을 체결할 인력, 현지 협력 업체들과 관계를 쌓아나갈 인력 등 분야별로 여러 명의 직원이 필요합니다. 하지만 이를 위해 신규로 직원을 채용하는 것은 부담스럽습니다. 현지법인을 출범하고 나면 그들이 할 일이 없기 때문입니다 따라서 이러한 경우에는 보유 인

력 중 실력 있는 인재를 차출해 일을 맡기게 됩니다. 이때 차출 인력들은 기존에 맡고 있던 업무와 새로운 업무를 병행하는 경우가 많습니다. 이것이 바로 임시적 형태의 매트릭스 조직입니다.

조직 간의 협력을 최우선으로 – 네트워크 조직

애플은 제품을 기획, 디자인, 마케팅하는 업무만 본사에서 수행하고, 생산과 조립 등의 업무는 중국 등에 있는 협력업체에 맡깁니다. 우리나라 기업들도 생산 기지를 해외로 이전한 사례가 많은데, 이는 현지의 저렴한 노동력을 활용하는 동시에 해외 진출의 교두보를 마련하기 위함입니다. 이처럼 요즘에는 조직들이 각자 강한 분야를 맡는 방식으로 협력하는 경우가 많습니다. 이때 이들 조직 간에 네트워크(network)가 형성되었다고 표현합니다.

네트워크 조직(network organization)은 급변하는 환경에 대응하여 기업 경영의 핵심인 지식과 정보의 원활한 소통, 공유, 창조, 아울러 원가 절감 등을 가능케 하기 위해 여러 조직 간 유기적 연계를 극대화한 조직 형태를 말합니다. 주로 IT 기술에 기반하여 여러 조직이 수평적으로 연결되어 각자 자신의 핵심 역량에 해당하는 업무를 수행합니다.

이는 곧 각 기업 입장에서는 자신의 고유 역량 외 기능들을 아웃소싱할 수 있음을 뜻합니다. 이 경우, 조직과 조직 간의 전통적인 경계가 없어지는 개방적 운영이 이루어집니다. 네트워크 조직은 가상 조직(virtual organization) 또는 모듈형 조직(modular organization)이라 불리기도 합니다.

민츠버그의 조직구조 유형 분류

경영학자 헨리 민츠버그(Henry Mintzberg)는 조직을 구성하는 다섯 가지 부문과 각 부문별로 강조되는 조정의 형태를 토대로 다섯 가지 조직구조 유형을 정의했다. 그의 조직구조이론은 조직구조의 이념형(ideal type, 이상적 형태)을 소개했다는 점에서 시사하는 바가 크다.

| 기업이 수행하는 활동 |

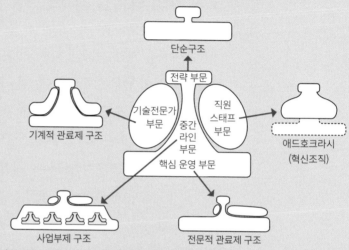

출처: 제이슨 콜퀴트 외, 《조직행동론(Organizational Behavior)》

- **전략 부문**: 가장 포괄적인 관점에서 조직을 관리하는 최고경영진이 전략을 수립하는 부문이다. 이 부문이 발달되면 고도로 집권화된 단순구조(simple structure)가 형성된다.
- **핵심 운영 부문**: 조직의 제품이나 서비스를 생산하는 가장 기본적이면서도 중요한 부문이다. 이 부문이 발달되면 상당한 지식과 기술력을 가진 전문가들이 조직 운영을 주도하는 전문적 관료제(professional bureaucracy)가 만들어진다.
- **중간 라인 부문**: 전략 부문과 핵심 운영 부문을 직접적으로 연결하는 라인에 위치한 중간관리자들로 구성된 부문이다. 이 부문이 발달되면 제품이나 고객, 지역별로 분화되는 사업부제 구조(divisional structure)가 발달한다.
- **기술전문가 부문**: 조직의 시스템 설계와 관련된 분석가(엔지니어, 연구 인력, IT 전문가 등)를 포함하는 부문이다. 이 부문이 강화된 조직구조의 예로는 기계적 관료제(machine bureaucracy)가 있다.
- **지원 스태프 부문**: 기본적인 과업 이외의 조직 문제에 지원을 담당하는 전문가(인사, 법무, 홍보, 재무 등)로 구성된 부문이다. 이 부문이 강화된 조직구조의 예로는 애드호크라시(adhocracy, 혁신조직)가 있는데, 이는 효과적인 혁신을 위해 서로 다른 분야의 전문가들을 유기적으로 연결시키는 구조다.

조직도 학습하고 진화한다

사람뿐 아니라 조직도 학습이 가능합니다. 조직학습(organizational learning)은 '조직에서의 문제 해결력 증진'으로 정의할 수 있습니다. 이는 조직구성원들 사이에서 각자의 지식과 정보가 공유되고 확산되는 과정이 반복적·습관적으로 일어나는 것을 말합니다. 이렇게 조직학습이 이루어지는 조직을 학습조직(learning organization)이라 부릅니다.

| 조직학습과 학습조직 |

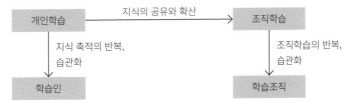

지식은 일련의 과정을 통해 만들어진다

 알아두세요

노나카 이쿠지로

일본의 경영학자. 지식경영의 권위자로, 2008년 5월 《월스트리트저널》에 의해 '세계에서 가장 영향력 있는 비즈니스 구루' 중 한 명으로 선정되었다.

지식경영 분야를 집대성한 일본의 노나카 이쿠지로(Nonaka Ikujiro)는 언어나 숫자로 표시되어 공유가 비교적 쉬운 객관적 지식(매뉴얼, 프로그램 등)을 형식지(explicit knowledge), 학습이나 체험을 통해 개인이나 집단이 이미 습득했지만 겉으로 드러나지 않은 지식(노하우, 테크닉 등)을 암묵지

(tacit knowledge)라 명명했습니다. 그리고 두 지식이 어떤 과정으로 변환되는지 연구했습니다.

| 노나카의 지식 창조 과정 |

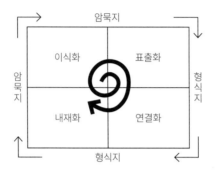

조직구성원들이 각자 보유한 형식지와 암묵지를 교류하고 확산시키는 조직학습은 다음과 같은 일련의 과정으로 진행됩니다.

- **이식화(socialization, 사회화)**: 각자의 암묵지를 서로 공유하는 과정
- **표출화(externalization, 외재화)**: 지식을 현실 속에서 표현 내지 체험함으로써 형식지화하는 과정
- **연결화(combination, 통합화)**: 각자가 보유한 지식을 집단 수준에서 연결하고 통합시키는 과정
- **내재화(internalization, 체화)**: 공유와 통합 과정을 거친 지식을 개인의 암묵지로 만드는 과정

조직에 변화가 필요한 이유

최근 조직학습만큼이나 많은 주목을 받고 있는 것이 바로 조직변화론입니다. 조직변화(organizational change)는 의도적으로 조직구조와 문화, 조직이 사용하는 기술, 구성원의 사고방식을 바꾸어 나가는 과정을 의미합

니다. 이 과정에서 조직구성원들의 변화 역량을 증진시키는 것을 조직 개발(organizational development)이라 부릅니다.

사실 가만히 두어도 일이 잘 진행된다면 굳이 변화시킬 필요가 없습니다. 하지만 대부분의 조직은 외부 환경 변화에 대응해야 하고, 내부적으로도 구성원들의 무사안일주의, 직무 불만족, 설비와 시설 낙후, 사기 저하, 갈등 등 무질서함(entropy)이 발생하므로 이를 줄이는 노력을 해야 합니다. 그래서 조직변화가 필요한 것이죠.

조직이 변화하고 혁신하는 과정 – 단계이론

일반적으로 조직변화 과정은 커트 르윈(Kurt Lewin)의 단계이론(force field theory, 세력장이론)에 따라 다음 순서를 거칩니다.

> 필요성 인식 → 해빙 → 변화 → 재동결

필요성 인식

르윈은 조직에는 항상 변화를 강요하는 세력(변화 세력)과 전통을 고수하는 세력(저항 세력)이 있으며, 두 세력의 크기가 균형을 이룰 때 조직은 관성 상태를 이루어 어떤 변화도 일어나지 않는다고 말합니다. 따라서 조직 변혁을 위해서는 변화 세력을 증대시키는 동시에 저항 세력을 감소시켜야 합니다.

해빙

르윈에 따르면 변화가 있을 것으로 예상되면 안정과 균형 상태가 동요되는데, 이를 얼음이 녹는 것과 같다 하여 해빙(unfreezing) 단계라 합니다. 이 단계의 핵심은 변화 저항을 극복하는 것입니다. 변화 저항은 조직 내 개인의 지위 변화, 기득권 상실 가능성의 불안감 또는 불확실성 등으로 인해 발생합니다. 변화 저항이 강하면 조직의 혁신활동에 부정적인 영향을 미치므로 이를 극복할 필요가 있습니다.

변화

새로운 제도나 원리에 노출되어 조직의 규범이 바뀌는 경우, 이를 변화(change) 단계라 합니다. 이 단계에서는 새로운 직무 수행 방식이나 조직 문화가 실제 업무에 도움이 되며, 구성원들이 직무만족도와 사회적 관계만족도를 스스로 높일 수 있다는 사실을 깨닫게 됩니다.

재동결

시스템이 변화되면 옛것으로 다시 돌아가지 않도록 안정화시키는 작업을 해야겠죠? 이를 재동결(refreezing) 단계라 합니다. 이는 형성된 새로운 관점과 태도를 반복적으로 강화함으로써 반영구적인 행동 패턴으로 정착시키는 단계입니다.

잠깐만요

조직 문화의 개념과 홉스테드의 연구

일반적으로 조직 문화는 조직구성원이 공유하고 전수하는 가치관과 신념 및 규범을 말한다. 기업이 처음 만들어지는 시기의 조직 문화는 창업자의 철학에 큰 영향을 받고, 이후 창업자와 비슷한 스타일의 직원들이 채용되면서 점차 회사만의 고유한 문화를 형성하게 된다. 하나의 독특한 조직 문화가 형성되는 데에는 최고경영자의 철학 외에도 기업 규모와 업종, 조직구성원의 인적 특성 등 기업 내부적 경영 특성과 기업이 속한 사회적·문화적 특성이나 산업·경제적 특성 같은 거시적 환경 특성 등 여러 가지 요인이 영향을 미친다.

성공을 거둔 대부분의 조직은 강하고 잘 개발된 조직 문화가 형성되어 있다. 강한 문화(strong culture)에서는 구성원 간 의사결정 기준이 존재하므로 그들 간의 결속력이 강해 조직에 대한 충성과 몰입도가 강하지만, 약한 문화(weak culture)에서는 서로 다른 하위 문화(subculture)가 존재하는 경우가 많아 단합력이 약하다.

조직 문화와 조직구성원들이 공유하는 가치관은 국가 문화의 영향을 받는다. 이에 관한 대표적인 연구가 1970년대 후반 기어트 홉스테드(Geert Hofstede)에 의해 수행되었다. 홉스테드는 40개국 11만 6,000명의 IBM 직원들을 조사했다. 그는 같은 기업이더라도 국가 문화에 따라 경영자와 직원들이 가지는 가치관이 상이하다는 점을 밝히고 이를 다음과 같이 다섯 가지로 분류했다.

- **권력거리(power distance)**: 권력이 불균등하게 분포되어 있는 것을 사회가 받아들이는 정도. 우리나라의 권력거리는 큰 편이다.
- **개인주의(individualism)**: 개인이 집단구성원으로서의 활동보다 개인으로서의 활동을 선호하는 정도. 반대 개념은 집단주의(groupism)라 부른다.
- **남성성(masculinity)과 여성성(femininity)**: 보통 남성 문화는 성취지향적이고, 여성문화는 관계지향적으로 해석한다.
- **불확실성 회피(uncertainty avoidance)**: 사회가 불확실하고 모호한 상태를 얼마나 받아들일 수 있는지의 정도. 우리나라 사람들은 대개 불확실성을 싫어한다.
- **장기지향성(long-term orientation)**: 미래, 지속성, 성장 등의 가치를 중시하는 정도. 반대 개념은 단기지향성(short-term orientation)이라 부른다.

경영학 무작정 따라하기

직무를 이해하고
평가하는 방법

모든 인사평가가 불편하고 어려운 이유

객관적인 평가가 존재할 수 있을까

이번에는 조직구성원에 대한 상사의 평가에 대해 살펴봅시다. 평가는 흔히 '인사고과'라는 명칭으로 잘 알려져 있습니다. 일반적으로 특정 기간(예: 1년) 동안 구성원이 조직에서 수행한 업무의 성과와 개인적 능력, 앞으로의 장래성을 종합해 평가자(예: 직속상사)가 판단하는 방식으로 진행됩니다.

그런데 우리나라 직장인들의 상당수는 평가에 대한 인식이 그다지 긍정적이지 않습니다. 국내 굴지의 한 대기업 인사팀 직원들을 대상으로 평가에 대한 강의를 한 적이 있는데, 차장급 관리자 한 분이 이런 말씀을 하셨습니다.

"사실 평가라는 게 다 쓸모없는 것 아닙니까? 평가의 목적은 평가 결과를 토대로 승진이나 보상을 결정하기 위함인데, 현재 조직이 돌아가는 모습을 보면 꼭 그런 것 같지도 않거든요."

많은 분들이 이 말에 동의하실 거라 생각합니다. 중소기업, 대기업 불문하고 다들 자기 회사 평가 시스템에 문제가 있다고 말합니다. 그 이유는 무엇일까요?

비교적 단순했던 테일러 시절의 평가

프레드릭 테일러가 20세기 초에 주창한 과학적 관리론에 따르면 모든 조직구성원은 각자가 수행한 작업 성과에 따라 보상을 받습니다. 표준화(통일)된 작업 절차와 공정한 작업량에 따라 임금지급률(시급 등)이 결정되죠. 따라서 관리자는 구성원이 얼마만큼의 성과를 얼마 동안 달성했는지를 평가해야 합니다. 즉 '시간당 생산량' 또는 '제품 1개를 만드는 데 걸리는 시간'과 같은 구체적인 측정지표를 활용해 평가해야 하죠.

이처럼 평가 내용이 단순하고, 그 측정지표 역시 명확한 경우에는 평가를 하는 데 큰 어려움이 없습니다. 누가 평가를 하더라도 비슷한 결과가 나올 것이고, 평가 기준이 되는 생산량이나 작업 속도가 구성원의 눈앞에서 바로 확인되므로 평가에 대한 의문이나 논란도 거의 제기되지 않습니다.

평가 기준이 복잡해진 현대의 지식정보사회

반면 오늘날과 같은 지식정보사회에서는 부가가치의 상당 부분이 서비스업이나 콘텐츠업과 같은 영역에서 발생합니다. 이들 업종에 종사하는 근로자의 비중도 점차 늘고 있습니다. 다음 그래프를 통해 확인할 수 있듯 오늘날 전체 취업자의 상당수가 제3차 산업에 종사하고 있습니다.

이런 경우 조직구성원의 업무 성과를 객관적으로 측정하기란 쉬운 일이 아닙니다. 예를 들어 커피숍 직원의 경우 무엇으로 성과를 측정해야 할까요? 세 가지 평가 기준을 가정하고 하나씩 살펴보겠습니다.

커피 판매량

먼저 '기준1'입니다. 일주일 동안의 커피 판매량으로 주 단위 급여를 결정한다고 가정하면 '커피 판매량이 직원의 노력과 직접적인 연관이 있는가' 하는 의문이 제기될 수 있습니다. 물론 직원이 성실하게 고객을 응대하고, 고객이 비싼 커피를 주문하도록 유도해 커피숍의 전체 매출이 증가할 수도 있습니다. 하지만 커피숍의 매출은 직원의 노력 외에도 커피숍의 브랜드 파워, 매장 인테리어, 위치 등 수많은 요인에 의해 좌우됩니다. 따라서 커피 판매량으로 직원을 평가하는 것은 문제가 있습니다.

고객 만족도

이번에는 '기준2'입니다. 해당 직원의 서비스 응대에 대한 고객들의 만족도로 직원의 성과를 평가할 경우, 두 가지 문제가 쟁점이 될 수 있습니다. 첫 번째 문제는 바로 '고객 서비스를 어떻게 평가할 것인가'입니다. 설문조사를 실시해야 할까요? 아니면 고객을 붙잡고 직접 물어보아야 할까요? 그것도 아니면 홈페이지를 개설해 그곳에 고객이 직접 직원 평가를 입력하게 해야 할까요? 무엇 하나 간단하지 않습니다. 그리고 고객의 직원 서비스 인식은 매장에서 직원이 응대하는 방식 외에도 직원의 외모로 인한 후광효과(halo effect)의 지대한 영향을 받습니다. 실제로 상당수의 서비스 업체는 고객을 응대하는 직원을 선발할 때 외모를 많이 보는 것이 아니냐는 의혹을 사고 있습니다.

두 번째 문제는 '설령 고객의 만족도를 측정할 수 있다 하더라도 이것이 커피숍의 매출과 관련이 있는가'의 여부입니다. 앞서 언급했듯 매출은 여러 요인의 영향을 받기 때문에 서비스 응대를 토대로 직원의 성과를 판단하기는 쉽지 않습니다.

직원의 능력

마지막으로 '기준3'을 살펴봅시다. 스펙과 경력 사항을 토대로 직원을 평가할 경우, 업무를 하기 이전의 요인으로 사람을 판단한다는 문제가 제기될 수 있습니다. 물론 스펙과 경력은 업무에 큰 도움이 됩니다. 하지만 성과는 마땅히 업무 수행 결과를 바탕으로 판단하는 것이 논리적입니다.

결론적으로, 어떤 기준을 세우더라도 불완전한 평가가 될 수 있습니다. 따라서 커피숍 주인이 직접 일정 기간 동안 직원의 고객 응대 태도, 고객들의 반응, 직원의 개인적 능력 등을 종합적으로 고려해 평가할 수밖에 없습니다. 다시 말해, 객관적 평가가 아니라 주관적 평가가 진행된다는 것입니다. 직원이 많지 않은 커피숍에서의 평가도 이러한데, 대기업에서의 평가가 어려운 것은 두말할 나위가 없겠죠.

정확한 인사평가를 위한 세 가지 고려 사항

평가의 목적을 정의하라

평가자는 평가를 수행하기 전에 해당 평가가 무엇을 위한 것인지 확인할 필요가 있습니다. 목표가 뚜렷해야만 적절한 평가 방법과 평가 기준을 사용할 수 있기 때문입니다. 일반적으로 평가는 다음과 같이 세 가지 목적을 가집니다.

전략적 목적(strategic purpose)

인사평가는 개인과 팀의 활동들이 조직 목표에 잘 연계되고 있는지를 확인할 수 있는 도구입니다. 평가 결과가 좋으면 현재 방식을 계속 유지하면 되고, 평가 결과가 나쁘면 업무 방식을 개선하게 해 조직의 사업 전략이 요구하는 핵심 직무와 관련 활동을 개인과 팀이 잘 수행할 수 있도록 독려하는 기능을 수행합니다.

관리적 목적(administrative purpose)

인사평가는 '업무 수행 결과 검토'라는 측면에서 구성원의 승진이나 부서 배치 및 보상을 결정하는 근거 자료를 도출하는 역할을 합니다. 평가 결과가 좋은 구성원에게 더 많은 보상과 더 나은 직무로의 이동을 보장하는 것입니다. 단순히 근무한 기간이 길다고 해서 승진시키는 것이 아니라, 명확한 평가 점수를 토대로 승진 여부를 결정하면 구성원들은 승진 과정이 공정하다고 생각할 가능성이 큽니다.

개발적 목적(developmental purpose)

인사평가는 조직구성원의 능력 개발에 다양한 방식으로 기여합니다. 평가 과정에서 구성원이 조직 목표를 달성하기 위해 어느 정도의 노력을 기울이는지 알 수 있기 때문에 인사평가는 각각의 구성원에게 업무 방향을 명확히 제시하는 역할을 수행합니다. 만약 평가 점수가 부족한 영역이 발견되면 해당 영역의 능력을 향상시키기 위해 교육을 실시할 수 있겠죠. 또한 교육을 받은 구성원의 업무 실적이 얼마나 개선되었는지도 향후 평가를 통해 확인할 수 있습니다.

평가 대상을 입체적으로 고려하라

앞서 커피숍 직원을 평가할 때 스펙으로 평가하든, 행동 방식을 검토하든, 매출 기여도를 따지든 한 가지 항목만을 살필 경우 완벽하게 평가할 수 없다는 사실을 확인했습니다. 결국 조직구성원의 성과, 업무 수행 과정, 일하는 과정에서 사용되는 능력이나 지식 등 다양한 측면을 고려해야 합니다. 이들 중 무엇에 초점을 두는지에 따라 결과 중심 평가, 과정 중심 평가, 특성 중심 평가로 나눌 수 있습니다.

하지만 업무 성과든, 일하는 과정이든, 구성원의 능력이든 이를 평가하는 주체는 기계가 아니라 사람이므로 평가자는 여러 가지 실수를 범할 수 있습니다. 따라서 평가자는 평가에 임하기 전에 제대로 된 평가를 수행하기 위해 필요한 요소가 무엇인지 면밀히 검토할 필요가 있습니다.

다수의 지지를 얻을 수 있는 평가 요건을 갖춰라

평가가 본래 추구하는 목적(조직 목표 달성, 승진과 보상 결정, 구성원의 능력 개발)을 제대로 수행하는 동시에 사회적 정당성(legitimacy)을 얻기 위해서는 몇 가지 요건을 갖추어야 합니다. 다음 사항들은 사람이 사람을 평가하고 판단하는 과정에서 언제나 중요한 것이므로 인사평가뿐 아니라 인재 선발 시에도 적용 가능합니다.

신뢰성(reliability)

신뢰성은 선발과 평가에서 사용하는 각종 수단의 일관성 내지는 안정성을 의미합니다. 일관성은 여러 대상에게 같은 기준을 적용하는가의 문제(횡적 측면)이고, 안정성은 그 기준 적용이 시간이 흐르더라도 바뀌지 않는가의 문제(종적 측면)입니다.

상사가 동일한 기준을 적용해 성과가 비슷한 두 명의 직원을 평가했을 때 그 결과가 비슷하다면 일관성이 큰 것이고, 상사가 부하 직원을 평가할 때 작년이나 올해나 동일한 평가 기준을 적용한다면 안정성이 큰 것입니다. 결론적으로 동일한 평가 기준으로 동일한 환경에서 평가한 값이 시간의 흐름에 상관없이 유사하다면 신뢰성이 높은 것입니다.

| 신뢰성의 두 측면 |

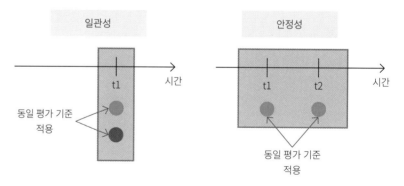

타당성(validity)

타당성이란, 선발과 평가에서 사용하는 각종 수단이 그 목적과 취지에 적합하게 사용되고 있는지의 정도를 의미합니다. 그래서 타당성을 '목적적합성'이라 표현하기도 합니다. 예를 들어 지적능력을 검증하는 시험을 실시할 때 지적능력과 무관한 (예를 들어 감정에 관한) 문항이 포함되어 있다면 타당성이 낮은 시험이라 할 수 있습니다. 반면 지적능력이 높은 사람을 선별하기에 적합한 평가 수단을 사용한다면 타당성이 높다고 말할 수 있습니다. 앞서 선발 수단의 타당성을 살펴보았는데, 선발에서도 타당성이 높다는 말은 곧 해당 수단으로 선발된 사람들이 실제로도 일을 잘할 가능성이 크다는 의미입니다.

구체적으로 인사평가의 타당성을 판단할 때는 조직 성과와 관련된 모든 측면을 빠짐없이 고려하고, 성과와 무관한 부분은 제외한 뒤 평가했는지를 확인하면 됩니다. 즉 타당성을 높이기 위해서는 수집된 정보에 성과와 무관한 부분(contamination, 오염)이 적어야 하고, 동시에 성과와의 관련성은 크지만 미처 수집되지 못한 정보(deficiency, 결핍)가 없어야 합니다. 예를 들어 승진 의사결정에서 가장 중요한 요소는 향후 수행하게 될 직무에 대한 잠재능력이나 적성이므로 이에 대한 평가가 이루어져야 합니다. 만약 적성 평가는 무시하고(결핍 발생), 기존 실적을 중심으로 평가하게 된다면 승진한 뒤에는 필요하지 않은 요소가 평가에 영향을 미치게 되므로(오염 발생) 타당성이 낮아지게 되죠.

따라서 평가의 타당성 제고를 위해서는 해당 평가 목적을 실현하는 데 가장 필수적이고 핵심적인 요소들을 우선적으로 고려하고, 나머지 평가 항목들은 2차적(보조적)으로 고려할 필요가 있습니다.

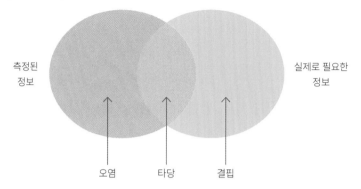

측정된
정보

실제로 필요한
정보

오염   타당   결핍

평가의 수용성과 효용성

잠깐만요

신뢰성과 타당성 이외에도 중요한 평가 기준으로 고려되는 사항이 바로 수용성 (acceptability)과 효용성(utility)이다.

수용성은 조직구성원이 선발 및 평가제도를 합당하고 공정한 것으로 받아들이고, 활용 목적을 신뢰하는 것을 말한다. 평가 요소를 선정할 때나 평가 방식을 만들 때 구성원들을 참여시키고, 세부 내용이 확정된 다음에는 이를 공개해 의견 수렴 과정을 거친다면 수용성을 높일 수 있다. 만약 구성원들이 이해하지 못하는 부분이 있거나 새로운 제도가 만들어진다면, 설명회 등을 통해 교육하고 평가자들이 정확한 평가를 할 수 있도록 그들을 훈련시켜 오류가 발생하지 않도록 해야 한다.

효용성은 선발 및 평가제도의 도입과 운영에 따른 비용보다 그로 인해 얻는 이익이 더 큰 것으로, 실용성이라고도 한다. 평가제도의 효용성이 제고되기 위해서는 평가 대상인 구성원들의 성과 차이가 분명해 변별력이 확보되어야 하고, 평가제도 자체가 이해하기 쉬운 것이어야 하며, 평가를 위한 개발비나 운영비가 과도하게 투입되어서는 안 된다. 효용성을 파악하는 대표적인 도구는 비용-편익 분석(cost-benefit analysis)이다. 이는 평가 도구 개발 비용 대비 평가로 조직이 얻는 편익의 크기를 비교해 평가 도구의 효용성을 판단하는 방법이다.

공정한 인사평가는 직무분석에서 시작된다

인사관리는 기업에서 업무를 수행하는 구성원을 관리하는 모든 업무 영역을 아우르는 분야입니다. 직원 채용, 교육, 업무 평가, 임금 지급, 복리후생 혜택 제공, 동기부여를 위한 다양한 정책 수립과 집행, 이직 감소를 위한 노력 등 수많은 업무가 인사관리에 포함됩니다. 이러한 인사관리의 출발점은 사실 사람이 수행하는 일, 즉 직무에 있습니다. 직원을 채용하거나 교육을 하려면 우선 '무슨 일'을 해야 하는지에 대한 구체적인 내용이 마련되어야 하기 때문입니다. 이번 장에서는 '직무의 내용' 및 이를 수행하는 '구성원의 자격'을 체계적으로 파악하는 직무분석에 대해 알아보고, 다음 장에서는 어떤 직무가 더욱 중요한 직무인지 평가하는 직무평가에 대해 알아보겠습니다.

직무분석의 의미와 절차

직무분석(job analysis)은 직무 내용과 이를 수행하는 사람의 자격 요건을 밝히는 작업입니다. 쉽게 말하면, 해야 하는 일의 내용을 정리하고, 어떤 스펙을 갖춘 사람이 그 일에 적합한지를 파악하는 작업이죠. 직무분석 결과물은 직무평가와 인사평가 등의 근거로 활용될 수 있으며, 임금 책정, 교육 대상자 선정 등에도 활용될 수 있습니다.

직무분석 절차는 크게 예비작업, 본작업, 정리분석작업으로 나뉩니다. 예비작업에서는 어떤 직무를 분석 대상으로 할 것인지 결정하고, 그와 관련하여 사전에 조사해둘 자료 등이 있는지를 살핍니다. 본작업은 정보수집작업으로도 불립니다. 이 과정에서 직무 내용과 해당 직무를 수행하는 사람에 관한 정보를 모으게 되므로 직무분석의 핵심이라 할 수 있습니다. 마지막 정리분석작업에서는 수집한 정보를 직무기술서와 직무명세서로 만듭니다.

| 직무분석 절차 |

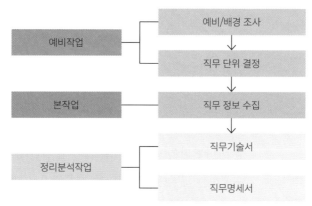

출처: 최종태, 《현대인사관리론》, 박영사

직무분석에 사용되는 기법

직무분석의 두 번째 단계인 본작업에서 사용되는 주요 기법으로는 연구자가 과업 수행 과정을 직접 관찰해 기록하는 관찰법, 업무를 수행하는 담당 직원에게 진술을 확보하는 면접법, 직접 면접하는 것이 쉽지 않은 상황에서 설문조사를 활용하는 질문지법, 연구자가 해당 직무를 직접 수행해보는 경험법, 효과적인 직무 성공 사례를 수집하는 중요사건법, 작업 과정을 기록한 일지나 메모 등을 참조하는 작업기록법 등이 있습니다.

본작업에서 수집된 정보는 직무분석의 결과물인 직무기술서와 직무명세서로 정리됩니다. 직무기술서에는 직무 명칭과 내용, 직무 수행 방법과 절차, 작업 조건(직무 조건) 등을 기록하고, 직무명세서에는 해당 직무를 수행할 직원이 갖추어야 하는 각종 인적 자격 요건(학력, 신체능력, 지적능력, 과거 경험 등)을 기록합니다.

| 직무기술서와 직무명세서의 차이 |

	직무기술서 - 직무 특징	직무명세서 - 인적 특징
개념	직무 명칭과 내용, 직무 수행 방법과 절차, 작업 조건 등을 기록	직무 담당자의 인적 자격 요건 기록
특징	• 직무의 능률적인 수행을 위해 직무 성격, 직무 수행 절차, 작업 환경 등 주요 사항 기록 • 명료한 표현 사용, 구체적 직무 범위 적시, 감독 책임의 표기 등이 필요	• 특정 목적의 관리 절차 구체화를 위해 정리 • 종류: 고용명세서, 교육훈련용명세서, 임금관리용명세서 등 • 작성: 직무기술서에서 인적 요건 추출

직무평가로 적절한 보상의 수준을 찾아라

더 중요한 일과 덜 중요한 일을 구분하는 직무평가

'직업에는 귀천이 없다'라는 말의 영향 때문인지 중요한 일과 그렇지 않은 일을 구분하는 데 거부감을 가지는 사람이 많습니다. 여러분도 그런 가요? 하지만 일에는 분명 중요도와 난이도의 차이가 존재합니다. 같은 날에 입사한 동기라 하더라도 한 사람의 일이 더 중요할 수 있습니다. 그리고 중요한 일을 하는 사람은 다른 이들보다 많은 급여로 보상을 받아야 합니다. 이것이 능력주의 내지는 성과주의 사회에서의 인사관리라 할 수 있습니다. 따라서 회사에 기여한 만큼 보상을 해주려면 우선 각자가 수행하는 일, 즉 직무의 가치를 판단할 필요가 있습니다. 이 작업이 바로 직무평가(job evaluation)입니다. 정확하게 정의하면, 직무평가는 조직 내 직무들의 상대적 가치를 체계적으로 결정하는 과정을 뜻합니다. 서구사회에서 보편적으로 확산되어 있는 직무급의 확립을 위해서도 직무평가는 반드시 필요한 절차입니다.

 알아두세요 ──────

직무급
직무의 중요도에 따라 지급되는 임금 유형

직무평가에 사용되는 평가 요소

직무평가를 하기 위해서는 평가 요소, 즉 평가 기준과 평가 항목들이 필요하겠죠? 미국에서는 직무별로 업무 수행에 필요한 지식(knowledge), 기술(skill), 능력(ability), 작업 조건(working condition), 과거 업무 수행 경험, 직무 난이도, 업무 수행 과정에서 지는 책임의 범위 등을 평가 요소로 사용합니다.

직무평가 방법은 크게 종합적 방법과 분석적 방법으로 나눌 수 있습니다. 종합적 방법은 직무 난이도를 기준으로 포괄적인 판단에 의해 직무 가치를 상대적으로 평가하는 방법으로, 서열법과 분류법이 이에 해당합니다. 반면 분석적 방법은 직무분석에 따라 직무를 앞서 언급한 평가 요소로 분석하고 각 평가 요소별 점수를 계량적으로 합산해 평가하는 방법으로, 점수법과 요소비교법이 이에 해당합니다.

이상의 네 가지 직무평가 방법은 직무와 기준 등급을 비교하는 방법과 직무와 직무를 비교하는 방법으로 나눌 수 있습니다. 직무와 기준 등급을 비교하는 방법(분류법, 점수법)은 미리 정해진 표준이나 등급을 통해 직무를 분류하는 반면, 직무와 직무를 비교하는 방법(서열법, 요소비교법)은 직무 간 상호 비교를 통해 직무를 분류합니다.

| 직무평가 방법 분류 |

	계급적(구간 있음)	계열적(구간 없음)	특징
비양적 (점수화 ×)	분류법	서열법	종합적 (예: A직무가 B직무보다 더 중요하다.)
양적 (점수화 ○)	점수법	요소비교법	분석적 (예: A직무는 기능과 노력 측면에서는 B직무보다 더 중요하지만, 책임 측면에서는 B직무보다 덜 중요하다.)
비교 대상	직무 대 기준 등급	직무 대 직무	

이 중 가장 많이 사용되는 것은 점수법입니다. 점수법은 직무평가 요소별로 등급을 만들고, 각 등급별 중요도에 따라 직무별 평가 점수를 산정한 뒤 요소별 등급 점수를 합해 총점을 계산하는 방법입니다. 구체적인 절차는 다음과 같습니다.

- **1단계(평가 요소 선정)**: 기업 특성에 따라 적정한 개수의 평가 요소를 고려할 수 있다. 앞서 살펴본 지식, 기술, 능력, 작업 조건, 과거 업무 수행 경험, 직무 난이도, 업무 수행 과정에서 지는 책임의 범위 중 몇 가지를 선정한다.

- **2단계(평가 요소의 가중치 및 기준 선정)**: 직무평가 요소별로 중요도나 필요성에 따라 가중치를 부여한다. 예를 들어 평가 요소 중 '지식'의 중요도가 큰 회사라면 지식에 20%, 나머지 평가 요소에 10%씩을 할당하는 방식이다. 그리고 각 평가 요소는 등급별로 점수를 매긴다. 2단계가 끝나면 직무 평가의 기준이 되는 평가표가 만들어진다.

- **3단계(직무별 점수 산정)**: 평가표에 근거해 각 평가 요소의 점수를 계산한다. 그리고 평가 요소별로 부여받은 점수를 합산하면 각 직무별 최종 점수가 산정된다. 이를 임금을 결정하는 데 활용할 수 있다.

잠깐만요

직무와 관련한 용어의 이해

- **과업(task)**: 하나의 목적을 수행하기 위한 최소한의 작업 수행 단위를 뜻한다. 인력 수요를 예측하거나 구성원들의 급여를 매월 계산하는 업무 등이 과업에 해당하며, 특정한 과업(인력 수요 예측 등)은 여러 작업 요소(문서 작성, 자료 수집, 의사결정 등)로 구성된다.
- **직위(position)**: 한 사람에게 부여된 과업의 합계로, 조직 내에는 구성원 수와 같은 수의 직위가 존재한다. 인력 수급 계획, 선발 계획, 배치 계획 등을 한 사람이 전담하는 경우, 그 사람은 '확보'라는 업무를 담당하는 직위를 보유한 사람이라 할 수 있다.
- **직무(job)**: 유사한 직위가 모인 '하나의 일의 범위'를 뜻한다. 예를 들어 채용 관리, 교육 훈련, 평가, 보상 등을 합쳐 '인사직무'라 할 수 있다. 직무 범위가 작을 때는 몇 개의 직무를 한 사람이 맡을 수도 있고, 반대로 하나의 직무를 여러 사람이 맡을 수도 있다.
- **직군(job family)**: 동일하거나 유사한 직무의 집단으로, 동일 직군 내 직무는 상호 이동이 가능한 경우가 많다. 많은 기업이 사무전문직, 사무일반직, 기술전문직, 기술일반직 등으로 직군을 구분한다.

조직원들이 일하는 방식을
디자인하는 직무설계

직무설계란 무엇인가

직무설계(job design)란, 구성원이 수행할 직무 내용과 업무 처리 방법을 만들어가는 절차를 뜻합니다. 직무 수행은 그 자체가 구성원에게 의미와 만족을 주는 동시에 기업 목표를 효과적으로 달성하는 데 도움이 되어야 합니다. 일반적으로 직무설계는 작업 방식 변화를 수반하기 때문에 직무재설계(job redesign)라 부르기도 합니다.

직무설계를 연구한 학자들은 크게 두 가지 이론적 접근법, 즉 기계적 관점에 입각한 전통적 직무설계와 동기부여적 관점에 입각한 현대적 직무설계로 나뉘었습니다.

효율을 최대화하라 - 전통적 직무설계

전통적 직무설계는 산업공학적 전통에 입각한 방식입니다. 조금 어렵나요? 쉽게 프레드릭 테일러의 과학적 관리론에서 강조한 노동 분업을 회사 전반의 직무설계에 활용한 방식이라고 생각하면 됩니다. 결국 각 구성원이 수행하는 노동 영역의 범위를 최소한으로 줄여 한두 가지 업무만 수행하도록 설계하는 방식이 전통적 직무설계입니다.

애덤 스미스(Adam Smith)는 자신의 저서 《국부론(A Wealth of Nation)》을 통해 분업의 효과를 강조했습니다. 그는 핀 제조 공장을 예로 들었습니다. 한 명의 작업자가 혼자서 핀을 만들 경우 하루에 10개 정도를 생산하는 데 그치지만, 철사 가공부터 절단 및 다듬기 등을 18개 작업으로 세분화할 경우 1인당 4,800개의 핀을 만들 수 있다는 것이죠. 이처럼 전통적 직무설계는 직무의 분업화와 기능의 단순화를 통한 반복 작업을 강조합니다.

전통적 직무설계의 장점은 단순 작업을 하므로 구성원을 교육시키거나 훈련시킬 일이 많지 않다는 것입니다. 또한 구성원의 정신적 스트레스 수준이 낮고, 업무상 실수가 발생할 일이 적으며, 인력활용도를 높일 수 있습니다. 하지만 이 접근 방식은 단순 반복 업무를 하는 과정에서 직무 만족과 동기부여에 부정적 영향을 미치며 구성원들이 높은 결근율을 보이는 둥의 부작용이 나타났습니다.

일하는 재미를 느끼게 하라 – 현대적 직무설계

현대적 직무설계는 '동기부여적 직무설계'라 불리기도 합니다. 그 이유는 조직심리학과 경영학의 이론적 발전에 힘입어 심리적 의미나 동기부여적 잠재성에 영향을 주는 직무특성에 중점을 두었기 때문이죠. 현대적 직무설계는 '바람직하고 좋은 직무의 특성'에 초점을 두는데, 구체적으로는 프레드릭 허츠버그의 2요인이론, 해크만과 올드햄의 직무특성이론, 사회기술시스템이론 등의 영향을 받았습니다. 이 이론들의 공통점은 다양한 방식으로 직무 범위를 확대해 구성원으로 하여금 일하는 재미를 느낄 수 있게 하자는 것입니다. 현대적인 직무설계 방식의 예로는 직무 확대, 직무 충실, 직무 순환, 준자율적 작업 집단 등이 있습니다.

- **직무 확대(job enlargement)**: 구성원이 원래 해야 하는 과업(중심 과업)뿐 아니라 관련된 다른 과업까지 동시에 수행하도록 하여 직무를 보다 넓게 확대하는 것으로, '수평적 확대'라고도 불린다. 이 방식은 구성원의 자기실현 욕구를 충족시켜 하나의 인격체로서의 만족감을 갖게 해 작업 의욕을 향상시키고자 하는 데 주된 목적이 있다.

- **직무 충실(job enrichment)**: 보통 조직에서 상위 구성원은 계획과 통제 업무를 담당하고, 하위 구성원은 실행에만 집중하는 경향이 있다. 직무 충실은 하위 구성원이 실행뿐 아니라 관리자의 영역으로 여겨져왔던 계획·통제 영역까지 담당하도록 해 성취감과 일의 보람을 느낄 수 있게 한다. 그 결과 하위 구성원은 동기유발이 되어 생산성 향상에 기여하게 된다. 이는 수직적 확대, 즉 직무의 질적 개선을 의미하며, 허츠버그의 2요인이론에 의해 그 개념이 정립되었다.

- **직무 순환(job rotation)**: 여러 작업자가 일정 기간을 주기로 순환하며 여러 직무를 수행하는 것을 의미한다. 직무 순환은 특정 직무의 장기간 수행에 따른 스트레스와 매너리즘을 감소시켜주며, 구성원의 능력 향상에 기여한다.

- **준자율적 작업 집단(semi-autonomous work group)**: 집단을 대상으로 하는 수직적 직무 확대 기법이다. 직무를 수행하는 집단에 어느 정도의 자율성(목표 설정, 작업 장소와 시간 결정, 신규 구성원 선정, 직무 책임자 결정 등)을 부여함으로써 집단구성원들이 자신들이 수립한 집단 규범에 따라 직무를 스스로 통제하고 조정할 수 있도록 하는 방식이다.

잠깐만요

타비스톡 연구팀에 의해 정립된 사회기술시스템이론

제2차 세계대전 이후 영국의 한 탄광회사에 신기계가 도입되면서 분업화와 표준화가 진행되었다. 그 결과, 구성원 개인의 업무 강도는 완화되었으나 이전보다 불만과 결근율이 증가하면서 생산성 증가에는 기여하지 못했다. 유럽의 사회학자들로 구성된 타비스톡 연구팀은 신기술 도입으로 인해 기존에 형성되어 있던 인간적 관계와 규범이 깨지고, 친밀한 상호관계와 응집력이 해체되어 이러한 현상이 나타난 것이라고 설명했다. 따라서 연구팀은 과거 존재하던 역할관계와 작업 방식을 살려둔 채 신기술을 서서히 도입할 것을 제안했고, 그 후 생산성이 증가하고 구성원들의 불만이 줄어들었다. 이를 통해 조직의 기술적 시스템과 인간관계 시스템은 서로 적절하게 조화되어야 하며, 조직 내 과업이나 역할관계를 변화시키려 할 때는 인간관계나 집단적 규범을 혼란시키지 말고 점진적으로 시도해야 한다는 사실을 알 수 있다.

출처: 임창희, 《조직론》 수정 인용, 학현사

임금은 어떻게 정해질까(1)
대외적 공정성

 알아두세요 ─────

임금의 표현

salary: 화이트칼라의 임금
wage: 블루칼라의 임금
pay: salary와 wage의 의미 포함

임금(pay, salary or wage)은 구성원이 조직에 제공한 노동에 대한 금전적 대가이자 직접적 보상입니다. 임금은 생산성에 가장 큰 영향을 미치는 요소로 알려져 있으며, 조직이 생산하는 재화나 용역에 대한 제조원가 상당 부분을 차지하고 있어 해당 재화나 용역이 시장에서 얼마만큼의 경쟁력을 가지는지를 결정하는 주요 요소가 됩니다. 또한 임금은 우수한 인적자원을 확보하는 데 결정적 역할을 수행할 뿐만 아니라, 구성원의 생리적·안전·존경 욕구를 충족하고 삶의 질을 유지·향상시키기 위해서도 필요합니다.

임금이 공정한지는 비교를 통해 결정된다

임금은 공정해야 합니다. 임금 관리에 있어 공정성(公正性)이란, 구성원의 공헌과 그에 대한 조직의 보상이 균형을 이루는 것을 의미합니다. 그런데 보상을 어떻게 제공해야 균형이 이루어질까요?

이에 대해 연구한 학자가 바로 앞서 동기부여에 대해 이야기할 때 언급한 존 애덤스입니다. 그는 업무 수행 과정에서 구성원이 투입한 노력과 그에 따른 결과나 보상을 다른 사람과의 비교를 통해 상대적으로 어떻게 파악하는지가 심리적 동기부여에 있어 매우 중요한 과정이라고 생각했습니다. 즉 우리에게 중요한 것은 보상의 실제 크기가 아니라 '다른 사람에 비해 얼마나 받는가'입니다.

사람들은 자신의 투입(노력)과 산출(보상)을 다른 사람의 투입과 산출과 비교한 결과가 균형을 이룰 때 조직의 보상 시스템이 비교적 공정하다고 인식합니다. 이때의 비교 대상(준거인물)에는 조직 내 동료, 상사, 부하 직원뿐 아니라 다른 조직 사람들, 과거 자기 자신까지 포함됩니다. 만약 준거인물과의 비교 과정에서 불공정함을 느낀다면, 구성원은 이에 불편함을 느끼고 이를 줄여 나가기 위한 노력을 기울이게 됩니다.

외부 조직의 유사 직군과 비교하라

애덤스에 따르면 임금의 공정성 인식에 영향을 주는 세 가지 요소는 비교 대상, 구성원의 노력 투입, 조직의 보상입니다. 인사조직론은 그중 비교 대상 측면에서 임금관리론의 구성 요소를 조직 외부와 비교하는 대외적 공정성과 조직 내부와 비교하는 대내적 공정성 측면으로 나누고 있습니다.

대외적 공정성(external equity)은 구성원들이 자신들의 임금이 유사한 직무를 수행하는 외부 조직 사람들의 임금과 비슷하다고 느낄 때의 공정성을 의미합니다. 여기서 외부 조직은 일반적으로 동종업체나 경쟁 조직을 말하며, 비교 내용은 기본급과 인센티브, 복리후생 등을 모두 합친 평균 총임금, 즉 임금 수준(pay level)입니다.

임금 수준은 조직의 지불능력, 사회경제적 생계비, 조직의 전략 등에 따라 달라집니다. 우선 지불능력은 노동이라는 생산 수단에 조직이 지불할 용의가 있는 최대 금액이므로, 대개 임금 수준의 상한선 설정과 관련이 있습니다. 지불능력의 결정 요인으로는 구성원이 창출하는 생산물이나 부가가치의 크기인 노동생산성, 각종 비용과 수익을 비교해 파악하는 손익분기점(BEP, Break Even Point) 등이 있습니다.

사회경제적 생계비는 노동이라는 생산 수단의 공급자인 구성원이 자신의 노동을 판매할 용의가 생기는 최소 금액이므로, 대개 임금 수준의 하한선 설정과 관련이 있습니다. 생계비를 산정할 때는 여러 학문 분야에서 추론되는 식비, 의복비, 주거비, 기타 생활비 등의 항목과 구성원의 생애주기, 정부에서 지정하는 최저임금 등이 고려됩니다.

임금과 관련한 조직의 전략은 경쟁 조직보다 더 많은 임금을 지급해 유능한 인재를 유치하는 고임금 전략, 비슷한 수준으로 임금을 지급해 현상을 유지하는 동행 전략, 타 조직보다 적은 임금을 지급함으로써 원가를 줄이고 비용을 절감하는 추종 전략 등으로 구분됩니다.

| 임금 수준 결정 |

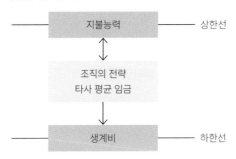

임금은 어떻게 정해질까(2) 대내적 공정성

앞서 살펴본 내외적 공정성과 더불어 대내적 공정성(internal equity) 역시 임금 관리에서 매우 중요한 영역입니다. 대내적 공정성은 동일 조직 내에서 다른 직무를 담당하는 구성원이 받는 임금과의 비교, 동일한 직무를 담당하는 구성원들 간의 연공, 공헌, 능력, 성과 수준과 같은 개인적 차이에 따른 임금 격차 등을 모두 포함하는 개념입니다. 이로 인해 대내적 공정성을 검토할 때는 개인별 임금의 차이를 결정하는 구체적 항목들을 논의하게 됩니다. 인사조직론에서는 이를 임금 체계, 즉 임금의 지급 항목들과 그 격차를 관리하는 데 가장 중요한 요소로 봅니다. 지금부터 임금을 결정하는 항목들의 구체적인 내용을 살펴보겠습니다.

| 임금 체계 세부 내용 |

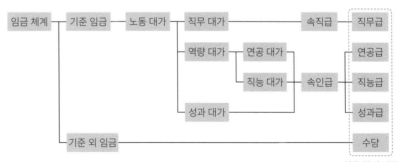

임금 결정 기준

직무가치에 따라 달라지는 직무급

직무급(job-based pay)은 각자가 수행하는 직무, 즉 일의 상대적 가치에 따라 임금이 결정되는 임금 체계 유형 중 하나입니다. 이는 동일 노동에 대해 동일 임금이 지급되는 임금 결정 원칙이므로 가장 합리적인 임금 체계라 할 수 있습니다.

직무급 책정을 위해서는 우선 구성원들이 조직 내에서 수행할 직무의 가치를 계량적으로 평가할 필요가 있습니다. 이를 위해서는 직무가치를 평가할 수 있는 요소(직무 지식, 기술 수준, 요구 경험 등)를 선정하고, 각 평가 요소의 중요도를 가중치 형태(50%, 30%, 20% 등)로 부여합니다. 그 다음에는 평가 대상 직무별로 각 평가 요소의 점수를 매기고 이를 가중치에 따라 합산하는 방식으로 직무별 점수를 산정합니다. 직무별 점수를 산정한 후에는 그 점수에 비례해 임금을 책정합니다. 다음 표를 볼까요? 점수를 고려한 결과, A직무(직무 점수 3.8)를 수행한 구성원은 매달 380만 원의 임금을, B직무(직무 점수 3.6)를 수행한 구성원은 매달 360만 원의 임금을 받게 됩니다.

| 직무급 계산 방법의 예시 |

평가 요소	가중치	1등급		2등급		3등급		4등급	
직무 지식	50%	5	Ⓐ	4	Ⓑ	3		2	
기술 수준	30%	5		4		3	Ⓐ	2	Ⓑ
요구 경험	20%	5	Ⓑ	4		3		2	Ⓐ
직무별 점수	Ⓐ직무를 수행하는 구성원 = (50% × 5) + (30% × 3) + (20% × 2) = 3.8 Ⓑ직무를 수행하는 구성원 = (50% × 4) + (30% × 2) + (20% × 5) = 3.6								

직무급은 직무가치에 따라 임금이 결정됩니다. 구성원의 능력이나 노력, 역량에 상관없이 그가 수행하는 일이 조직에 얼마나 중요한지에 따라 임금이 결정되죠. 그렇기에 능력은 출중하지만 중요하지 않은 업무

를 수행하는 구성원은 자신이 제대로 평가받지 못하고 있다고 느낄 수도 있습니다. 따라서 직무급이 구성원의 동기부여에 도움이 되기 위해서는 직무가치와 구성원의 능력이 일치하는 선에서 채용 및 배치 전환이 이루어져야 합니다.

개인의 학력과 근무 기간을 고려하는 연공급

연공급(seniority-based pay)은 개인의 학력과 근무 기간을 고려해 임금이 결정되는 임금 체계 유형의 하나입니다. 해당 조직에서의 근속연수가 임금 결정의 주된 기준이 되므로, 다른 구성원과 동일한 직무를 수행하거나 유사한 수준의 업적을 쌓았다 하더라도 학력과 근무 기간 등에 따라 임금이 달라질 수 있습니다. 우리나라에는 연공급을 사용하는 조직이 많은데, 그 이유는 크게 두 가지가 있습니다.

첫 번째는 연공에 따른 숙련상승설입니다. 서구사회에서는 오래전부터 미숙련공, 반숙련공, 숙련공의 구분이 어린 시절의 교육 시스템과 직업 등 여러 측면에서 차이가 나는 일종의 사회적 신분으로 여겨졌기에 숙련도를 근속연수에 따라 측정할 필요가 없었습니다. 그러나 신분제도 폐지 이후 뒤늦게 산업화 대열에 합류한 동아시아(특히 일본과 한국) 국가에서는 업무 관련 지식과 기술이 조직생활을 통해 체화되는 것으로 봄에 따라 근속연수가 곧 숙련도를 입증하는 중요한 기준이 되어 연공에 따른 급여 책정이 당연하게 받아들여졌습니다.

두 번째는 생계비 보장설입니다. 노동자가 속한 가정의 생애주기에 따라 연령이 높아질수록 가계 지출이 증가하므로 이에 대한 임금 지급이 불가피하다는 것입니다.

이러한 두 논리에 따라 산업화 초기 단계에는 연공급이 상당한 설득력을 가졌으며, 성과주의가 지배적인 오늘날에도 우리 사회의 대표적 임금 체계로 여겨지고 있습니다.

연공급은 일반적으로 주기적인 임금 인상에 해당하는 호봉승급과 구성원의 직무수행능력 변화로 급여 기준을 일괄적으로 인상시키는 베이스업(base-up)으로 구성됩니다. 전자는 연공임금곡선의 구간을 기간별로 나누어 임금상승분을 책정하는 제도이며(예: 매년 1월 기준으로 월 지급액을 15만 원 인상), 후자는 임금곡선 자체를 상향 이동시키는 것입니다(예: 임금곡선의 시작점을 월 300만 원에서 320만 원으로 조정).

| 연공급의 임금 인상 구성 |

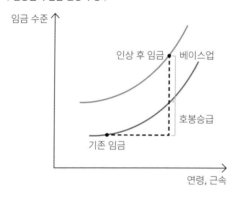

능력과 역량에 따라 달라지는 역량급

직무수행능력을 측정할 수 있다면 때로는 이를 기초로 임금을 책정할 수도 있을 것입니다. 이러한 임금 체계를 역량급(competency-based pay)이라 합니다. 이는 구성원이 현재 담당하고 있는 직무와 상관없이 그들이 보유하고 있는 역량의 범위와 수준에 따라 임금이 결정되는 것입니다. 여기서 역량은 성공적인 직무 수행을 위해 요구되는 지식, 기술, 동기, 행동 등을 포함한 개인적 특성을 말하며, 이 중 기술이나 지식 측면에 특히 초점을 맞춘 임금 체계를 기술급(skill-based pay)이라 부르기도 합니다. 실제로 높은 수준의 관리직이나 전문직, 기술직의 경우 그들이 수행하는 업무활동을 정확하게 파악하고 그 결과를 확인하기가 비교적 어렵습니다. 조직 입장에서도 구성원의 직무가치를 일일이 파악하고 평가해 그에 맞게 임금을 책정하는 것이 쉽지 않죠. 따라서 직무 수행에 요구되는 기술과 역량을 가진 개별 구성원의 특성에 기초한 임금제도의 필요성이 제기되었는데, 직무급과 연공급의 대안으로 개발된 것이 바로 역량급입니다.

우리나라 기업은 연공주의적 전통이 강하므로 역량에 따른 임금제도를 바로 도입하면 저항이 뒤따를 수 있습니다. 이런 경우 역량급과 연공급을 혼용하는 방법을 시도해볼 수 있습니다. 즉 근무 기간이 길어질수록 능력을 반영하는 역량급의 비율을 연공급에 비해 늘려 구성원의 자기개발 노력을 촉진하는 것입니다.

| 역량급과 연공급의 혼합 사용 |

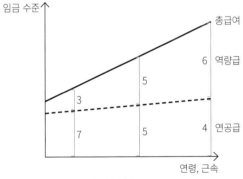

출처: 한인수, 《현대인적자원관리》, 명경사

넷째
마당

경영 전략이
기업의 생사를
결정한다

전략이란 무엇인가

전략(strategy)은 군사학에서 사용하던 용어입니다. 전쟁의 승리를 위한 비책을 전략이라 불렀죠. 그러나 최근에는 경영학에서 주로 사용하는 용어가 되었습니다. 전략은 대개 경영 계획(business planning)의 의미로 사용되는데, 이는 경영활동의 목표를 정하고, 이를 달성하기 위한 구체적 방안들을 설계하는 과정을 뜻합니다. 즉 전략의 첫 번째 의미는 목표 설정, 두 번째 의미는 목표 달성 방법 설계, 세 번째 의미는 현재 기업이 보유한 자원을 활용해 경쟁력을 유지할 수 있도록 하는 모든 의사결정을 아울러 부르는 것입니다. 이처럼 전략은 다양한 의미를 갖고 있습니다.

전략 수준에 따른 세 가지 분류

전략은 그 수준에 따라 다음 세 가지로 분류됩니다.

기업 수준의 전략(corporate strategy)

기업 수준이란, 회사 전체에 대한 관점을 뜻합니다. 기업 수준의 전략은 어떤 종류의 시장이나 산업군에 진출해 경쟁할 것인지를 결정하는 것과 같이 조직 전체의 장기적 방향을 설정하고 관련 자원을 배분하는 지침과 관련이 있습니다. 다른 기업과의 인수합병(M&A), 새로 진출할 사업 영역 선택, 기존 사업 부문의 분할과 매각, 사업 단위 간 시너지 창출 방안 도출 등이 이에 속합니다.

사업부 전략(business strategy)

사업부(division)는 자율적 운영권을 가진 업무 단위로, 흔히 전략적 사업 단위(SBU, Strategic Business Unit)라 부릅니다. 사업부 전략은 SBU가 경쟁력을 확보하고 유지할 수 있도록 하는 전략의 범위입니다. 제품이나 서비스 개발, 원가 절감 방안 고민, 차별화 방법 개발 등이 이에 속합니다.

기능별 전략(functional strategy)

기능(function)은 인사관리, 생산운영관리, 마케팅관리, 재무관리 등과 같이 사업의 원활한 수행을 위해 기업 내에 존재하는 각종 영역을 뜻합니다. 즉 기능별 전략이란, 각 기능 영역 내에서 자원을 효과적으로 사용할 수 있도록 하는 의사결정을 뜻합니다. 경쟁력 있는 인재 선발(인사관리), 최신 기술의 성공적 도입(생산운영관리), 광고 제작(마케팅관리), 자금 조달(재무관리) 등이 이에 속합니다.

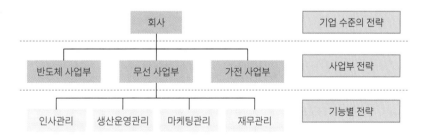

전략이 잘 실천되고 있는지도 평가해야 한다

기업의 다양한 전략이 뜻한 대로 실천되었는지 평가하는 과정을 통제(control)라 합니다. 계획과 실천 내용에 차이가 발생했을 때 통제활동이 원활하게 이루어진다면, 그 차이의 원인을 파악하고 앞으로의 경영활동을 수정하는 데 필요한 시사점을 얻을 수 있습니다.

경영통제활동은 기업지배구조(corporate governance), 즉 기업의 의사결정을 누가 주도하는지와도 밀접한 관련이 있습니다. 지배구조상에서의 통제란, 경영자의 활동에 대한 감시 체계를 의미합니다. 이는 다시 경영자가 기업의 진짜 주인인 주주의 부(wealth)를 극대화할 수 있도록 기업 전반에 설정한 장치인 내부통제 메커니즘(이사회, 보상제도, 대주주, 노동조합, 부채 규모 등)과 기업의 경계 외에서 경영자의 활동을 감시하는 외부통제 메커니즘(법과 규제, 제품시장에서의 경쟁, 기업지배권시장 등)으로 구분할 수 있습니다.

지피지기를 위한 SWOT 분석과 5-Force

내가 처한 상황은 무엇인가 – SWOT 분석

경영 전략 수립의 출발점은 기업을 둘러싼 주변 상황, 즉 환경에 대한 분석이라 할 수 있습니다. 환경 분석에 대한 가장 직관적이면서도 유용한 도구 중 하나가 바로 SWOT 분석입니다. 이는 기업의 내부 요인에 해당하는 강점(Strength) 및 약점(Weakness)과 외부 요인에 해당하는 기회(Opportunity) 및 위협(Threat)의 머리글자를 따 만든 용어입니다. 기업은 SWOT 분석을 통해 현재 자신이 처한 상황을 정확히 파악할 수 있고, 향후 어떤 방향으로 대처해야 하는지 아이디어를 얻을 수 있습니다.

| SWOT 분석 |

외부 요인＼내부 요인	강점(Strength)	약점(Weakness)
기회 (Opportunity)	**SO 전략** 내부적 강점을 활용해 외부적 기회를 최대한 활용하는 전략	**WO 전략** 외부적 기회로 내부적 약점을 최대한 극복하는 전략
위협(Threat)	**ST 전략** 내부적 강점을 활용해 외부적 위기를 극복하는 전략	**WT 전략** 내부적 약점을 보완해 외부적 위기를 극복하는 전략

- **SO 전략**: 외부적으로도, 내부적으로도 강점이 존재하는 경우의 전략. 이때는 강점을 통해 기회를 최대한 활용하도록 노력해야 한다.

- **ST 전략**: 외부 상황은 좋지 않지만 내부에는 나름의 강점이 존재하는 경우의 전략. 이때는 강점을 통해 위기를 극복할 방법을 모색해야 한다.
- **WO 전략**: 내부적으로는 약점이 존재하지만 외부적으로 좋은 기회가 발생할 수 있는 경우의 전략. 이때는 기회를 최대한 살려 약점을 극복하는 계기로 삼아야 한다.
- **WT 전략**: 외부적으로도, 내부적으로도 약점이 존재하는 경우의 전략. 이때는 약점을 보강하는 작업을 통해 위기가 증폭되지 않도록 관리해야 한다.

가급적 유리한 조건에서 경쟁하자 – 5-Forces

마이클 포터는 기업이 처한 상황 내지 환경의 내용 중에서도 '산업구조'라는 개념에 집중했습니다. 한 개인의 성공에 있어 각자의 능력만큼이나 중요한 것이 일종의 배경 조건(부모의 소득, 인맥 등)인 것처럼 기업의 성공에도 그 기업이 어떠한 경쟁 환경에 놓여 있는지가 중요하다는 것이 포터의 주장입니다. 쉽게 말하면, 기업의 성공은 그 자체의 노력보다 그 기업이 어떤 조건에 놓여 있느냐가 더 중요할 수 있다는 것입니다.

포터는 산업 분야 환경을 유리하게 또는 불리하게 만들 수 있는 구조적 요인으로 다섯 가지를 꼽았고 이를 '5-Forces(다섯 가지 경쟁적인 힘)'라 불렀습니다. 포터에 따르면 이 다섯 가지 요인에 의해 특정 산업의 수익률이 결정됩니다. 하나씩 자세히 살펴볼까요?

- **기존 기업과의 경쟁**: 현재 같은 시장 경쟁자들과 얼마나 치열하게 경쟁을 벌이고 있는지의 여부는 산업매력도에 결정적인 영향을 미친다. 경쟁자 수가 많거나 혹은 적더라도 그들과 모든 측면에서 경쟁을 벌여야 한다면 기업 입장에서 해당 산업은 불리한 환경이 된다.
- **대체재의 위협**: 대체재는 우리 기업의 제품과 사실상 같은 효과를 갖는 제품, 즉 소비자가 쉽게 갈아탈 수 있는 제품을 뜻한다. 서울에서 부산으로 이동하는 경우를 생각해보자. 이때 국내선 항공기를 이용할 수도 있고, KTX를 이용할 수도 있다. 비

행기와 KTX는 직접적인 경쟁자가 아니지만 사실상 서로의 효과를 대신할 수 있어 대체재 관계라 할 수 있다. 이처럼 다른 기업이 생산한 제품이 우리 제품과 사실상 동일한 만족감을 소비자에게 제공한다면 소비자의 선택 가능 대안이 증가하므로 우리 기업의 수익성은 떨어질 수밖에 없다.

- **잠재적 진입자의 위협**: 특정 산업에 대한 진입장벽도 중요한 고려 대상이다. 진입 장벽은 해당 산업 분야로의 진출을 막는 장애 요인을 뜻한다. 정부 규제가 심해 아무나 시장에 진출할 수 없거나, 해당 분야의 제품을 생산하기 위해 고도의 지식과 기술 등이 필요해 신규 기업이 따라잡기 힘들다면, 신규 시장 진입자가 적을 것이다. 이 경우 이미 해당 시장에 진출한 기업들은 비교적 높은 수익을 낼 수 있지만, 외부 기업의 경우 기존에 형성된 강력한 진입장벽을 뚫기가 쉽지 않다.

- **구매자의 교섭력**: 구매자는 우리 기업의 제품이나 서비스를 구매하는 고객이나 다른 기업을 뜻한다. 만약 구매자가 가격에 예민해 큰 폭의 할인을 자주 요구하거나 제품에 대한 다양한 정보를 가지고 있어 거래 기업을 쉽게 교체한다면 우리 기업의 수익률이 떨어질 수도 있다.

- **공급자의 교섭력**: 공급자는 우리 기업의 제품이나 서비스 생산에 필요한 원재료나 비품 등을 판매하는 고객이나 다른 기업을 뜻한다. 구매자와 마찬가지로 공급자의 협상능력 역시 수익률에 큰 영향을 미친다. 예를 들어 어떤 원재료를 사용해도 좋다거나 원재료가 일상재(commodity), 즉 평상시에 쉽게 구입할 수 있는 제품이라면 해당 원재료를 납품하는 공급자가 낮은 가격으로 납품하게 되므로 공급자의 수익은 줄어들고, 우리 기업의 수익은 상대적으로 증가한다.

지금까지 살펴본 다섯 가지 요인 중 세 가지(기존 기업, 대체재, 잠재적 진입자)는 현 산업에서 생산하는 제품 또는 서비스의 직접적인 경쟁 항목으로, '수평적 경쟁 요인'으로 분류합니다. 한편 나머지 두 가지(구매자, 공급자)는 한 산업과 가치사슬로 얽혀 있는 경쟁 항목으로, '수직적 경쟁요인'으로 분류합니다.

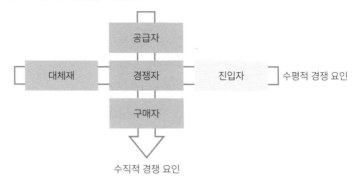

| 5-Forces에 따른 경쟁 요인 분류 |

공급자

대체재　경쟁자　진입자　수평적 경쟁 요인

구매자

수직적 경쟁 요인

잠깐만요

자원기반관점

포터의 5-Forces 분석은 특정 산업 분야의 수익률이 왜 높은지를 어느 정도 설명해준다는 점에서 큰 관심을 받았다. 그러나 같은 산업에 속한 여러 기업 간의 성과 격차는 5-Forces 상에서 분석이 어렵다. 같은 산업에 속한 기업들의 산업환경적 요인, 즉 5-Forces는 모두 동일하기 때문이다.

그래서 등장한 이론이 바로 자원기반관점(resource-based view)이다. 자원기반관점은 비록 같은 산업 환경에 놓여 있는 기업이라 하더라도 각 기업이 보유하고 있는 고유한 자원의 차이에 따라 성과가 달라질 수 있다고 주장한다.

스마트폰 산업 분야를 살펴보자. 스마트폰을 생산하는 애플, 삼성, LG 등은 모두 같은 환경, 즉 스마트폰이라는 산업 내에 위치해 있다. 그러나 실제 수익률을 보면 애플이 월등하게 앞서 있다. 자원기반관점은 애플이 다른 기업이 갖지 못한 내부 자원을 보유하고 있기 때문이라고 해석한다.

사업부 수준의 모든 전략은 세 종류로 압축된다

사업부는 앞서 언급했듯 자율적 운영권을 가지고 구체적인 하나의 사업을 실행하는 단위입니다. 삼성전자를 예로 들면, 가전제품을 생산하는 가전 사업부, 스마트폰 등을 주력으로 하는 무선 사업부, 반도체 개발과 판매에 집중하는 반도체 사업부 등이 있죠. 이러한 사업부에서 사용하는 전략을 '사업부 전략'이라 하는데, 핵심은 각 사업 영역에서 경쟁 기업보다 더 많은 수익을 얻는 방법을 고민하는 것입니다.

마이클 포터는 기업이 선택할 수 있는 사업부 수준의 가장 본질적인 전략을 '본원적(generic) 경쟁 전략'이라 이름 붙이고, 그 내용을 원가우위 전략(cost leadership strategy), 차별화 전략(differentiation strategy), 집중화 전략(focus strategy)으로 나누었습니다. 각각의 전략을 살펴볼까요?

| 본원적 경쟁 전략 |

	원가 기반 경쟁우위	차별화 기반 경쟁우위
전체 시장 대상	원가우위 전략	차별화 전략
일부 시장 대상	집중화 전략	

생산비용 절감으로 승부하라 - 원가우위 전략

원가우위 전략은 제품이나 서비스를 생산하는 데 투입되는 비용, 즉 원가를 경쟁 기업보다 감소시켜 낭비를 줄여 나가는 전략입니다. 일반적으로 비용을 절감시키는 가장 좋은 방법은 규모의 경제(economies of scale)를 활용하는 것입니다.

규모의 경제는 대량으로 생산할 경우 작업효율성이 증가해 제품 하나를 만드는 데 투입되는 원가가 절감된다는 의미입니다. 라면 하나를 끓이는 데 걸리는 시간과 5개를 끓이는 데 걸리는 시간을 비교해봅시다. 라면 하나를 끓이는 데 3분이 걸린다고 해서, 라면 5개를 끓일 때 다섯 배인 15분이 걸리지 않습니다.

이를 경험효과(experience curve effect, 생산공정에 있는 근로자들이 생산 과정을 반복하며 작업효율성을 높여가는 것) 또는 학습효과(learning curve effect)라 부르기도 합니다. 즉 많이 생산할수록 원가가 절감되니 애초에 소량이 아닌 대량으로 생산할 수 있는 기업은 제품 단위당 비용을 절약할 수 있고, 이를 토대로 가격도 낮출 수 있습니다. 경쟁사 제품보다 가격이 저렴해지면 더 많은 제품을 판매할 수 있게 되고, 결국 경쟁에서 승리할 확률이 커지겠죠.

| 규모의 경제 |

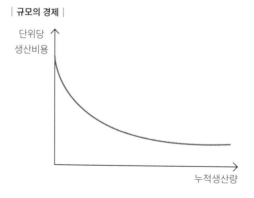

규모의 경제 외에도 원가를 절감할 수 있는 방법이 여러 가지 있습니다. 생산 공장의 입지가 좋아 비용이 절감되거나, 원자재 납품업자들과 사이가 좋아 더 저렴하게 납품을 받을 수 있는 경우에도 원가우위를 통한 경쟁력 강화가 가능합니다.

새롭고 특별한 가치를 제공하라 - 차별화 전략

차별화 전략은 소비자에게 독특한 가치나 이미지를 제공해주기 때문에 비싼 가격을 받을 수 있는 전략을 뜻합니다. 같은 제품을 비싸게 판매할 수 있다는 것은 결국 더 많은 이익을 얻게 된다는 의미입니다. 어떻게 그게 가능할까요? 애플이 대표적인 예입니다. 애플은 아이폰과 아이패드의 세계적 성공에 힘입어 2017년부터 2019년까지 가격 인상 정책을 펼쳤습니다. 같은 사양의 제품을 경쟁사보다 비싸게 판매한 것이죠. 이 정책이 가능했던 이유로 애플의 독특한 브랜드 이미지와 높은 고객충성도를 꼽을 수 있습니다. 차별화는 일반적으로 제품 고유의 특성이나 디자인, 소비자에게 각인된 특별한 이미지 등을 통해 달성됩니다. 차별화된 제품은 그렇지 않은 제품보다 더욱 비싼 가격에 판매되므로 다른 기업보다 높은 수익을 얻게 됩니다.

또 하나의 예를 들어볼까요? 삼성전자는 2019년 하반기에 세계 최초로 폴더블 디스플레이(foldable display), 즉 접히는 화면을 탑재한 '갤럭시 폴드'를 출시했습니다. 다른 기업이 시도하지 않았던 형태의 제품이므로 차별화 전략을 사용했다고 볼 수 있습니다. 상당히 높은 가격을 책정했음에도 불구하고 독특한 개성을 가진 최초의 제품이었기에 초기 예약 판매 물량이 매진될 정도로 큰 인기를 끌었습니다.

틈새시장을 공략하라 – 집중화 전략

집중화 전략은 틈새시장, 즉 기존 기업들의 관심이 덜한 고객의 마음을 얻기 위해 노력을 기울이는 전략입니다. 틈새시장 고객의 특성에 따라 원가우위에 기반한 전략으로 사용할 수도 있고, 차별화 우위에 기초한 고가의 특수 제품 시장 영역에서 사용할 수도 있습니다. 아무리 큰 시장이라 해도 고객들의 특성을 파악하기 어려운 경우에는 상대적으로 작더라도 특징과 대상이 명확한 세분시장, 즉 틈새시장을 대상으로 집중화 전략을 실행하는 것이 오히려 경쟁력 확보에 도움이 될 수도 있습니다.

잠깐만요

시장을 뒤집는 게임체인저 – 블루오션 전략

최근 유행하는 블루오션 전략(bule ocean strategy)은 틈새시장 공략과는 다른 의미의 용어다. 틈새시장은 기존 기업들이 공략하지 못한 영역을 노리는 것인 반면, 블루오션 전략은 시장 자체를 새로운 방식으로 재정의하는 것이다. 블루오션이라는 용어를 만든 김위찬 교수와 르네 마보안(Renee Mauborgne) 교수에 따르면 다양한 소비자가 필요로 하는 영역, 그러나 기존 기업들이 생각조차 하지 못한 경쟁 영역을 찾아내 이른바 가치혁신을 시도하는 차별화 전략을 블루오션 전략이라 한다. 한 기업이 혁신을 하면 다른 기업이 유사한 제품과 서비스로 곧장 대응하는 방식의 모방적이고 소모적인 경쟁이 이루어지는 레드오션(red ocean)을 떠나 기존의 경쟁 구도를 뒤집는 새로운 구도를 제시함으로써 경쟁이 없는 시장에서의 우위를 선점하는 것을 뜻한다.

블루오션 전략에 따르면 포터가 말한 본원적 경쟁 전략(원가우위 전략, 차별화 전략, 집중화 전략)은 모두 레드오션 전략이라 할 수 있다. 집중화 전략에서 이야기하는 틈새시장은 기존 시장에서 발견한 작은 세분시장을 의미하는 반면(예: 소형차, 중형차, 대형차로 제품이 분류된 자동차 시장에서 소형차와 중형차 사이 시장을 표적시장으로 삼는 경우), 블루오션은 기존 기업들과 '완전히 다른 방식으로 시장을 정의'하여 사업 기회를 창출하는 것(예: 자동차 시장을 크기가 아니라 기술로 접근해 자연친화적 자동차를 개발하는 경우)이다.

기업이 여러 사업의 전략을 동시에 관리하는 방법

사업 다각화의 종류와 목적

한 분야에서 성공을 거둔 뒤 다른 분야로 눈을 돌리는 기업이 많습니다. 건설업과 자동차업으로 성장한 현대그룹이 신용카드업으로 진출한 것이나, 스마트폰 시장에서 많은 성과를 거둔 삼성전자가 전장업에 투자하는 것이 대표적인 사례입니다.

 알아두세요

전장업
자동차에 사용되는 전기 장치 부품

이처럼 한 기업이 여러 산업에 참여하는 것을 다각화(diversification)라고 합니다. 다각화는 크게 현재 사업 분야와 유사하거나 공통적인 활동 요소(제조, 마케팅, 기술 등)를 공유하는 사업에 참여하는 관련 다각화(related diversification)와 서로 연관되지 않은 사업에 참여하는 비관련 다각화(unrelated diversification)로 구분할 수 있습니다.

다각화를 추진하는 목적으로는 기업 성장 추구, 위험 분산, 범위의 경제(economies of scope, 다양한 사업 분야 간의 시너지효과) 등이 있습니다. 이렇게 사업을 다각화하는 목적에 따라 어떤 사업을 더 강화하고, 어떤 사업을 철수할지 결정해야 합니다. 어떤 기준으로 사업을 분류하고, 판단해야 할까요? 지금부터 이를 위한 도구와 전략들을 알아보겠습니다.

사업 포트폴리오 관리 도구 - BCG 매트릭스

포트폴리오(portfolio)는 다양한 대상의 묶음을 뜻하는 용어입니다. 기업이 보유한 여러 사업 분야를 뜻하는 용어로 사용하기도 하고, 투자 목적으로 보유한 자산들을 부를 때 사용하기도 합니다. 일반적으로 기업이 다각화를 시도한다는 것은 여러 개의 사업 포트폴리오를 가진다는 의미입니다.

대부분의 직장인은 여러 가지 일을 하는 과정에서 일의 우선순위나 필요성을 고려해 집중할 일을 선택합니다. 이처럼 다각화를 추구하는 기업도 여러 사업 분야의 경쟁력과 핵심 역량을 파악하고 이들을 효과적으로 관리하기 위해 다양한 도구를 개발하고 있습니다. 그중 대표적인 것이 보스턴컨설팅그룹(Boston Consulting Group)에서 개발한 BCG 매트릭스입니다.

📝 알아두세요 ——

보스턴컨설팅그룹

1963년 미국인 브루스 헨더슨(Bruce Henderson)이 미국 보스턴에 설립한 컨설팅 회사. 맥킨지(McKinsey), 베인 앤 컴퍼니(Bain & Company)와 함께 글로벌 3대 컨설팅 회사로 꼽힌다.

| BCG 매트릭스 |

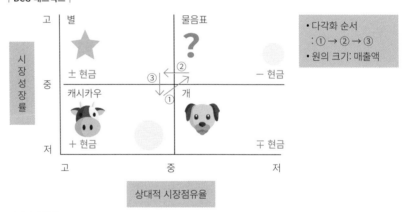

이미지 출처: flaticon.com

BCG 매트릭스의 가로축은 상대적 시장점유율(market share, 현재의 경쟁우위 상징)이고, 세로축은 시장성장률(market growth, 시장의 매력도 및 잠재력 상징)입니다. 조금 더 구체적으로 살펴보겠습니다. 가로축인 상대적 시장점

유율은 우리 기업의 현재 시장점유율을 최대 경쟁자의 시장점유율로 나
눈 값으로, 수익성을 나타냅니다. 이 값이 1보다 크면 최대 경쟁자보다
우리 기업의 점유율이 높다는 의미이므로 우리 기업이 현재 업계 1위라
는 뜻이 됩니다.

$$상대적\ 시장점유율 = \frac{우리\ 기업의\ 시장점유율}{최대\ 경쟁자의\ 시장점유율}$$

세로축인 시장성장률은 해당 산업의 시장 규모가 평균적으로 얼마나 빠
르게 커지고 있는가를 의미합니다. 일반적으로 성장률이 10%가 넘으면
고성장 산업으로 분류할 수 있습니다.

BCG 매트릭스로 사업을 전략적으로 관리하라

BCG 매트릭스에 따르면 기업이 보유한 사업 부문은 가로축과 세로축
상의 위치에 따라 크게 네 영역으로 구분할 수 있습니다. 각 영역은 별
(star, 고수익 고성장), 캐시카우(cash cow, 고수익 저성장), 물음표(question mark, 저
수익 고성장), 개(dog, 저수익 저성장)로 불리며, 각 사업 단위의 매출 규모는 원
의 크기로 나타냅니다.

일반적으로 현금을 가장 많이 벌어들이는 영역은 캐시카우입니다. 시장
점유율이 높은 대신 성장 속도는 느린 편이기 때문에 번 돈을 새롭게 투
자할 필요가 적기 때문입니다. 따라서 대부분의 기업은 캐시카우에 해
당하는 사업에서 획득한 자금을 물음표에 해당하는 사업에 투자하여 별
로 만드는 것을 목표로 삼습니다. 별이 된 다음에는 일정 기간 현상을 유
지하다가 시장 성장이 둔화되면 점차 캐시카우로 이동시키는 것이 바

람직합니다. 이후에 살펴볼 제품수명주기와 견주어 본다면 도입기는 물음표, 성장기는 별, 성숙기는 캐시카우, 쇠퇴기는 개에 비유할 수 있습니다.

영역별 수익률을 높이는 전략

별 사업의 경우에는 현재 수익성도 높고 성장률도 높으므로 현 상태를 강화하거나 유지하는 전략이, 캐시카우 사업의 경우에는 현재 많은 수익을 창출하지만 성장 속도가 둔화되고 있으므로 투자하기보다는 거두어들이거나 유지하는 전략이, 물음표 사업의 경우에는 현재 수익성은 낮지만 성장률이 높으므로 향후 수익성을 제고하는 방향으로 역량을 더욱 강화하거나 아예 철수하는 전략이, 개에 해당하는 사업인 경우에는 수익성과 성장률이 모두 낮으므로 현 시장에서 획득 가능한 모든 이익을 거두어들인 뒤 관심을 다른 곳으로 옮기는 철수 전략이 필요합니다.

잠깐만요

GE-맥킨지 매트릭스

BCG모형은 기본적으로 경험곡선효과를 중시한다. 경험곡선(learning curve)이란, 당장은 손해를 보더라도 많이 만들어 팔면 하나의 제품을 생산하는 데 필요한 원가가 절감된다는 것을 설명한 것이다. 그래서 BCG모형은 당장 돈을 많이 벌지 못하는 물음표 영역이라해도 대량생산과 대량판매에 성공하면 장기적으로는 별이나 캐시카우로의 이동이 가능하다고 본다. 하지만 최근에는 경험곡선으로 대표되는 규모의 경제효과보다 기술 혁신으로 승부를 보는 기업이 점점 더 많아지고 있다. 따라서 BCG 매트릭스에서의 논의를 모든 산업 분야에 적용할 수 있는 것은 아니라는 비판이 제기되었고, 이 점을 보완하기 위해 개발된 것이 바로 GE-맥킨지(McKinsey) 매트릭스다.

이는 시장점유율과 시장성장률에 기반하여 만들어지는 BCG 매트릭스에 여러 추가 변수를 반영해 발전시킨 것이다. 세로축은 산업의 장기매력도(long-term industry attractiveness)로, 시장성장률과 규모, 경쟁의 강도, 자본집약도, 투자수익률 등이 반영된다. 가로축은 사업 단위의 경쟁력으로, 시장점유율과 품질, 애프터서비스(A/S), 기술적노하우, 가격경쟁력, 생산성, 비용구조 등이 반영된다. GE-맥킨지 매트릭스는 기업이 보유한 여러 사업 영역 중 가장 우선적으로 투자되어야 하는 분야가 어디인지를 파악하는 데초점을 둔다.

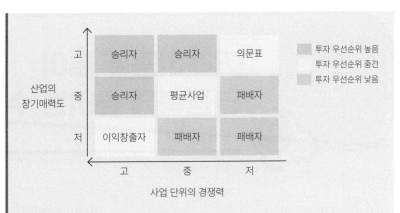

GE-맥킨지 매트릭스는 9개로 구분(승리자, 이익창출자, 평균사업, 의문표, 패배자)된다. 승리자는 투자 우선순위가 높고, 패배자는 투자 우선순위가 낮으며, 나머지는 중간 정도 수준이다.

거래비용을 줄여
경쟁력을 높이는 수직적 통합

기업 운영에서 발생하는 거래비용

제품을 만들 때는 다양한 원재료나 자재가 필요합니다. 이를 확보하는 과정에서 적지 않은 비용이 발생하죠. 예를 들어 스마트폰을 제조하는 기업이라면 디스플레이, 배터리, AP(Application Processor) 등을 자체 제작하지 않을 경우 다른 기업으로부터 구매해야 합니다. 이때 당연히 믿을 만한 기업과 거래해야겠죠? 그런데 어떤 기업을 믿을 수 있을까요? 기존 거래 내역, 다른 기업과의 관계 등을 꼼꼼히 따져 최적의 거래 상대를 찾아야 합니다.

좋은 기업을 찾아 계약을 체결했다 하더라도 안심해서는 안 됩니다. 납품 기한을 잘 지키는지, 납품받은 물건에 이상이 없는지 확인해야 합니다. 만에 하나 문제가 생기면 반품 혹은 재주문을 해야 하기 때문에 미리 잡아둔 생산 스케줄에 차질이 생길 수도 있습니다. 이처럼 다른 기업과 교류하는 과정에서는 상당한 수준의 거래비용(transaction cost)이 발생합니다.

 알아두세요 ─────

애플리케이션 프로세서

스마트폰, 태블릿PC에서 두뇌 역할을 하는 반도체 칩. 컴퓨터에서의 중앙처리장치(CPU) 역할을 하며 작은 칩 하나에 CPU, 메모리, 그래픽처리장치, 통신칩 등이 모두 탑재되어 있는 SOC(System-On-Chip)다.

생산부터 유통까지 직접 할 수는 없을까

알아두세요 ──

가치사슬 분석을 통해 기업활동이 해당 부문의 전후방에 위치한 특정 사업 분야와 어떤 관련성이 있는지 알 수 있다.

거래비용이 예상보다 자주, 많이 발생한다면 기업은 다른 기업과 거래하기보다 자체적으로 해당 활동을 수행하려 할 것입니다. 이처럼 한 기업이 가치사슬상 전후로 연관된 사업 또는 활동 분야를 동시에 운영하는 것을 수직적 통합(vertical integration)이라고 합니다. 동일 산업 내 경쟁업체를 흡수합병했다면 이는 수평적 통합(horizontal integration)이 됩니다. 예를 들어 삼성전자는 2020년에는 미국의 퀄컴(Qualcomm)이 생산한 '스냅드래곤'을 스마트폰 갤럭시 시리즈의 AP로 사용했습니다. 그런데 2021년부터는 자체 생산한 '엑시노스'를 사용하고 있습니다. 이러한 의사결정 배경에는 물론 AP의 성능이 우선적으로 고려되었겠지만, 거래비용적 측면도 무시할 수 없었을 것입니다. 삼성전자는 내부에 스마트폰을 제작하는 부문과 반도체를 생산하는 부문을 모두 보유하고 있어 스마트폰의 AP도 자체 조달할 수 있었습니다. 삼성전자의 조직도를 간략히 살펴보면 다음과 같습니다.

| 삼성전자 조직도 |

반도체 사업부, 가전 사업부, 모바일 사업부는 독자적 생산 단위인 동시에 협력적 관계이기도 합니다. 반도체 사업부에서 생산하는 부품을 스마트폰 생산에 사용할 수 있고, 스마트폰으로 가전 사업부에서 생산하는 냉장고나 세탁기를 조작할 수 있기 때문입니다.

전방통합과 후방통합

수직적 통합의 방향에는 두 가지 방향, 즉 전방통합(forward integration)과 후방통합(backward integration)이 있습니다. 전방통합은 기업이 유통 부문과 같은 생산 이후 단계에 대한 소유권과 통제력을 갖는 것을 의미합니다. 자동차를 생산하는 회사가 차량공유서비스업에 진출하는 것이 대표적인 사례입니다. 반면 후방통합은 기업이 부품이나 원재료와 같은 투입(공급) 요소에 대한 소유권과 통제력을 갖는 것을 의미합니다. 자동차를 생산하는 회사가 생산에 필요한 강판을 안정적으로 확보하기 위해 철강회사를 인수하는 것이 대표적인 사례입니다.

알아두세요

차량공유서비스
시간제 렌터카 서비스인 카셰어링(car sharing), 이동을 원하는 소비자와 이동 서비스를 제공하는 사업자를 실시간으로 연결해주는 카헤일링(car hailing), 자동차를 함께 타는 라이드셰어링(ridesharing) 등을 모두 포함하는 공유 경제 개념이다.

| 수직적 통합과 수평적 통합의 차이 |

출처: 이명호 외, 《경영학으로의 초대》 수정 인용, 박영사

잠깐만요 | 자신의 사업 분야 중 하나를 빌려주는 전략적 제휴

전략적 제휴(strategic alliance)는 경쟁 관계에 있는 기업이 일부 사업 분야 또는 특정 기능 영역에서 경쟁 기업과 협조 관계를 갖는 것을 의미한다. 전략적 제휴의 핵심 키워드는 상호성(reciprocity)인데, 이는 파트너끼리 상호 이익을 얻기 위해 경영 자원들을 공유, 교환, 통합하는 개념이다. 일반적으로 전략적 제휴는 자원과 위험을 공유하고, 신제품 개발과 시장 진입 속도를 줄이며, 산업표준 채택을 위한 경쟁에서 유리한 고지를 점하게 해주거나, 시장 진입 및 탈출의 유연성을 확보해준다는 점에서 그 효용이 있다.

전략적 제휴의 끝판왕,
인수합병(M&A)

기업들이 인수합병을 하는 이유

인수합병(merger & acquisition), 즉 M&A는 둘 이상의 서로 다른 기업이 하나로 통합 운영되는 형태로, 본래 '인수(acquisition)'와 '합병(merger)'이라는 별개의 개념을 하나의 개념으로 부르는 말입니다. 어느 한 기업이 다른 기업을 사들여 합치게 된다면 이는 '인수'가 되고, 둘 이상의 기업이 하나의 기업으로 결합한다면 이는 '합병'이 됩니다. 인수합병은 넓은 의미에서 가장 강한 형태의 전략적 제휴라고 볼 수 있습니다.

그렇다면 기업들은 왜 인수합병을 하려는 걸까요? 일반적인 이유는 다음과 같습니다. 첫째, 신속한 시장 진입이 가능합니다. 다른 기업이 잘 운영하고 있던 사업 분야에 손쉽게 진입할 수 있죠. 이는 곧 투자소요액의 절감효과로 이어집니다.

둘째, 규모 및 범위의 경제를 활용할 수 있습니다. 시장점유율이 15%인 기업과 25%인 기업이 합병할 경우, 40%의 시장점유율을 차지하며 거대 기업으로 거듭날 수 있습니다. 인수합병을 통해 거대 기업으로 변모할 경우, 대량생산을 통한 원가 절감, 즉 규모의 경제효과를 누리는 동시에 다양한 사업 분야가 하나의 기업 내에 편성됨으로써 일종의 시너지 효과, 즉 범위의 경제효과를 창출할 수 있습니다.

이외에도 조직 구성 재편을 통한 비효율 제거, 해외시장의 효과적 진출, 경영자의 경영능력 과시 등의 목적으로 인수합병이 이루어지기도 합니다.

인수합병의 시너지효과

인수합병의 시너지효과는 합병 전 각 기업가치의 합계보다 합병 후 통합된 기업가치가 더 큰 것을 뜻합니다. 이러한 시너지효과는 다음과 같은 이유로 발생합니다.

- **수익 증가**: 한 기업이 다른 기업을 취득하면서 유통과 광고 등의 일관성을 추구할 수 있으므로 마케팅을 효율적으로 수행할 수 있다. 또 기존 회사가 부족했던 점들을 새로 인수한 기업으로 보완하게 되면서 전략적 우위를 얻게 된다. 각 기업에 중복된 관리자나 임원을 줄여 비용을 절약할 수도 있다. 이상의 이점들을 종합해보면 인수합병을 하면 수익 창출 기회가 증가한다고 볼 수 있다.
- **재무적 시너지**: 인수합병으로 기업 규모가 커지면 기업의 대외적 신뢰도가 높아진다. 소비자들이 기업 규모에 어울리는 사회적 책임을 기대하기 때문이다. 또 기업이 다양한 사업 분야를 갖게 되면서 위험분산효과를 추가로 얻을 수 있다. 신뢰도는 높아지고 위험은 줄어드니 자본비용(자본 조달에 드는 각종 비용)이 줄어들게 된다.
- **저평가 기업 인수**: 시설을 확장할 필요가 있는 기업은 새롭게 사업 진출을 시도하기보다 시장에 해당 사업을 영위하는 저평가 기업, 즉 장기적 가치에 비해 낮은 가격으로 인수할 수 있는 기업을 인수함으로써 비용을 절감하는 동시에 기업가치가 오르는 효과를 누릴 수 있다.

기업 간의 거대한 공격과 방어 – 적대적 인수합병

보통 인수합병은 기업 간 합의가 있을 때 이루어집니다. 기업을 합쳐 한 식구가 되는 것이니 미리 합의를 하는 것이 당연하겠죠? 하지만 이렇게 훈훈한 상황만 존재하는 것은 아닙니다. 때로는 상대 기업이 원하지 않는데, 특정 기업의 의도대로 인수합병이 추진되는 경우도 있습니다. 이를 '적대적 인수합병'이라 합니다. 이 과정에서 공격하는 기업과 방어하는 기업 간에 다양한 전략이 사용됩니다.

공격하는 기업의 전략

먼저 다른 기업의 경영권을 얻기 위해 공격하는 기업에서 사용할 수 있는 전략을 알아보도록 하겠습니다.

- **주식공개매수**: 인수하려는 기업의 주식을 해당 기업의 주주들로부터 공개적으로 취득하는 행위로, 가장 널리 사용되는 경영권 확보 방법이다.
- **위임장 투쟁**: 대부분의 주주는 주주총회에 직접 참석하지 않고 위임장을 통해 타인이 투표권을 행사할 수 있게 한다. 이때 현 경영진에 반대하는 외부인이나 기업이 상당수의 위임장을 확보한다면 주주총회에서 강력한 발언권을 가질 수 있고, 궁극적으로는 경영권을 얻기 위한 시도도 가능해진다.
- **곰의 포옹**: 곰은 생각보다 재빠른 동물이다. 먹잇감이 보이면 순식간에 잡거나 쓰러뜨린다. 곰의 포옹은 큰 곰이 공격 대상을 껴안는 것처럼 대응할 시간을 주지 않고 갑자기 공개매수 제의를 하거나, 높은 프리미엄(웃돈)을 붙여 인수 대상 기업의 주주들이 거부하지 못하게 하는 방법이다.

방어하는 기업의 전략

이번에는 경영권을 지키기 위해 방어하는 기업에서 사용할 수 있는 전략을 알아보도록 하겠습니다.

- **정관 개정**: 회사의 법으로 불리는 '정관'에 인수합병 승인에 필요한 의결권을 일반적인 과반수 다수결보다 훨씬 많은 초다수의결(super majority)로 정해 적대적 인수합병을 막는 방법이다.

- **독소조항**: 특정 기업을 인수할 경우, 인수하려는 기업에게 매우 불리한 결과를 가져오게끔 하는 회사의 내규나 조약을 만드는 방법이다.

- **핵심 자산 매각**: 외부인이 기업을 인수하려고 시도하는 경우, 기업의 자산 중 가장 중요한 부분, 즉 인수의 목적이 되는 자산을 처분해 인수 의욕을 떨어뜨리는 방법이다.

- **황금낙하산(golden parachute)**: 기업이 외부인에게 인수되어 경영진이 교체될 경우, 기존 경영진에게 거액의 퇴직보상금을 지급하도록 하는 고용 계약 내용을 뜻한다. 이 경우 인수합병 이후 거액의 보상금 지급으로 인해 기업가치가 하락할 수 있어 인수합병의 매력이 떨어지게 된다.

- **백기사(white knight)**: 자신들에게 유리한 제3자에게 경영권 방어를 제의함으로써 적대적 인수합병 시도를 막는 방법이다. 과거 SK그룹이 영국계 소버린 자산운용으로부터 경영권을 공격받았을 때 포스코와 삼성전자 등의 기업이 경영권 방어를 지원한 전례가 있다.

무한한 가능성의
글로벌 시장 진출 전략

세계화의 정확한 의미는 무엇일까

많은 사람이 '세계화'라는 용어를 사용합니다. 그런데 그것의 정확한 의미나 뉘앙스를 고민해본 사람은 많지 않을 것입니다. 경영학에서는 기업의 세계화와 관련된 용어를 몇 가지로 분류해 사용하고 있는데, international, global, transnational이 대표적인 예입니다. 각 용어의 의미를 살펴볼까요?

- **International**: 우리말로 '국제적인'으로 표현한다. inter라는 접두사는 '두 대상 사이'를 뜻하고, nation은 '국가'나 '민족'을 뜻한다. 즉 international은 전통적인 국경이나 국가 개념을 인정하되, 이들 간의 교류가 활성화되는 상황에서 사용할 수 있다. 보통 국내 사업 위주로 운영하면서 해외 수출을 병행하는 기업이 사용하는 전략에 가까운 용어.

- **Global**: 우리말로 정확하게 번역되지 않아 원래의 발음을 살려 '글로벌'이라 표현한다. globe는 '공 모양의 둥근 입체도형'을 뜻하는 단어로, '지구본' 등을 뜻하기도 한다. 즉 global은 전 세계적으로 통일된 제품이나 서비스 콘셉트로 승부를 보는 기업이 사용하는 전략에 가까운 용어.

- **Transnational**: 우리말로 '초국적'으로 표현한다. trans라는 접두사는 '초월한다'라는 뜻을 갖고 있다. 따라서 transnational은 국가나 민족의 경계를 초월해 본국과 해외의 구분이 필요 없어지는 단계, 즉 진정한 의미에서의 세계화를 뜻한다.

전 세계에 걸쳐 통일된 방식으로 제품이나 서비스를 출시하고, 현지 국가의 필요에 맞게 부분적인 수정을 가하는 방식을 사용하는 전략에 가까운 용어다.

해외시장에 진출하는 세 가지 방법

해외시장에 진출하는 방법은 크게 세 가지, 즉 수출, 계약, 투자로 나눌 수 있습니다. 수출은 위험이 가장 적지만 기업의 해외 사업 통제가 쉽지 않다는 단점이 있고, 투자는 사업 실패에 따르는 위험은 크지만 해외 사업을 현지에서 직접 통제할 수 있다는 장점이 있습니다.

가장 기본적인 해외시장 진출 방법 - 수출

각종 재화의 국제 간 이동을 통한 가장 기본적인 해외시장 진출 방법으로, 단기적이고 위험의 정도가 가장 낮습니다. 수출에는 종합무역상사나 수출 대행업체를 통해 이루어지는 '간접수출'과 자신의 회사 내에 있는 수출 전담 부서나 판매 법인을 통해 해외시장 개척, 현지 딜러 관리, 판촉 행위 등을 수행하는 '직접수출'이 있습니다.

현지 기업과의 협업을 통한 해외시장 진출 방법 - 계약

기업이 보유한 기술, 상표, 특허, 저작권 등의 지적소유권과 기술적·경영적 노하우 등의 경영 자산을 하나의 상품으로 취급하여 현지 기업과 일정한 법적 계약을 통해 판매하는 해외 진출 방법입니다. 구체적인 예로는 상표 등록된 재산권 소유자가 타인에게 대가를 받고 이를 사용할 수 있도록 상업적 권리를 부여하는 라이선스(license) 계약, 라이선스 계약을 한 기업이나 조직의 운영 및 판매 전략 등에 대한 각종 지원을 모기업이 직접 수행하는 프랜차이즈(franchise), 본사와 해외 업체가 일정한 품질과 가격에 납품 계약을 체결하는 생산계약(manufacturing contract), 현지 기업을 위탁 관리해주고 일정한 대가를 받는 관리계약(management contract), 건물(공장이나 창고 등)이나 생산 설비를 활용하기 직전 단계까지 제작·준비한 뒤 인도해주는 턴키계약(turnkey contract) 등이 있습니다.

리스크는 있지만 미래를 보는 과감한 해외시장 진출 방법 - 투자

해외에 있는 법인체의 주식을 20% 이상 소유하며 해외에 진출하는 방법으로, 해외직접투자(FDI, Foreign Direct Investment)라고도 불립니다. 지분율이 중요한 이유는 단순 투자에 그치는 것이 아니라 법인의 경영에 직접 관여하기 위해서입니다.

투자의 구체적인 유형으로는 합작투자, 신설투자, 인수합병 등이 있습니다. 합작투자는 투자자금과 위험을 분담하고, 합작 파트너로부터 현지 상황에 대한 정보를 빠르게 파악할 수 있으며, 현지 네트워크를 비교적 쉽게 형성할 수 있다는 장점이 있습니다. 하지만 이견 조정이 어렵고 기술 유출 우려가 있다는 단점이 있습니다.

신설투자는 해외 자회사를 단독으로 설립하는 방법으로, 합작 파트너를 고려할 필요 없이 완전한 통제를 가진다는 장점이 있습니다. 하지만 모든 위험을 혼자 부담해야 하고 스스로 현지 네트워크를 만들어야 한다는 단점이 있습니다.

인수합병의 장점은 빠르게 해외 진출을 할 수 있고, 기존 생산 설비와 브랜드 및 유통망을 한꺼번에 인수해 활용할 수 있다는 점입니다. 하지만 합병 후 통합(PMI, Post-Merger Integration)에 대한 부담이 있고, 이질적인 기업구성원 관리를 위해 높은 수준의 경영능력을 필요로 한다는 단점이 있습니다.

경영에서
공격수를 맡고
있는 마케팅

마케팅이랑 무엇인가

마케팅(marketing)은 우리에게 상당히 익숙한 용어입니다. 그런데 그 의미를 제대로 알고 있는 사람은 많지 않습니다. 마케팅은 시장을 의미하는 'market'이라는 단어에 '행동' 내지는 '활동' 등의 의미를 부여하는 어미 '-ing'를 붙여 만든 신조어입니다. 즉 마케팅은 '시장에서의 활동'이라는 의미입니다. 어떤 활동인지 느낌이 오나요? 그럼 지금부터 본격적으로 마케팅의 개념과 마케팅 활동의 목표가 무엇인지 알아보겠습니다.

마케팅의 개념과 마케팅믹스

마케팅이란, 시장에서 제품과 서비스 제공을 통해 고객의 욕구를 충족시키는 제반활동을 지칭합니다. 쉽게 말하면, '고객의 욕구에 맞는 제품과 서비스를 만들어 공급하는 활동'이라 할 수 있죠. 마케팅 개념을 구성하는 용어를 살펴보도록 하겠습니다.

- **고객**: 기업이 생산하는 제품이나 서비스를 구입하는 개인이나 단체를 뜻한다.
- **욕구**: 고객이 희망하는 것 내지는 충족시키기를 원하는 무언가를 뜻한다. 배고픔 해결, 더위나 추위 해소, 지적 갈증 해소 등이 모두 욕구에 해당한다.

즉 마케팅은 '고객의 욕구를 해소하는 활동'이라고 보면 됩니다. 기업에서 마케팅을 담당하는 사람을 '마케팅 관리자'라고 합니다. 그들은 고객 욕구 충족을 위해 다양한 수단을 활용하는데, 그것을 마케팅믹스(marketing mix)라 부릅니다. 학계와 실무계에서 전통적으로 언급되는 마케팅믹스는 제품(Product), 가격(Price), 유통(Place), 촉진(Promotion)이며, 이를 4P라 부릅니다.

마케팅 개념이 발전해온 과정

필립 코틀러(1931~)

미국의 경영학자이자 경영사상가. 마케팅 분야를 이론적으로 체계화한 마케팅의 대가다. 4P, STP 등 수많은 마케팅 용어를 정립했을 뿐만 아니라 기업의 사회적 책임(CSR) 개념을 마케팅에 접목하는 등 다양한 연구 활동을 수행했다. 그가 집필한 《마케팅관리론》은 많은 대학에서 경영학 교재로 사용되고 있다.

현대 마케팅 개념을 창시한 사람은 필립 코틀러(Philip Kotler)입니다. 그에 따르면 마케팅 개념은 다음과 같이 다섯 단계로 발전해왔습니다.

생산 콘셉트(production concept)

수요가 공급을 초과하는 근대 산업사회의 마케팅 개념입니다. 수요가 공급을 초과한다는 것은 기업이 생산할 수 있는 제품의 가짓수에 비해 고객의 수요, 즉 필요량이 더 많다는 의미입니다. 산업혁명 초기에는 인구는 폭증하는 데 반해 생산 시설은 극도로 부족해 제품을 만들기만 하면 불티나게 팔렸습니다. 이 시기에는 별도의 마케팅이 필요하지 않았고, 제품의 생산원가를 절감하는 작업이 가장 중요했습니다.

제품 콘셉트(product concept)

제품을 만드는 기업 수가 늘어나면서 경쟁이 치열해지기 시작했습니다. 따라서 질(quality)이 좋은 제품을 만들 필요성이 증가했습니다. 단순히 제품을 만드는 것이 아니라 잘 만들어야 하는 시대가 된 것입니다. 이 시기에는 품질이 뛰어나면 고객이 구매한다는 개념, 즉 제품의 품질 향상이 가장 중요했습니다.

판매 콘셉트(selling concept)

생산 경쟁이 치열해지면서 제품의 품질이 상향평준화되기 시작했습니다. 즉 품질이 나쁜 제품은 시장에서 낙오되고, 고품질 제품을 생산하는 기업만이 살아남을 수 있었죠. 따라서 제품을 잘 만드는 것보다 효과적인 판매활동과 촉진활동의 필요성이 증가했습니다. 적극적으로 영업을 해야 고객의 구매를 이끌어낼 수 있었기에 이 시기에는 제품 판매를 위한 다양한 기법이 등장했습니다.

마케팅 콘셉트(marketing concept)

제품을 잘 팔기 위해서는 제품을 구매하는 고객이 무엇을 원하는지 생각하고 파악해야 했습니다. 즉 고객의 욕구에 대한 분석이 본격적으로 활성화되면서 드디어 '마케팅'이라는 개념이 등장했습니다. 앞서 이야기했듯 마케팅은 고객의 욕구를 파악하고 이를 충족시키는 활동입니다. 따라서 이 시기에는 소비자 행동에 대한 이해가 중시되었습니다.

사회적 마케팅 콘셉트(societal marketing concept)

이제는 고객의 욕구 충족을 넘어 사회 전체의 복지를 보존·향상시키는 기업의 역할이 강조되고 있습니다. 즉 기업의 사회적 책임(CSR)이 중시되고 있죠. 이처럼 마케팅 활동에 있어 환경 문제나 사회적 이슈를 고려하는 것을 '사회적 마케팅' 또는 '총체적 마케팅' 활동이라 부릅니다.

마케팅의 목표는 무엇일까

마케팅 활동의 일차적 목표는 고객 욕구 충족입니다. 그렇다면 고객 욕구가 충족되었는지의 여부는 어떻게 확인할 수 있을까요? 가장 간단한 방법은 시장점유율을 확인하는 것입니다. 이는 전체 판매된 제품이나 서비스 중 우리 회사 제품이나 서비스가 차지하는 비중을 따지는 개념으로, 전통적인 마케팅에서 중시된 것입니다.

 알아두세요 ────

시장점유율에 관한 자세한 설명은 36장 참조

최근에는 고객점유율(customer share)의 중요성도 부각되고 있습니다. 이는 한 고객이 평생 동안 구입한 제품이나 서비스 중 우리 회사 제품이나 서비스 구입에 지출한 금액을 따지는 것입니다. 예를 들어 평생 구입하는 냉장고의 금액이 500만 원인데, 그중 300만 원을 LG전자의 냉장고 구입에 지출한다면 LG전자의 고객점유율은 60%가 됩니다.

고객점유율과 관련된 개념으로 고객생애가치(CLV, Customer Lifetime Value)가 있습니다. 이는 한 고객으로부터 평생 얻게 되는 이익을 모두 집계한 값입니다. A는 매년 애플의 스마트폰을 구입하는데, B는 평생 한 번만 애플의 스마트폰을 구입한다면 B보다 A의 고객생애가치가 큰 것입니다. 많은 기업이 고객생애가치를 높이기 위해 IT 기술 등을 활용하여 고객과의 관계를 체계적으로 관리하고 있습니다. 이러한 활동을 고객관계관리(CRM, Customer Relationship Management)라 합니다.

고객을 체계적으로 관리하기 위해서는 데이터베이스(DB, database)의 활용이 필수적입니다. 고객 관련 데이터 활용이 필수적인 은행, 카드사, 항공사, 호텔 등의 서비스업에서 특히 중요하게 여겨지고 있습니다. 이처럼 IT 기술이 급속도로 발전하고 있고, 점차 판매자 중심 시장에서 구매자 중심 시장으로 이동함에 따라 고객과의 관계를 중시하고 이를 활용하는 관계마케팅(relationship marketing)의 중요성이 커지고 있습니다.

인생과 닮아 있는 마케팅

대학 시절 제게 마케팅에 대해 가르쳐주신 은사님께서 자주 하시던 말씀이 있습니다.

"마케팅은 인생과 같다."

우리가 태어나 삶의 목표를 정하고 그것을 달성하기 위해 매진하는 것과 마케팅 과정이 유사하다는 의미입니다. 쉽게 이해가 되지 않는다고요? 일반적으로 마케팅은 다음과 같은 과정으로 진행됩니다.

---

1. 나는 지금 어디에 있는가 = 현재 환경 분석
2. 내가 가고자 하는 곳은 어디인가 = 마케팅 목표 설정
3. 그곳으로 어떻게 이동할 것인가 = 마케팅 전략 수립과 실행

어떤가요? 우리의 인생과 마케팅 과정이 유사하지 않나요? 지금부터 우리는 위와 같이 세 단계에 걸쳐 마케팅에 대해 좀 더 자세히 알아볼 것입니다.

> **잠깐만요**
>
> ## 고객의 욕구를 잊어버리게 되는 마케팅 근시
>
> 마케팅 근시(marketing myopia)는 '마케팅의 신'이라 불리는 테오도르 레빗(Theodore Levitt)이 주창한 개념으로, 기업이 소비자의 편익 위주로 생각하는 것이 아니라 자사의 제품과 서비스 중심으로 기업의 사명(mission)을 정의하는 것을 뜻한다. 각종 시험 대비 학원에서 '수험생의 합격'이라는 가치가 아니라 '수강생 수'라는 측면에 집착하는 현상이 대표적인 예다. 마케팅 근시에 빠진 기업은 장기적으로 시장에서 성장하기 어렵다. 마케팅 관리자들은 마케팅이 고객의 욕구를 충족시키는 활동이라는 점을 잊어서는 안 된다.

현재 환경을 분석하라 - 3C 분석

마케팅의 첫 단계는 환경 분석입니다. 흔히 '3C 분석'이라 하죠. 3C는 마케팅 환경을 구성하는 세 가지 요소, 즉 경쟁자(Competitor), 소비자 (Consumer), 회사(Company)의 머리글자를 따 만들어진 용어입니다. 3C 중 회사에 대해서는 34장에서 살펴보았으니, 여기서는 경쟁자와 소비자에 대해 살펴보겠습니다.

| 전략적 마케팅 프로세스 |

환경 분석(3C)	전략 수립(STD)	전략 실행(4P)
• 경쟁자(Competitor) • 소비자(Consumer) • 회사(Company)	• 시장세분화 (Segmentation) • 목표시장 선정 (Targeting) • 포지셔닝(Positioning)	• 제품(Product) • 가격(Price) • 유통(Place) • 촉진(Promotion)

경쟁자가 누구인지 정의하라

3C의 첫 번째 C는 Competitor, 즉 경쟁자입니다. 경쟁자를 찾는 것이 중요한 이유는 우리 회사가 어느 분야에 집중해야 하는지, 고객이 중요 하게 생각하는 것이 무엇인지 가장 확실하게 파악할 수 있는 방법 중 하

나이기 때문입니다. 경쟁자는 동일한 시장을 두고 고객의 선택을 받기 위해 노력하는 기업을 뜻하는데, 대개 제품이나 서비스의 대체 관계를 분석하는 방식으로 파악할 수 있습니다. 예를 들어 콜라와 사이다는 경쟁 제품으로 알려져 있죠. 이와 같은 경우를 '제품군(product category) 수준의 경쟁'이라 부릅니다.

또한 얼핏 보기에는 전혀 상관이 없는 제품이나 서비스이지만 고객의 머릿속에서 경쟁이 일어날 수도 있습니다. 예를 들어 같은 금액으로 옷을 살 것인지, 식료품을 살 것인지 고민 중인 사람에게는 옷과 식료품이 경쟁 관계에 놓여 있는 것이죠. 해외여행을 제한된 예산 내에서 가려는 사람에게는 숙박업소와 항공권이 경쟁 관계에 놓일 수 있습니다. 같은 원리로 고객에게 유사한 편익을 제공하는 업체 간에도 경쟁 관계가 성립합니다. 이처럼 경쟁 관계는 다양한 영역에서 발생할 수 있습니다.

| 환경 분석 세부 내용 |

3C	평가 요소	평가 기준
경쟁자 (Competitor)	• 현재 경쟁자 • 잠재적 경쟁자	• 현재 경쟁자가 공격적이고 강력한가? • 새로운 경쟁자의 진입 가능성이 높은가?
소비자 (Consumer)	• 시장 규모 • 시장성장률	• 해당 세분시장의 규모가 적절한가? • 성장 가능성이 높은 시장인가? • 각 세분시장별 잠재 수요는 어느 정도인가?
회사 (Company)	• 기업 목표 • 자원 • 시너지효과	• 기업의 목표와 일치하는가? • 인적, 물적, 기술적 자원을 갖추고 있는가? • 기존 마케팅믹스 요소를 연계해 시너지효과를 가져올 수 있는가?

관여도에 따라 소비자를 파악하라

3C의 두 번째 C는 Consumer, 즉 소비자입니다. 소비자 분석을 담당하는 마케팅의 학문 영역을 소비자행동론(consumer behavior)이라 합니다. 지

금부터 소비자행동론의 핵심 내용을 간략히 살펴보겠습니다.

소비자의 관여도(involvement)는 소비자가 주어진 상황에서 어떤 대상을 중요하게 생각하거나 관심을 가지는 정도를 뜻합니다. 소비자에게 오랜 고민의 대상이 되거나 중요한 관심사인 경우는 고관여(high involvement), 그렇지 않은 경우는 저관여(low involvement)라 합니다. 관여도는 주로 제품의 유형과 가격에 영향을 받습니다. 주택, 자동차, 고급 가구, 전자제품 등의 고가 제품은 주로 고관여, 식품, 간단한 생활용품 등의 저가 제품은 주로 저관여 제품으로 분류됩니다.

그러나 같은 제품이라 하더라도 개인의 속성, 즉 취미나 관심사 등에 따라 관여도가 달라질 수 있습니다. 술에 대해 잘 아는 사람은 맥주 하나를 고르더라도 심사숙고하는 반면(고관여), 술에 무지한 사람은 아무 맥주나 마실 수 있습니다(저관여). 또한 사회문화적 트렌드나 구매 상황(구매 장소와 시간), 사용 상황(어느 경우에 제품을 사용하는가) 등에 따라서도 관여도가 바뀔 수 있습니다.

일반적으로 소비자는 다음과 같은 과정을 거쳐 구매 의사결정을 내립니다.

| 소비자의 구매 의사결정 과정 |

이러한 구매 의사결정 과정은 관여도에 따라 달라질 수 있습니다. 고관여 제품의 경우에는 상당한 시간과 노력을 들여 신중하게 의사결정을 하므로 이상의 과정을 모두 거칩니다. 반면, 저관여 제품의 경우에는 과거의 습관이나 직관에 의해 신속하게 의사결정을 하게 되므로 대안 평가를 생략하고 정보 탐색에서 구매로 바로 건너뛰는 경우가 많습니다.

구매 이후 제품이나 서비스에 만족하는 경우에는 재구매가 이루어지지만, 그렇지 않은 경우에는 후회 내지는 인지부조화(cognitive dissonance)를 경험하므로 재구매가 이루어지지 않을 가능성이 큽니다. 인지부조화는 구입 전 기대와 구입 후 사용감이 다를 때 느껴지는 감정입니다. 대개 환불이 어렵거나 고관여 제품인 경우에 많이 발생하고, 애프터서비스가 나쁠 때에도 발생할 수 있습니다.

소비자가 마케팅에 반응하는 순서 – AIDA, AIDMA, AISAS

AIDA는 소비자가 기업의 마케팅 노력에 반응하는 순서를 뜻한다. 효과적인 광고 메시지는 소비자들의 주의(Attention)를 집중시키고, 흥미(Interest)를 유발하며, 욕구(Desire)를 일으키고, 구매 행동(Action)을 이끌 수 있다는 의미.

미국의 경제학자 롤랜드 홀(Rolland Hall)은 AIDA의 '욕구'와 '구매 행동' 사이에 기억(Memory)을 추가한 AIDMA모델을 만들었다.

일본 최대의 광고대행사 덴츠는 '주의'와 '흥미' 이후에 검색(Search)을, '구매 행동' 이후에 공유(Share)를 추가한 AISAS모델을 개발했다. 오늘날 인스타그램이나 페이스북 등 SNS 활동을 하는 소비자들의 상당수는 AISAS모델이 제시하는 것처럼 제품을 구매하거나 서비스를 체험한 경험을 지인들과 공유하는 경우가 많고, 이러한 공유 과정이 새로운 홍보효과를 일으키기도 한다.

경영학
무작정 따라하기

042

누가 우리의 고객인가 -
STP 분석

사업 영역을 정하고 환경 분석을 했다면 그 다음에는 누구를 주된 고객으로 삼을 것인지 결정해야 합니다. 예를 들어 대학가의 분식집과 주택가의 백반집은 주로 찾아오는 고객의 특성이 다르기 때문에 그에 맞는 메뉴를 개발하고 공략해야 성공을 거둘 수 있습니다. 이처럼 어떤 고객을 대상으로 경제활동을 할 것인지를 결정하는 것은 마케팅에서 중요한 과제 중 하나입니다. 이와 관련한 개념을 'STP'라 하죠. 이는 마케팅 전략 수립의 핵심을 이루는 세 가지 요소, 즉 시장세분화(Segmentation), 목표시장 선정(Targeting), 포지셔닝(Positioning)의 머리글자를 따 만들어진 용어입니다. 지금부터 각 내용을 자세히 살펴보겠습니다.

시장을 쪼개라 - 시장세분화

시장세분화는 잠재시장(또는 고객)을 서로 다른 욕구를 가지고 있는 집단, 즉 세분시장으로 나누는 과정을 뜻합니다. 시장세분화를 해야 하는 가장 큰 이유는 기업이 모든 고객의 욕구를 충족시킬 수 없기 때문입니다. 이를 '선택의 문제에 직면했다'라고 표현합니다. 시장세분화 과정에서는 동일한 세분시장 내에 있는 소비자들의 동질성이 극대화되는 한편,

다른 세분시장에 속한 소비자들과는 서로 차이가 나도록 구분해야 합니다. 좋은 세분시장은 기업 입장에서 충분한 수익을 낼 수 있는 적절한 규모를 가진 경우가 많습니다.

| 시장세분화의 원리 |

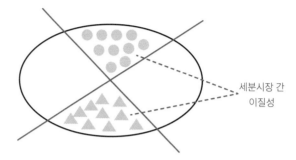

시장세분화의 핵심은 적절한 세분화 기준을 선정하는 것입니다. 일반적으로 세 가지 기준, 즉 인구통계학적 기준, 심리도식적(사회심리적) 기준, 행동적 기준이 활용되고 있습니다. 세분화를 위한 하나의 변수가 모든 상황에서 효과적일 수는 없으므로 목적에 맞는 세분화 기준을 선정할 필요가 있습니다.

- **인구통계학적(demographics) 기준**: 인구, 나이, 성별, 소득, 자산, 수입원, 직업, 거주 지역, 교육 수준, 종교, 가족수명주기상의 단계(예: 결혼 전과 후) 등의 개념을 활용해 소비자를 세분화하는 것이다. 이들 대부분은 통계청이나 국가통계포털 등에서 공개한 자료를 통해 확인이 가능하다. 예를 들어 거주 지역에 따라 수도권과 비수도권 등으로 구분하거나, 연소득 3,000만 원 이상인 소비자와 이하인 소비자로 구분하는 방식이다. 여기서 소득, 자산, 수입원 등은 인구통계학적 변수와 구분해 '경제적 변수'라 부르기도 한다.

- **심리도식적(psychographics) 기준**: 라이프스타일, 성격, 가치관, 사회적 지위, 계급, 개성 등의 개념을 활용해 소비자를 세분화하는 것이다. 예를 들어 경제적으로 보수적 가치관을 가진 소비자와 진보적 가치관을 가진 소비자 등으로 구분하는 방식이다.

- **행동적(behavioral) 기준**: 제품을 사용하는 상황이나 구매 행동 및 빈도, 추구 편

익, 마케팅민감도, 상표애호도 등에 따라 소비자를 세분화하는 것이다. 예를 들어 아이스크림시장을 초코맛 선호 고객, 바닐라맛 선호 고객 등으로 구분한다면, 이는 추구하는 편익이 어느 맛인지에 따라 소비자시장을 세분화한 것이다.

가장 매력적인 세분시장을 찾아라 - 목표시장 선정

목표시장 선정, 즉 타깃팅은 앞서 구분한 여러 세분시장 중 가장 매력적인 시장을 우리 회사의 표적으로 선정하는 과정입니다. 인구통계학적 기준, 심리도식적 기준, 행동적 기준 등을 고려해 시장을 여러 부문으로 나누는 과정이 시장세분화라면, 타깃팅은 그중 우리 회사가 집중해야 할 부문을 정하는 작업입니다. 당연한 말이지만 기업은 여러 세분시장 중 가장 매력적인 시장을 골라야 성공할 수 있습니다. 시장매력도(market attractiveness)는 특정 시장으로부터 기업이 얻을 수 있는 수익 규모를 뜻하는데, 이를 판단하는 기준으로는 외형적 요인, 구조적 요인, 환경적 요인이 있습니다.

| 시장매력도 판단 기준 |

외형적 요인	구조적 요인	환경적 요인
• 시장 규모 • 시장잠재력 • 시장성장률 • 제품수명주기 단계 • 판매의 주기성과 계절성 • 수익성	• 기존 기업과의 경쟁 • 대체재의 위협 • 잠재적 진입자의 위협 • 구매자의 교섭력 • 공급자의 교섭력	• 인구통계학적 요인 • 경제적 요인 • 기술적 요인 • 법적·정치적 요인 • 문화적 요인

시장매력도를 평가한 다음에는 표적시장을 선정해야 합니다. 표적시장 선정 시 주로 활용되는 세 가지 전략을 소개하겠습니다.

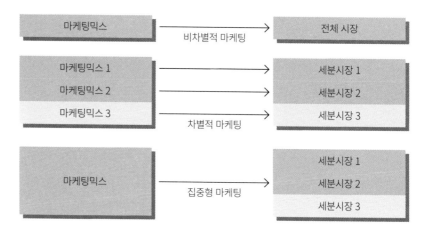

첫째, 세분시장을 구분하지 않고 하나의 제품이나 서비스를 전체 시장에 공통적으로 적용하는 방식입니다. 이를 비차별적(무차별적) 마케팅이라 부릅니다. 예를 들어 한 권의 책으로 모든 종류의 수험시장(CPA, 노무사, 공무원 등)에 진입하는 것입니다.

둘째, 각 세분시장마다 특징이 있어 세분시장별로 별도의 제품이나 서비스를 생산해 적용하는 방식입니다. 이를 차별적(차별화) 마케팅이라 부릅니다. 예를 들어 수험시장별로 수험생들의 니즈에 부합하는 상이한 책을 만드는 것입니다.

셋째, 하나의 세분시장(niche, 틈새)에만 제품과 서비스를 출시하는 방식입니다. 이를 집중형 마케팅이라 부릅니다. 예를 들어 공기업 입사시험이라는 한 시장을 정해 그 시장에서만 판매될 책을 만드는 것입니다.

고객의 머릿속에 각인시켜라 – 포지셔닝

포지셔닝은 기업이 생산하는 제품과 서비스가 고객의 머릿속에서 경쟁제품과 구별되어 분명한 포지션(위치)을 차지할 수 있도록 노력하는 여러 활동을 말합니다. '우리의 제품은 과연 고객에게 무엇인가'라는 질문에 대한 답을 만드는 작업입니다.

포지셔닝 작업에서 널리 사용되는 도구가 바로 지각도(perceptual map, 포지셔닝맵)입니다. 이는 고객이 중요하게 생각하는 것이 무엇인지 파악한 뒤, 그 기준을 두 개의 축으로 삼아 여러 경쟁 제품을 하나의 평면상에 표시하는 것입니다. 다음 그림은 고객설문조사를 통해 미국에서 판매되는 두통약 브랜드들을 지각도로 나타낸 것입니다.

| 미국의 **두통약 브랜드 지각도** |

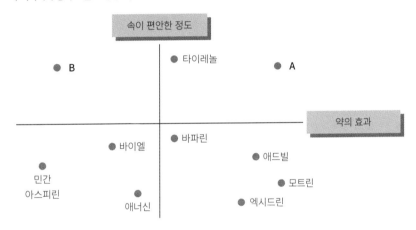

이 지각도에서 가로축은 '약의 효과'를, 세로축은 '속이 편안한 정도'를 나타냅니다. 약효도 좋고 속도 편한 약이 가장 좋겠지만, 안타깝게도 대부분의 두통약은 둘 중 한 측면에서만 효과가 있습니다.

지각도를 활용하는 방법은 경쟁사와 우리 회사의 지각도상에서의 위치를 파악해 표적시장이나 틈새시장을 찾은 뒤 앞으로 우리 제품이 추구해야 할 포지션을 찾는 것입니다. 여기서 중요한 것은 지각도상에 빈틈이 있다고 해서 무조건 좋은 표적시장이 되는 것은 아니라는 점입니다. 예를 들어 앞의 지각도에서 A는 좋은 표적시장이 되지만, B는 좋은 시장이 될 수 없습니다.

적은 비용으로 방대한 마케팅 조사를 하는 방법

STP 분석 등을 위해 기업이 시장과 고객에 대한 각종 정보를 얻는 과정을 '마케팅 조사'라 합니다. 마케팅 조사를 정확하게 하기 위해서는 모든 고객을 조사하는 것이 좋겠죠? 이를 전수조사라 하는데, 이는 비용이 과도하게 지출되고 시간도 오래 걸립니다. 이 때문에 일부 고객을 표본(sample)으로 삼아 이들을 대상으로 표본조사를 실시하는 경우가 많습니다. 표본조사가 정확한 결과를 내기 위해서는 정교한 표본추출 방법이 필요합니다. 지금부터 일반적으로 사용되는 표본추출 방법을 알아보겠습니다.

무작위로 표본을 선정하는 확률표본추출

확률표본추출(probability sampling)은 조사 대상 표본들이 원래의 소비자 집단(모집단)으로부터 동일한 확률로 선정되도록 하는 표본추출 방법입니다. 쉽게 말해, 어느 표본이든 선정 확률이 일정하고(1/n), 마케팅 조사를 담당하는 사람의 의도가 표본추출 과정에 개입하지 않는 방법입니다. 이에 해당하는 기법들은 다음과 같습니다.

- **단순무작위 추출법(simple random sampling)**: 전체 소비자 집단을 구성하

는 각각의 사람이 동일한 확률에 의해 무작위로 추출되어 조사 표본으로 선정되는 방법. 숫자가 적힌 공들을 기계에 넣은 뒤 무작위로 돌려 당첨 번호를 선정하는 로또복권의 추출 방법이 단순무작위 추출법이다. 선정되는 표본들은 전체 소비자 집단의 특성을 대표하게 된다. 바람직한 추출 방법이지만 이러한 추출을 위해서는 정교한 표본 프레임(sample frame, 조사 대상자들의 명단)을 만들어야 한다. 로또복권을 추첨할 때 번호가 적힌 공이 필요하듯, 소비자 리스트가 많이 확보되어야 무작위 추출이 가능하다. 따라서 시간과 비용이 많이 소요된다는 단점이 있다.

- **체계적 추출법(systematic sampling)**: 첫 번째 표본을 무작위로 선정한 다음 동일한 간격을 두고 연속적으로 표본을 선정하는 방법. 예를 들어 식당에서 식사를 한 고객 한 사람을 무작위로 선정한 뒤 20번째 손님들을 대상으로 계속 설문을 진행하는 방법이다.

- **층화추출법(stratified sampling)**: 조사 대상 집단을 상호배타적으로 구분되는 여러 집단으로 나눈 뒤 무작위로 표본을 선정하는 방법. 예를 들어 공무원시험학원 수강생을 거주 지역(시, 도)에 따라 나눈 뒤 각 지역 집단 내(서울에서 10명, 경기도에서 10명 등)에서 무작위로 추출하는 방법이다.

- **군집추출법(cluster sampling)**: 조사 대상 집단을 여러 개의 상호배타적인 집단군으로 나눈 뒤 이들 집단 중 어느 하나를 무작위로 선정해 그에 해당하는 대상자 모두를 전수조사하는 방법. 예를 들어 백화점 고객을 20대 남성, 20대 여성, 30대 남성, 30대 여성, 40대 남성, 40대 여성, 50대 남성, 50대 여성 등과 같이 나눈 뒤 이들 중 하나를 무작위로 선정해(20대 남성 등) 이들 대상 고객 모두를 조사하는 방법이다.

| 층화추출과 군집추출 |

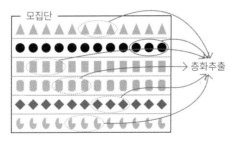 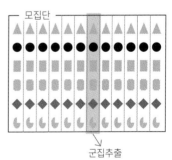

목적에 맞게 표본을 선정하는 비확률표본추출

비확률표본추출(non-probability sampling)은 각각의 표본이 선정될 확률이나 방법을 사전에 정하지 않고, 조사자의 임의대로 표본을 추출하는 방법입니다. 이에 해당하는 기법들은 다음과 같습니다.

- **할당추출법(quata sampling)**: 원래의 소비자 집단을 구성하고 있는 인구 범주의 비율대로 실제 표본을 추출하는 방법. 예를 들어 선거 여론조사에서 연령대별 인구 비율에 맞게 표본 수를 확보해 설문조사를 실시하는 방법이다.

- **편의추출법(convenience sampling)**: 조사자가 자신이 편리한 장소에서 편리한 기준을 활용해 대상자를 추출하는 방법. 가장 편리하고 간단하게 실시할 수 있는 방법이지만, 선정된 사람들이 전체 고객을 대표하지 못할 가능성이 있어 정확한 조사 방법으로 보기 어렵다.

- **판단추출법(judgemental sampling)**: 조사자가 소비자들 중 가장 정확한 정보를 제공할 수 있을 것으로 판단되는 대상자를 의도적으로 선정해 설문조사를 실시하는 방법. 예를 들어 수입자동차 브랜드의 애프터서비스에 대한 만족도를 조사하고자 한다면 전체 자동차 운전자들을 대상으로 랜덤하게 설문조사를 실시하는 것보다 수입자동차 브랜드를 구입한 경험이 있는 운전자들을 대상으로 설문조사를 실시하는 것이 효율적이다.

이제는 전략을 세울 차례 – 마케팅믹스

목표시장을 선정한 다음에는 소비자의 욕구를 충족시킬 수 있도록 제품을 기획하고, 가격을 책정하고, 유통 과정을 선정하고, 판매를 촉진하는 활동을 수행합니다. 앞서 이러한 활동에 해당하는 마케팅 내용을 마케팅믹스라 하며, 흔히 4P라 부른다고 이야기했습니다. 지금부터는 마케팅믹스의 구성 요소별로 구체적으로 어떤 내용을 살펴보아야 하는지 알아보도록 하겠습니다.

4P는 마케팅 전략 수립의 기본이다

알아두세요 ——

제롬 매카시(1928~2015)
미국의 마케팅 학자. 마케팅믹스를 처음 창안했으며, 마케팅 분야에 큰 획을 그었다.

기업이 처한 환경과 전략적으로 파고들 목표시장을 분석했다면, 이를 토대로 마케팅 전략을 세워야 합니다. 4P는 1960년 제롬 매카시(Jerome McCarthy)가 창안하고, 필립 코틀러가 대중적으로 발전시켰습니다. 마케팅 전략은 4P의 구성 요소들을 어떻게 통합하느냐에 따라 다양하게 나뉩니다. 각각의 구성 요소는 다음과 같습니다.

- **제품(Product)**: 기능, 성능, 품질, 서비스, 디자인, 제품명, 브랜드, 포장 등
- **가격(Price)**: 정가, 실판매가, 할인, 판매 조건, 계약 조건 등

- **유통(Place)**: 판매지, 유통망, 물류 배송, 재고 납기 등
- **판매촉진(Promotion)**: 광고, PR, 출판, 프로모션, 인적 판매 등

잘 작동하기만 하는 제품의 시대는 끝났다 - 제품 전략

과거 시장에서는 생산 과정이 중심이었고, 제품의 가격과 품질이 가장 큰 마케팅 요소였습니다. 제품의 브랜드나 이미지, 관련된 서비스는 지금에 비해 비교적 작은 요소였죠. 지금은 소비자의 욕구를 충족시킬 수 있는 모든 것을 비롯해 이를 관리하는 것도 모두 제품의 마케팅 영역에 포함됩니다. 애플 제품들의 포장 형태가 소비자들의 만족을 끌어내는 것이 대표적인 예입니다.

가치를 나타내는 것을 넘어 판매촉진의 영역이 된 가격 - 가격 전략

가격은 아주 오래전부터 제품의 가치를 나타내는 수치였습니다. 하지만 요즘에는 특정 제품이나 서비스가 정말 저 가격에 팔려도 괜찮은지 의심스러운 경우가 많습니다. 제품 자체의 가치만이 아니라 브랜드, 다른 제품들과의 포지셔닝 차이에 따라 다양한 가격 전략이 사용되기 때문입니다.

생산자와 소비자를 가까워지게 하는 유통의 역할 - 유통 전략

알아두세요 ──────

공급사슬에 관한 자세한 설명은 61장 참조

유통은 생산자, 도매상, 소매상, 소비자로 이어지는 경로를 관리하는 것입니다. 이 과정을 관리하는 것은 곧 하나의 공급사슬(supply chain)을 관리하는 것이라 볼 수 있습니다. 유통의 최종 목적은 정확한 시간과 장소에 정확한 수량의 제품이 전달되는 것입니다.

판매촉진은 대중과 소통하는 장을 만든다 - 판매촉진 전략

판매촉진의 목적은 소비자의 구매 욕구를 끌어올리는 것입니다. 보통

판매촉진이라고 하면 광고와 홍보만을 떠올리기 쉬운데, 최근에는 예약 판매, 교육과 연계된 판매 등 다양한 판매촉진의 방법이 동원되고 있습니다.

4P의 뒤를 잇는 마케팅 전략, 4C

4P가 세상에 알려진 지 50년이 넘는 시간이 지났습니다. 인터넷이 도입되고 크게 바뀐 세상에 4P를 단순 적용하기는 어렵습니다. 4P를 개량해 만들어진 것이 인터넷 마케팅에서 특히 자주 사용되는 4C(Consumer, Cost, Convenience, Communication)입니다. 4P가 판매자 입장에서 고민해야 할 점을 설명하고 있다면, 4C는 구매자에게 좀 더 친숙한 내용으로 이루어져 있습니다. 4C에 대해 좀 더 자세히 알아볼까요?

- **고객(consumer)**: 고객은 제품을 구매할 때 자신이 얻을 가치를 고민한다. 즉 제품이 자신을 표현하는 하나의 수단이 된 것이다. 그로 인해 제품의 기능이나 성능만큼이나 디자인과 추상적인 가치도 중요해졌다.

- **가격(cost)**: 제품을 얼마에 판매할 것인지가 아니라, 고객의 입장에서 얼마를 지불해야 하는지를 고민한다. 고객이 지불하는 '비용'의 개념으로 가격을 바라본 것이다. 제품이 다양해지면서 가격이 싸다는 이유만으로 경쟁력을 갖추기 어려워졌기 때문이다.

- **편리함(convenience)**: 기업의 이윤과 비용만을 고민하는 유통을 넘어, 고객들이 어떻게 제품을 접하는 것이 편리한지를 고민한다. 제품은 '쉽게 접할 수 있어야 한다'라는 것이 편리함을 갖추기 위한 필수 조건이다.

- **소통(communication)**: 일방적인 광고와 홍보가 어느 정도 효과를 내는지 측정하는 것을 넘어, 쌍방향으로 소통할 수 있는 방법을 고민한다. 소셜미디어를 통한 홍보가 대표적인 예다. 소셜미디어를 통한 홍보는 사람들이 언제, 어디서나 온라인에 접속할 수 있게 된 시대에 더욱 중요한 가치를 갖게 되었다.

마케팅 관점으로 제품을 보면 전략이 보인다

마케팅믹스 중 제품은 유형의 제품과 무형의 서비스 모두를 포함하는 개념입니다. 이번 장에서는 제품계층구조와 제품 관련 경영 전략에 대해 살펴보겠습니다.

제품이 가지는 의미를 분석하는 제품계층구조

제품계층구조는 필립 코틀러에 의해 제시되었습니다. 계층구조라고 해서 거창한 의미를 갖고 있다고 생각할 필요가 없습니다. '제품은 여러 가지 복합적 의미를 갖고 있다' 정도만 알고 계시면 됩니다. 제품계층구조는 세 단계로 나눕니다. 하나씩 자세히 알아볼까요?

첫 번째 단계는 소비자에게 제공할 핵심적인 편익을 뜻하는 핵심제품입니다. '자동차' 하면 대부분 '교통수단'을 떠올릴 텐데, 이처럼 사람들이 특정 제품을 구입하는 가장 중요한 목적에 해당하는 용어가 바로 핵심제품입니다.

두 번째 단계는 고객이 구체적으로 체험 가능한 요소인 품질과 브랜드(상표), 패키징, 스타일, 특성 등이 추가된 유형제품(실제제품)입니다. 대부분 눈에 보이는 요소이기에 '유형'이라는 이름이 붙었습니다. 소비자가 특정 제품을 다른 제품들과 구별하는 과정에서 유형제품의 개념을 주로 사용합니다.

마지막 단계는 핵심제품과 유형제품을 지원하는 부가 요소인 각종 서비스와 혜택(설치, 배달, 애프터서비스) 등을 지칭하는 확장제품입니다. 제품을 구입할 때 기대하지 않았지만 확장제품에 해당하는 요소들이 잘 구비되어 있다면 소비자들의 만족도가 올라갑니다.

| 제품계층구조 |

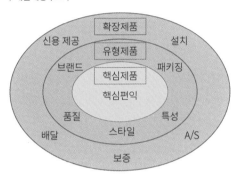

기업의 성장 전략과도 밀접한 제품-시장 매트릭스

 알아두세요

이고르 앤소프(1918~2002)
러시아 출신의 경영학자. '현대 경영 전략의 아버지'라 불리며, 기업이 성장하기 위해 어떤 방법을 사용해야 하는지를 시각적으로 잘 나타낸 '제품-시장 매트릭스'로 유명하다.

제품-시장 매트릭스는 이고르 앤소프(Igor Ansoff)에 의해 개발된 기업의 성장 전략 유형 구분 방식입니다. 기업이 지속적으로 성장하기 위해서는 위험을 무릅쓰더라도 신규 투자에 나서야 합니다. 앤소프는 기업이 어떤 전략을 통해 성장해야 하는지를 다음 표와 같이 간단하게 설명했습니다. 다음 표를 통해 기업은 어떻게 제품을 개발해야 하는지, 어느 분야 시장에 집중해야 하는지 등에 관한 전략적 방향을 파악할 수 있습니다.

	기존 제품	신제품
기존 시장	시장침투	제품개발
신시장	시장개발	다각화

- **시장침투(market penetration)**: 기존 제품을 유지하면서 기존 시장에 대한 매출량이나 점유율을 높이는 것. 삼성전자가 갤럭시의 판매량을 높이기 위해 새로운 기능을 추가하고 디자인을 업그레이드해 제품을 개선하는 것을 예로 들 수 있다.

- **제품개발(product development)**: 기존 시장에 신제품을 제공하는 것. 삼성전자가 갤럭시 외 새로운 스마트폰 제품 라인을 선보여 고객들에게 어필하는 것을 예로 들 수 있다.

- **시장개발(market development)**: 기존 제품 포트폴리오로 신시장에 진출하는 것. 삼성전자가 거래 지역을 추가해 남아시아나 중동의 새로운 국가에 제품을 출시하는 것을 예로 들 수 있다.

- **다각화(diversification)**: 신제품을 개발해 신시장에 진출하는 것. 혁신성이 가장 높지만 기업 입장에서는 가장 위험한 전략이라 할 수 있다. 삼성전자가 새로운 스마트폰을 기존 판매 국가가 아닌 새로운 국가에 출시한다면 이를 다각화 전략이라 할 수 있다.

신제품 개발,
많이 할수록 좋을까

스마트폰의 대명사인 애플의 아이폰, 세계에서 가장 연비가 좋은 하이브리드 승용차인 도요타의 프리우스(Prius)는 한 시대를 풍미한 혁신적인 신제품입니다. 그런데 실제 경영 현장에는 고객의 선택조차 받지 못하고 사장되는 신제품이 셀 수 없이 많습니다. 신제품이 출시되는 과정도 복잡하거니와, 출시된 모든 제품이 대중의 사랑을 받는 것은 아니라는 이야기입니다. 이번 장에서는 신제품을 개발하는 과정과 하나의 제품이 시장에 도입되어 쇠퇴하기까지의 과정을 말하는 제품수명주기(PLC, Product Life Cycle)에 대해 살펴보겠습니다.

신제품 개발에 대한 소비자의 반응

 알아두세요

신제품 개발
신제품 개발은 아이디어 창출 및 심사, 콘셉트 개발 및 테스트, 마케팅믹스 개발, 사업성 분석, 시제품 생산, 시장 테스트, 출시 순으로 진행된다. 사업성 분석이 마케팅믹스 개발 다음 단계에 오는 이유는 4P에 대한 구체적 내용이 확정되어야만 제품의 매출, 원가, 수익 등의 예상을 통해 신제품의 시장성 검토가 가능하기 때문이다.

신제품 개발은 마케팅의 실전 영역에서 가장 중요한 과업 중 하나로 손꼽힙니다. 《비즈니스 위크(Business Week)》가 조사한 내용에 따르면 신제품 개발이 전략 계획, 연구 개발, 홍보, 광고보다 기업 성과에 크게 기여한다고 합니다.
신제품 개발 전략으로는 시장에서 숨어 있는 기회를 발견해 능동적으로 신제품을 출시함으로써 시장을 선도해가는 선제적 전략(proactive strategy)

과 경쟁 제품 출시 등 신제품 개발을 유도하는 외부 요인이 자연스럽게 발생할 때까지 기다리다가 빠르게 신제품을 추격 출시하는 반응적 전략(reactive strategy) 등이 있습니다.

대부분의 기업은 선제적 전략은 위험하다고 판단합니다. 소비자들에게 좋은 반응을 얻을지, 나쁜 반응을 얻을지 확실하게 알 수 없기 때문이죠. 그래서 안정지향적인 기업들은 반응적 전략을 사용하는 경우가 많습니다.

실제로 대부분의 소비자는 신제품이 출시되었다고 해서 이를 바로 구입하지 않습니다. 오히려 그 제품이 대세가 될 때까지 관망하는 경향을 보이죠. 신제품의 장점과 단점에 대한 시장 검증이 충분히 이루어지지 않았기 때문입니다. 하지만 점차 신제품에 대한 광고나 홍보가 진행되면서 신제품을 고려상표군(consideration set), 즉 구매후보군에 포함시키는 소비자가 등장하기 시작합니다. 또한 모험적인 소비자들 중 일부는 신제품을 먼저 사용해보고, 그 결과를 주변에 알리기도 합니다. 이러한 과정을 거쳐 신제품의 인지도는 점차 높아지고 사용자도 증가하게 됩니다.

소비자의 반응을 정리한 혁신수용모델

알아두세요

에버렛 로저스(1931~2004)

미국의 언론학자이자 사회학자. 신제품이 확산되는 과정을 설명한 저서 《혁신의 확산(Diffusion of Innovation)》은 마케팅 분야와 혁신 관련 연구에 큰 영향을 미쳤다.

에버렛 로저스(Everett Rogers)는 이러한 과정을 혁신을 수용하는 시점에 개인차가 존재한다는 혁신수용모델(innovation adoption model)을 통해 설명했습니다. 위험도가 높은 신제품을 기꺼이 사용하려는 사람들은 혁신자(innovator), 비교적 이른 시기에 신제품을 사용하며 그 결과를 주변에 적극적으로 알리는 오피니언 리더들은 조기수용자(early adopter), 조기수용자에 이어 신중하게 그러나 비교적 빠른 시기에 신제품을 수용하는 사람들은 조기다수자(early majority), 신제품이 대세가 된 이후에야 수용하는 사람들은 후기다수자(late majority), 이른바 전통으로 자리 잡은 제품만을 구매하는 사람들은 최후수용자(laggard)라 부릅니다.

혁신수용모델에 따르면 시장에 출시된 신제품이 다수 소비자의 선택을 받기까지는 험난한 여정을 거쳐야 합니다. 이제 막 출시된 제품은 전체 고객 중 단 2.5%만의 선택을 받을 뿐이고, 소위 '얼리어답터'라고 하는 사람들에게 환영받더라도 이들 역시 전체 고객 중 13.5%에 불과하기 때문입니다. 그렇다면 신제품은 어떻게 대세가 될 수 있을까요?

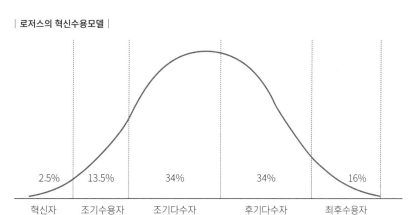

| 로저스의 혁신수용모델 |

제품도 수명주기를 갖는다 - PLC이론

제품수명주기(PLC, Product Life Cycle)는 제품이 시장에 도입되어 성장하고 성숙하고 쇠퇴하는 일련의 과정 및 단계를 설명하는 개념입니다. 그래프로 먼저 확인해볼까요?

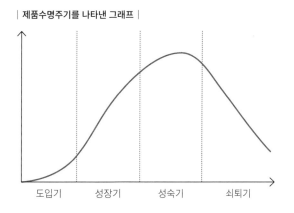

| 제품수명주기를 나타낸 그래프 |

제품이 이제 막 시장에 출시된 시기를 도입기(introduction)라 부릅니다. 이 시기에는 제품이 많이 판매되지 않기 때문에 기업은 큰 이익을 거두지 못합니다. 그래서 매출은 발생하지만, 이익은 마이너스이죠. 이 시기에는 우리 회사에서 신제품이 출시되었다는 사실을 고객들에게 알리며 제품 인지도를 높이는 일이 가장 중요합니다. 따라서 효율성이 높은 유통경로를 택해 고객들이 직접 사용해볼 수 있도록 하는 마케팅 전략을 펼칠 필요가 있습니다.

판매량이 어느 정도 증가하면 손익분기점, 즉 손해와 이익이 같아지는 지점에 도달하게 됩니다. 이 시기를 성장기(growth)라 부릅니다. 본격적으로 제품 판매량이 증가하면서 소비자들의 마음을 얻는 시기라 할 수 있습니다. 신제품이 인기를 끌고 있다는 사실이 경쟁 기업에 알려지면 그들도 비슷한 콘셉트의 신제품을 출시할 가능성이 큽니다. 따라서 보다 공격적인 마케팅과 파격적인 저가 정책 등을 펼쳐 시장에 신제품을 정착시킬 필요가 있습니다.

이제 정점을 찍어야겠죠? 성숙기(maturity)에는 매출과 수익이 정점을 찍게 됩니다. 이때 경쟁의 강도 역시 최고조에 달하게 되죠. 따라서 브랜드를 다각화시켜 다른 기업과의 차별화를 시도하는 동시에 세분시장별로 맞춤형 가격 전략을 펼칠 필요가 있습니다. 또한 다른 기업의 제품을 사용하는 고객을 우리 고객으로 유치하기 위해 판촉비용을 늘리고, 우리 제품을 취급하는 점포 수를 늘리는 집약(집중)적인 유통 전략을 펼쳐야 합니다. 광고를 통해 다른 브랜드와의 차이를 부각시키는 것도 하나의 방법입니다.

쇠퇴기(decline)는 제품의 매출과 이익이 줄어드는 시기입니다. 따라서 경쟁력이 없다고 판단되는 제품을 철수시키고, 핵심 고정 고객 유치를 위한 최소한의 광고만을 집행하며 광고비용을 줄여나가야 합니다. 그러다 새로운 콘셉트의 신제품이 출시되면 기존 제품은 마침내 역사의 뒤안길로 사라지게 됩니다.

제품 라인과 제품믹스

일반적으로 기업들은 하나의 제품만 내놓기보다는 여러 개의 제품으로 소위 제품 라인, 즉 관련 제품의 집단을 이루는 경우가 많다. 현대자동차의 경우 승용차를 아반떼, 쏘나타, 그랜저, 제네시스 등 여러 브랜드로 출시한다. 그 이유는 소비자의 욕구와 적정하다고 생각하는 가격이 모두 다르기 때문이다. 또한 여러 제품 라인을 보유할 경우 경쟁자의 진입을 저지할 수 있고, 회사 제품 전체의 판매량을 증가시킬 수 있다.

여기서 특정 기업이 판매하는 모든 제품의 집합을 제품믹스(product mix)라 하는데, 제품믹스에는 폭(width), 길이(length), 깊이(depth) 등의 용어가 사용된다. 폭(너비)은 기업이 생산하는 서로 다른 제품 유형의 수를 뜻한다. 현대자동차가 버스, 트럭, 승용차를 생산한다면 폭의 수는 3이 된다. 길이는 한 유형의 제품 라인 안에 들어 있는 브랜드의 수를 뜻한다. 현대자동차 승용차 브랜드에 아반떼, 쏘나타, 그랜저, 제네시스가 있다면 길이의 수는 4가 된다. 마지막으로 깊이는 각각의 브랜드가 얼마나 많은 개별 품목으로 구성되어 있는지를 뜻한다. 쏘나타가 가솔린형, 디젤형, 터보형, 하이브리드형으로 구분된다면 깊이의 수는 4가 된다.

제품 차별화의 정점은 브랜딩이다

브랜드의 개념과 가치

브랜드(brand), 참 많이 들어본 용어죠? 브랜드는 기업이 만든 제품을 다른 경쟁자의 제품으로부터 차별화시킬 목적으로 사용하는 이름, 상징물, 디자인 등을 지칭하는 말입니다. 우리말로는 상표(商標)라고도 하죠.

브랜드는 다양한 효용을 가집니다. 대개 브랜드는 제품이나 서비스에 붙는 이름을 말하는데, 소비자들은 바로 이 브랜드를 통해 다양한 회사에서 생산되는 여러 제품을 구별합니다. 삼성전자의 스마트폰은 '갤럭시'라는 브랜드를 사용하고, 애플의 스마트폰은 '아이폰'이라는 브랜드를 사용하죠. 이처럼 브랜드는 제품의 통일된 이미지를 제공하므로 소비자가 어떤 제품을 구입할지 고민하는 과정에서 정보 탐색에 걸리는 시간을 단축시켜 구매 과정을 보다 단순하게 만들어줍니다.

브랜드는 고객 입장에서 뿐만 아니라 기업 입장에서도 제품의 취급과 관리를 편리하게 해줍니다. 현대자동차의 경우, '아반떼', '쏘나타' 등으로 대표되는 브랜드마다 가격 정책이나 광고 전략을 다르게 세울 수 있겠죠.

또 브랜드는 우리 회사 제품이 법적 보호를 받을 수 있게 합니다. 대부분의 브랜드는 제품의 고유한 이름이므로 유사하거나 똑같은 브랜드를 등록해 사용할 수 없기 때문입니다.

브랜드와 관련된 좋은 경험이 축적된 소비자는 해당 브랜드에 충성도를 가지고 반복 구매를 하게 되므로 기업은 궁극적으로 브랜드를 통해 수익을 늘리고 가치를 높일 수 있습니다. 실제로 삼원식품은 자체 브랜드 '해찬들'을 개발한 이후 시장점유율을 두 배 이상 높였고, '에프킬라'로 유명했던 삼성제약은 미국 존슨앤존슨에 살충제 부문을 매각할 때 매각대금의 4분의 3 이상을 브랜드 가치로 평가받기도 했습니다.

| 브랜드 가치 사례 |

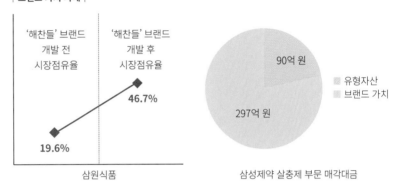

'해찬들' 브랜드 개발 전 시장점유율 | '해찬들' 브랜드 개발 후 시장점유율

46.7%

19.6%

삼원식품

90억 원

297억 원

유형자산
브랜드 가치

삼성제약 살충제 부문 매각대금

이처럼 브랜드는 그 자체로도 가치를 가진다고 볼 수 있습니다. 케빈 레인 켈러(Kevin Lane Keller)는 제품에 브랜드를 붙임으로써 추가되는 가치를 브랜드 자산(brand equity)이라 불렀습니다. 이는 어떤 제품이나 서비스가 특정 브랜드를 가졌기 때문에 발생된 마케팅 효과에 매겨진 값 또는 수익의 증가분으로 해석할 수 있습니다.

 알아두세요

케빈 레인 켈러(1956~)
브랜드 경영의 세계적 리더. 브랜드의 재무적 가치를 '브랜드 자산'이라는 신개념으로 체계화했다. 필립 코틀러와 함께 《마케팅관리론》을 저술하기도 했다.

높은 브랜드 가치를 만드는 두 가지 요인

켈러에 따르면 강력한 브랜드 자산을 구축하는 두 가지 요인은 브랜드 인지도(brand awareness)와 브랜드 연상(brand association)입니다.

| 브랜드 자산의 구성 요소 |

브랜드가 떠오르는 과정, 브랜드 인지

먼저 브랜드 인지도는 다양한 상황에서 소비자가 브랜드를 기억하고 떠올리는 정도입니다. 브랜드가 처음 만들어질 때는 인지도가 없으며(무인지), 재인(recognition)이나 회상(recall)의 순서로 점차 인지도가 강해집니다. 재인은 인물, 사건, 현상, 정보 등을 과거에 보았거나 접촉했던 경험이 있음을 기억해내는 인지활동입니다. 쉽게 말해, 힌트를 줄 경우 머릿속에서 생각이 나는 것이죠. 그래서 '보조 인지'라 부르기도 합니다. 예를 들어 프랜차이즈 커피 브랜드에 대한 고객 인지도를 조사할 때 객관식 문제처럼 여러 보기(보조 도구)를 제시하고 그중 가장 친숙한 것이 무엇인지 생각하게 한다면 이는 '재인 테스트'입니다.

| 브랜드 인지 과정 |

한편 회상은 힌트 없이 머릿속에서 생각이 나는 것입니다. 그래서 '비보조 인지'라 부르기도 하죠. 예를 들어 프랜차이즈 커피 브랜드에 대한 고객 인지도를 조사할 때 주관식 문제처럼 머릿속에 떠오르는 브랜드를 나열하라는 질문에 바로 몇 개의 브랜드가 떠오르는 것을 회상이라고 합니다. 만약 우리 회사 제품이 가장 먼저 떠오르는 브랜드, 즉 최초상기상표(TOMA, top of mind awareness brand)라면 구매율이 높아질 것입니다.

브랜드에 대한 느낌, 브랜드 연상

브랜드 연상은 소비자의 기억 속에 새겨진 브랜드에 관한 전체적인 인상과 느낌의 총체입니다. 일반적으로 브랜드가 쉽게 연상되기 위해서는 다음의 세 가지 조건을 충족해야 합니다.

- **호감도(favorability)**: 해당 브랜드에 대한 이미지가 긍정적인 속성을 가지는 정도
- **강도(strength)**: 특정 브랜드를 연상하는 반응의 빈도와 속도
- **독특성(uniqueness)**: 경쟁 브랜드와 차별화된 이미지를 가지는지의 여부

신제품에 어떤 이름을 붙일 것인가

브랜딩의 관점에서 '신제품을 개발했을 때 어떤 이름을 붙일 것인가' 하는 문제는 매우 중요합니다. 한 가지 방법은 출시하는 제품마다 다른 이름을 붙이는 것인데, 이를 개별 브랜드(individual brand) 전략이라 부릅니다. 보통 화장품이나 의약품처럼 제품당 시장 규모가 비교적 클 때 경쟁사를 견제하는 차원에서 각 제품마다 별도의 브랜드를 붙입니다.

또 다른 방법은 각각의 신제품에 통일된 이름을 붙이는 것인데, 이를 공동 브랜드(family brand) 전략이라 부릅니다. 기업의 이름이 널리 알려져

 알아두세요

공동 브랜드 전략의 효과
기존 제품군에서 라인 확장을 하거나 신규 제품군을 개발해 같은 브랜드를 사용할 경우 브랜드 이미지 희석효과가 발생한다. 즉 기존 브랜드 이미지와 경영자가 의도한 이미지가 섞이게 된다.

있거나 기존 브랜드가 성공적이어서 긍정적인 이미지를 가지고 있다면 후속 제품에도 유사하거나 동일한 브랜드를 부여할 수 있습니다. 이 경우 하나의 브랜드가 가지는 긍정적인 면이 다른 브랜드로 쉽게 전이된다는 장점이 있지만, 반대로 한 제품이 실패할 경우 위험을 브랜드 전체가 공유하게 되므로 각각의 브랜드가 차별화된 이미지를 구축하기 힘들다는 단점이 있습니다.

지금까지 설명한 내용을 표를 통해 구체적으로 살펴보겠습니다.

| 브랜드 전략의 종류 |

	기존 제품군	신규 제품군
공동 브랜드 전략	**라인 확장** • 신제품 출시 위험 감소 • 소비자의 다양성 욕구 충족 • 수평 확장: 동일 가격 범주 • 수직 확장: 상향 확장(고가), 하향 확장(저가)	**브랜드 확장** • 범주(category) 간 유사성이 높을수록 성공 가능성이 높아짐 • 신제품의 인지도 확보 기간 및 촉진비용 단축 가능
개별 브랜드 전략	**복수 브랜드** • 시장점유율 확대와 경쟁사 진입 방지에 도움 • 브랜드별 수익성 저하 우려 존재	**새로운 브랜드** • 브랜드 확장이 힘들거나 이미지 개선이 필요할 때 사용

기업은 브랜드를 개발하는 과정에서 제품군의 범위와 브랜드의 범위를 고려해 네 가지 대안(라인 확장, 브랜드 확장, 복수 브랜드, 새로운 브랜드)을 검토할 수 있습니다. 여기서 라인 확장과 브랜드 확장은 기존 상표를 사용한다는 점에서 공동 브랜드 전략에, 복수 브랜드와 새로운 브랜드는 기존과 다른 상표를 붙인다는 점에서 개별 브랜드 전략에 해당합니다.

- **라인 확장**: 기존 브랜드와 같은 제품 범주 내에 추가된, 즉 동일한 제품 라인 안에서 새로운 형태, 색상, 원료 등을 사용한 신제품에 기존 브랜드를 사용하는 전략. '신라면' 브랜드의 신제품 라면에 '신라면 블랙'과 같이 이름을 붙이는 것이 그 예다. 고가 브랜드를 신설할 경우에는 상향 확장, 저가 브랜드를 새로 만들 경우에는 하향 확장이라 부른다. 이때 기존 브랜드 이미지가 새로운 제품으로 인해 희석될 가능성이 있기에 주의해야 한다.

- **브랜드 확장(상표 연장)**: 동일한 브랜드를 기존과 다른 새로운 제품군에 적용하는 전략. '범주 확장'이라 부르기도 한다. 킴벌리클라크가 종이 기저귀 브랜드명인 '하기스'를 유아용 샴푸나 로션 등에 사용하는 것이 그 예다.

- **복수 브랜드(멀티 브랜드)**: 동일한 제품 범주 내에서 서로 다른 여러 개의 브랜드를 사용하는 전략. LG생활건강이 치약 제품에 '럭키치약', '죽염', '페리오' 등의 브랜드를 사용하는 것이 그 예다.

- **새로운 브랜드**: 새로운 제품 범주에 새로운 브랜드를 적용하는 전략. 브랜드 확장이 힘들거나 이미지 개선이 필요할 때 사용하는 전략이다.

잠깐만요

다양한 브랜드 전략

앞서 살펴본 브랜드 전략 외에도 어떤 회사가 주도하느냐에 따라 브랜드 전략을 구분할 수 있다. 우리가 알고 있는 대부분의 브랜드는 제품을 만드는 제조업체가 스스로 만들어 사용하는 브랜드다. 대표적으로 삼성, LG, 현대자동차를 꼽을 수 있으며, 이를 제조업자 브랜드(manufacturer brand)라 부른다.

한편 제조업체에 비해 힘이 강한 유통업체(대형마트 등)가 직접 만들어 사용하는 브랜드도 있다. 이를 유통업자 브랜드(private brand) 혹은 사적상표라 부르며, 롯데마트에서 사용하는 '통큰' 브랜드와 GS리테일에서 사용하는 'YOU US(유어스)'가 대표적인 사례다. 이외에도 여러 기업이 각자의 브랜드를 함께 붙여 사용하는 복합 브랜드(co-branding, 코브랜딩) 전략이 있다. 과거 LG전자와 명품업체 '프라다'가 함께 개발한 'LG 프라다폰'이 대표적인 사례다.

기업은 서비스 마케팅을
어떻게 이용할까

최근에는 눈에 보이는 제품이 아닌 눈에 보이지 않는 서비스(service)를
통해 매출을 높이는 기업이 늘고 있습니다. 우리나라를 포함한 많은 선
진국에서 제조업보다 서비스업이 국가 경제에서 차지하는 비중이 커지
고 있습니다. 이번 장에서는 서비스의 주요 특징과 서비스 품질 측정에
대해 살펴보겠습니다.

서비스만의 독특한 특징

서비스는 '사람의 노력과 설비 등을 통해 고객의 욕구를 충족시켜주는
모든 활동'으로 정의됩니다. 서비스는 일반적으로 다음과 같이 네 가지
특징을 가집니다. 하나씩 살펴보시죠.

무형성(intangibility)

서비스는 눈에 보이지 않습니다. 감동이나 만족과 같은 심리적 상태에
의존하기 때문이죠. 따라서 서비스는 본인이 직접 사용해보기 전에는
그 품질을 측정하거나 서비스 내용에 강한 확신을 갖기 어렵습니다. 대
개 제품은 탐색적 속성(검색해보면 확인할 수 있는 크기나 무게 또는 색깔 등), 경험

적 속성(체험해보면 알 수 있는 내용), 신뢰적 속성(효과나 효능에 대한 믿음)을 가지는데, 서비스는 그중 경험적 속성이 강한 편입니다. 여행을 준비하는 사람에게 주변 사람들이 특정 관광 상품이 좋다고 말해도 구매하기 전 자신의 선택에 불안감을 갖는 것은 바로 이 무형성 때문입니다.

비분리성(inseparability)

서비스는 생산과 소비가 동시에 이루어집니다. 즉 고객이 서비스의 생산 현장에 같이 참여하게 된다는 의미죠. 따라서 서비스를 생산하는 사람과 고객이 접촉하는 강도가 제조업에 비해 큰 편이고, 서비스 품질에 대한 호불호 판단이 서비스 생산 현장에서 즉시 이루어지며, 서비스 제공자는 고객이 바로 옆에 있으므로 서비스 품질을 통제할 수 있는 시간적 여유가 많지 않습니다. 또한 대부분의 서비스는 고객이 주문한 내용대로 제공되므로 표준화된 대량생산이 어렵고 생산성 측정도 쉽지 않습니다.

이질성(heterogeneity) 또는 변동성(variability)

서비스는 제공자와 제공 상황에 따라 그 품질이 매우 다양하게 나타납니다. 같은 미용사의 서비스라 해도 시간대, 고객 수, 미용사의 컨디션 등에 따라 서비스의 질이 달라질 수 있습니다. 따라서 표준화가 어렵고, 품질관리도 힘들죠. 이처럼 서비스 품질은 상황에 따라 가변적인 속성을 갖습니다. 이를 역으로 활용하면 서비스 제공자가 개별화, 즉 고객마다 각기 다른 방식으로 응대하는 전략을 사용함으로써 매출을 높일 수도 있습니다. 실제로 서비스는 제품에 비해 가격차별이 용이하기 때문에 상대적으로 가격차별화로 이익을 늘릴 가능성이 높습니다.

소멸성(perishability)

서비스는 재고로 보관할 수 없기 때문에 판매되지 않으면 즉각 소멸됩니다. 또한 한 번의 사용으로 가치가 완전히 사라지죠. 수요 측면에서도 성수기와 비수기의 주기가 일반적으로 제조업보다 짧고 격차도 큰 편입니다. 따라서 서비스 제공자는 예약 시스템 등을 도입해 수요와 공급을 철저하게 관리할 필요가 있습니다.

서비스의 마케팅믹스는 7P

서비스 마케팅에서는 전통적인 마케팅믹스인 4P에 물리적 증거(physical evidence), 프로세스(process), 사람(people)이 추가되어 활용됩니다. 그래서 서비스 마케팅에서의 마케팅믹스를 7P라 부릅니다.

물리적 증거

서비스가 전달되고 서비스 제공자와 고객의 상호작용이 이루어지는 환경을 뜻합니다. 서비스 자체는 눈에 보이지 않습니다. 하지만 고객들은 서비스가 전달되는 환경, 구체적으로는 내부 환경(인테리어, 표지판, 공기의 질, 온도 등), 외부 환경(시설 외관, 주차장, 조경 등)을 포함하는 물리적 환경과 유형적 요소(직원의 유니폼, 광고, 메모지, 입장 티켓, 영수증 등) 등을 통해 서비스 품질을 간접적으로 판단할 수 있습니다. 이를 총칭하여 '물리적 증거'라 부릅니다.

프로세스

서비스가 전달되는 절차나 활동의 흐름을 뜻합니다. 고객이 입장해서 퇴장하기까지의 흐름에 따라 대기 시간, 직원과의 접촉 시간, 서비스 제

알아두세요 ─────

서비스 청사진

서비스를 생산하고 제공하는 데
필요한 모든 활동과 절차를 구상
해놓은 계획. 서비스 청사진에서
중요한 것은 고객의 눈에 보이는
과정과 그렇지 않은 과정을 구분
하는 것이다. 이를 서비스의 가시
선(line of visibility)이라 부른다.

공 시점 등이 프로세스에 해당됩니다. 이를 도식화한 서비스 청사진을 그려보면 고객이 언제 서비스 품질을 체감하는지 확인할 수 있습니다. 이와 관련된 개념으로 MOT(moment of truth)라는 것이 있는데, 이는 고객과 서비스 제공자와의 접점을 말합니다. 이 순간에 사실상 마케팅의 승패가 갈린다는 뜻에서 '진실의 순간' 또는 '결정적 순간'이라고도 불립니다.

사람

서비스를 제공하는 직원을 뜻합니다. 서비스는 결국 사람이 전달하는 것이죠. 직원은 서비스를 수행함으로써 기업이 고객과의 약속을 지킬 수 있도록 도울 뿐 아니라 고객의 눈에 비치는 기업의 모습 그 자체입니다. 따라서 기업은 서비스를 전달하는 직원의 만족과 동기부여를 위해 노력해야 합니다. 이를 내부 마케팅(internal marketing)이라 부르는데, 고객을 상대로 하는 외부 마케팅(external marketing)뿐 아니라 평소 고객을 응대하는 직원들에게도 기업이 적절한 보상과 승진 시스템 및 복지제도를 운영해야 함을 뜻합니다.

서비스도 품질 측정이 가능할까

표준화된 생산공정을 통해 만들어지는 유형의 제품은 제작 속도 등을 측정함으로써 품질관리를 달성할 수 있습니다. 하지만 무형의 서비스는 품질관리가 쉽지 않죠. 이와 관련하여 파라수라만(A. Parasuraman), 자이다믈(V. A. Zeithaml), 레너드 베리(Leonard Berry)는 서비스 품질을 효과적으로 관리하기 위해 SERVQUAL모형을 제안했습니다.
이는 서비스 품질을 갭모형(quality gap model)을 통해 측정했는데, 갭(차이)

이란 서비스 품질에 대한 소비자의 기대 수준과 인지된 서비스의 차이를 측정한다는 의미입니다. SERVQUAL모형은 오늘날 고객만족을 조사하는 효과적이면서도 가장 널리 활용되는 도구라 할 수 있습니다. SERVQUAL모형은 고객의 기대와 현실 간의 차이를 다음과 같이 다섯 가지 분야에서 측정합니다.

- **신뢰성(reliability)**: 약속한 서비스를 정확하게 제공하는 정도
- **확신성(assurance)**: 서비스 제공자가 믿음직한 태도와 능력을 보여주는 정도
- **유형성(tangibles)**: 외형적으로 서비스의 제공 상태를 파악할 수 있는 정도
- **공감성(empathy)**: 고객에 대한 개인적 관심과 배려의 정도
- **대응성(responsiveness)**: 고객에게 신속하게 서비스를 제공하는 정도

각 분야는 다시 다음 표와 같이 세분화된 항목으로 나뉩니다. 이들 항목에 대한 고객의 설문을 통해 서비스 품질을 종합적으로 검토하게 됩니다.

| SERVOUAL모형의 세부 항목 |

신뢰성	확신성	유형성	공감성	대응성
• 철저한 서비스 • 정확한 청구서 • 정확한 기록 • 약속 시간 엄수	• 직원의 능력 • 정중한 태도 • 믿음직성 • 안정성	• 최신 장비 • 시설 • 직원의 외모 • 분위기 • 다른 고객 • 의사소통 도구	• 개별적 관심 • 접근용이성 • 원활한 의사소통 • 고객 이해 • 고객 이익 중시	• 서비스 적시성 • 즉각적 응대 • 신속한 서비스

내부 마케팅과 상호작용 마케팅

앞서 최근 많은 서비스 기업이 직원의 동기부여와 만족 증가를 위해 다양한 노력을 기울이고 있으며, 이를 소비자를 대상으로 하는 외부 마케팅과 대비하여 내부 마케팅이라 부른다고 이야기했다. 성공적인 내부 마케팅은 직원이 고객과 보다 원만한 상호작용을 수행할 수 있도록 도와준다는 점에서 상호작용 마케팅(interactive marketing)이라 부른다. 직원과 고객의 원만한 관계는 서비스의 품질 제고에도 기여한다.

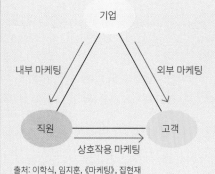

출처: 이학식, 임지훈, 《마케팅》, 집현재

가격을 결정하는
가장 현명한 방법

가격(price)은 기업이 설정하는 제품의 구매 금액으로, 기업이 판매하는 제품이나 서비스에 대한 대가로서의 성격을 갖습니다. 가격은 마케팅믹스 중 가장 유연한, 즉 변경이 쉬운 마케팅 수단이지만, 한 번 정해진 가격에 대한 이미지는 쉽게 바뀌지 않습니다. 실제로 한 차례 가격 할인을 한 이후 저렴한 제품이라는 이미지가 형성되어 이를 프리미엄 이미지로 반전시키기 어려운 사례를 종종 접할 수 있습니다. 따라서 가격 결정은 매우 신중하게 이루어져야 합니다.

가격 결정 시 고려해야 할 세 가지 원칙

가격은 기업의 매출과 이익에 즉각적인 영향을 미칩니다. 매출은 가격과 판매 수량의 곱이고, 매출에서 비용을 빼면 이익이 되기 때문이죠. 다음 부등식을 살펴봅시다.

원가 < 가격 < 가치

제품이나 서비스 생산에 필요한 원가보다 가격이 저렴하면 기업은 손해를 볼 뿐만 아니라 결국에는 망할 수도 있습니다. 그렇다고 가격을 고객이 느끼는 가치보다 높게 책정하면 아무도 제품이나 서비스를 구입하지 않을 것입니다. 따라서 가격은 생산에 필요한 원가와 고객이 느끼는 가치 사이에서 결정해야 합니다.

소비자가 가격에 어떻게 반응할지 파악하라

가격을 결정하기 위해서는 소비자가 중요시하는 가치와 심리 상태, 가격민감도 등을 두루 고려해야 합니다. 기업이 가격을 결정할 때 가장 중요하게 생각해야 하는 요인은 고객가치입니다. 소비자가 제품 또는 서비스로부터 얻는 편익은 고객이 지불 가능한 금액, 즉 가격상한선과 관련이 있기 때문입니다.

이처럼 고객가치에 기반해 가격을 책정하는 방법을 가치기반 가격결정(value-based pricing)이라 합니다. 여기서는 소비자의 판단 기준이 되는 준거가격(reference price)과 고객이 지불 가능한 최대치인 유보가격(reservation price) 등을 확인할 필요가 있습니다. 또한 소비자의 수요가 가격 변화에 얼마나 민감하게 반응하는지를 의미하는 가격탄력성(price elasticity) 역시 고려해야 합니다. 가격에 민감한 탄력적인 소비자가 많다면 기업은 가격 인상에 신중해야 하지만, 고객 다수가 가격에 민감하지 않은 비탄력적인 소비자라면 기업은 가격을 인상해도 매출을 높일 수 있습니다.

원가를 고려해 책정하라

제품과 서비스의 원가는 가격 결정에 있어 필수적 구성 요소입니다. 원가 항목은 크게 생산량에 상관없이 일정하게 발생하는 고정비(fixed cost)와 생산량에 비례하는 변동비(variable cost)로 구분할 수 있는데, 가격을 결정할 때 중요한 것은 변동비입니다. 고정비는 몇 개를 판매하든 일정하게 지출되는 비용이므로 고정비보다는 변동비를 고려해야 합니다. 최소한 변동비보다 높은 지점에서 적당한 가격을 책정해야 하죠. 만약 원가에서 변동비의 비중이 작아 단위당 공헌이익(가격-변동비)이 크다면 고정비 회수에 유리한 조건이 형성됩니다. 공헌이익률이 높은 제품이라면 가격 목표를 판매량 증대에 두는 것이 바람직합니다. 이처럼 제품의 원가에 기반을 두고 가격을 책정하는 방법을 원가기반 가격결정(cost-based pricing)이라 합니다.

경쟁사를 고려하라

일반적으로 다수의 기업은 제품이나 서비스의 가격을 책정할 때 경쟁사의 제품 가격을 고려합니다. 경쟁사의 제품보다 비싸면 매출이 줄어들 가능성이 있는 반면, 저렴하다면 매출이 늘어날 수 있죠. 이처럼 경쟁사의 제품 가격을 고려해 가격을 책정하는 방법을 경쟁사기반 가격결정(competitor-based pricing)이라 합니다. 이러한 기준으로 가격을 책정하면 가격 경쟁을 피할 수 있다는 장점이 있지만 소비자 입장을 고려하지 않는다는 단점이 있습니다.

신제품을 출시할 때의 두 가지 전략

신제품을 출시할 때 기업이 사용할 수 있는 가격 전략은 시간 흐름에 따른 가격 추이를 토대로 크게 시장침투 가격전략(market-penetration pricing)과 스키밍 가격전략(skimming pricing)으로 구분할 수 있습니다. 시장침투 가격전략은 신제품 도입 초기에 고객가치보다 가격을 매우 낮게 책정해 시장 확산 속도를 신속하게 끌어올리는 것을 목표로 합니다. 이 전략은 다수의 소비자가 가격에 민감하거나 규모의 경제 및 경험곡선효과 실현이 가능한 경우 또는 경쟁자의 시장 진입을 저지하고자 하는 경우에 사용할 수 있습니다.

한편 스키밍 가격전략은 신제품 도입 초기에 고가격을 매겨 최고의 수익을 올리는 것을 목표로 합니다. 이 전략은 예상되는 소비자의 구성에서 혁신자 계층이 두텁거나 프리미엄 제품과 같이 제품 속성이 고가격에 적합한 경우, 소비자들이 가격–품질 연상을 강하게 가지고 있는 경우, 소량생산으로 인한 높은 원가를 고가격으로 상쇄하고자 하는 경우에 사용할 수 있습니다.

알아두세요

가격-품질 연상
가격이 비쌀수록 제품이나 서비스 품질이 뛰어날 것이라고 생각하는 소비자의 심리를 뜻한다. 비쌀수록 더 잘 팔리는 제품은 대부분 가격-품질 연상 심리를 잘 활용한 것이다.

| 신제품 가격 전략 |

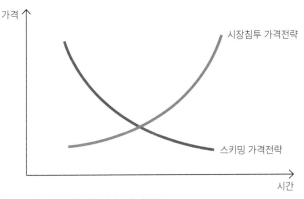

출처: 주우진, 박철, 김현식, 《마케팅관리》, 총문사

다양한 가격 결정 전략

가격계열화

제품 라인 가격결정(product line pricing)이라고도 불립니다. 여러 제품 라인을 보유하고 있는 기업이 제품 간 원가나 성능, 품질 차이 등을 고려해 가격을 차등화하는 것을 뜻합니다. 현대자동차 승용차 라인에는 아

반떼, 쏘나타, 그랜저, 제네시스가 있는데, 이들 각각의 가격은 서로에게 영향을 미칩니다. 예를 들어 쏘나타의 가격이 오르면 그랜저의 매출이 증가하는 것이죠. 따라서 제품 라인 전체의 수익을 극대화하는 방향으로 개별 제품들의 가격을 책정할 필요가 있습니다.

결합제품 가격결정(captive-product pricing)

일단 어떠한 제품을 싸게 판매한 후에 그 제품에 필요한 결합 제품(소모품이나 부품 등)을 비싼 가격에 판매함으로써 더 큰 이익을 거둘 수 있는 가격 정책입니다. 프린터값에 비해 토너값을 상대적으로 비싸게 책정하는 것이 대표적인 예라 할 수 있습니다.

묶음제품 가격결정

여러 제품을 묶어 판매하는 가격 정책입니다. 이때 묶음으로 판매되는 제품은 햄버거와 콜라처럼 보완재인 경우가 대부분입니다. 묶음가격은 구성 요소 제품에 대해 소비자가 평가하는 가치가 이질적일 때 더욱 효과적이며, 개별적으로는 판매가 부진할 수 있는 제품의 매출을 증가시킬 수 있다는 장점이 있습니다. 실제로 패스트푸드점에서 판매하는 세트 메뉴의 경우 각 구성품의 가치가 다르며, 단독 판매량이 많지 않은 음료수(콜라 등)를 인기 메뉴(햄버거 등)와 묶어 판매함으로써 전체 매출을 높일 수 있습니다. 묶음제품 가격결정에는 두 가지 방식, 즉 묶음으로만 판매하는 순수묶음(pure bundling)과 묶음 및 개별 구성품을 각각 판매하는 혼합묶음(mixed bundling)이 있습니다.

단수가격(odd pricing)

'19,900원'과 같이 가격의 낮은 단위 수를 인위적으로 조정해 심리적으로 느껴지는 부담을 줄이는 가격 정책입니다. 일반적으로 십진수 단위

체계에서 1~2단위를 낮춰 가격을 책정합니다.

가격차별

고객이 지불 가능한 최대 가격인 유보가격이 다른 사람들보다 높은 소비자에게는 비싼 가격을 책정하는 것이 가능합니다. 이처럼 기본적으로 동일한 제품에 대해 고객마다 또는 세분시장마다 다른 가격을 받는 것을 가격차별이라 합니다. 한 예로 항공사에서 가격민감도가 큰 소비자를 대상으로 항공권을 할인하는 경우가 많습니다.

잠깐만요

파레토 법칙과 롱테일 법칙

경제학자 빌프레도 파레토(Vilfredo Pareto)는 일련의 연구를 통해 '80%의 결과는 20%의 원인에 의해 야기된다'라는 파레토 법칙을 주창했다. '2:8의 법칙'으로도 잘 알려진 파레토 법칙은 비즈니스 분야에서 '한 기업의 매출 중 80%는 전체 제품 중 20%의 히트 제품이 만들어낸다', '전체 고객 중 핵심 고객 20%가 매출의 80%를 소화한다' 등의 논리로 적용됐다. 이처럼 기업들이 '선택과 집중' 전략을 사용할 때 지침이 되곤 하는 것이 바로 파레토 법칙이다.

2004년 크리스 앤더슨(Chris Anderson)이 《와이어드(Wired)》에서 처음 언급한 롱테일 법칙은 파레토 법칙의 뒤를 잇는 새로운 시장 패러다임으로 각광받고 있다. 인터넷 비즈니스에서 롱테일, 즉 '긴 꼬리'는 잘 팔리는 제품(머리)처럼 현저하게 눈에 띄지는 않지만 적은 판매량들이 모여 의미 있는 매출을 만들어내고, 나아가 머리를 능가하는 현상까지 종종 벌어지고 있기 때문이다. 이를 뒷받침하는 좋은 예는 아마존이다. 과거 아마존에서는 베스트셀러가 아닌 도서들의 판매가 매출의 큰 비중을 차지했다.

유통의 역할과 경로 설계 방법

언론을 통해 유통의 부정적 측면을 접한 분들이 많을 것입니다. 중간 단계를 거치면서 제품 가격이 비싸진다는 내용이 주를 이루죠. 하지만 이 세상에 직거래만 존재한다면 우리는 현대 문명을 누릴 수 없습니다. 예를 들어볼까요? 삼겹살을 먹기 위해 농장에서 직거래를 한다고 생각해봅시다. 개인을 위해 삼겹살 300g만 잘라서 판매하는 농장 주인이 있을까요? 아마 없을 것입니다. 고객들은 다양한 제품을 소량으로 원하지만 생산자는 소수의 품종을 대량으로 생산하기 때문입니다. 이를 '형태의 불일치'라 부릅니다. 생산 형태와 구매 형태가 다르다는 의미죠. 바로 이 형태의 불일치가 유통이 필요한 가장 큰 이유입니다.

유통은 어떤 역할을 하는가

유통은 제품과 서비스를 최종 구매자가 쉽게 구입할 수 있도록 만들어주는 각종 활동을 지칭합니다. 유통이 발생하는 근본 이유는 생산자와 소비자가 처한 시간과 장소가 다르고, 앞서 언급한 형태의 불일치가 있기 때문입니다. 이는 생산의 공간과 소비의 공간이 다르다는 의미입니다. 유통은 제조업체가 직접 담당하지 않고 다른 기업체(대형 마트, 백화점 등)에 의해 진행되는 경우가 많기 때문에 한 번 형성된 유통경로는 쉽게 변경할 수 없습니다. 즉 유통은 마케팅믹스 가운데 유연성이 작은 요소입니다.

| 유통업자의 유무에 따른 연결망 수 |

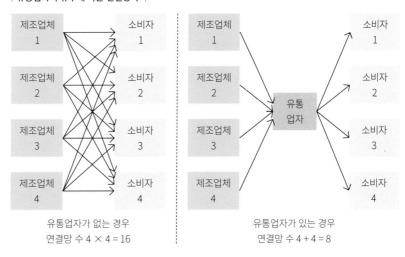

유통은 중개 역할을 하며 거래 횟수를 줄여 효율을 높입니다. 유통업자 없이 생산자와 소비자가 직접 접촉한다면 앞의 그림을 통해 알 수 있듯 기하급수적인 수송 과정이 필요하게 됩니다. 그 밖에도 유통은 상적 기능(판매와 구매를 통한 소유권 이전), 물적 기능(제품의 안전한 보관과 효율적 운송) 그리고 고객에게 제품에 관한 다양한 정보를 전달하거나 할부 판매 등의 금융 서비스를 제공하는 등의 기능을 수행합니다.

유통경로의 설계 – 직접 전달할 것인가, 간접적으로 전달할 것인가

유통경로를 설계하는 과정에서 중요한 의사결정 사항 중 하나는 유통경로의 길이(length)를 결정하는 것입니다. 여기서 길이란, 유통경로에 참여하는 중간상(도매상과 소매상)의 단계 수를 뜻합니다. 일반적으로 길이에 관한 의사결정은 유통의 기능들을 제조업자가 직접 수행하고 통제할 것인지, 독립적 유통업자에게 맡길 것인지 정하는 것을 의미합니다. 전자의 경우를 통합적(또는 직접) 유통경로라 하고, 후자의 경우를 독립적(또는 간접) 유통경로라 합니다. 만약 한 기업이 통합적 유통경로와 독립적 유통경로를 함께 활용한다면 이를 복수경로 마케팅 시스템(multichannel marketing system)이라 부릅니다.

| 유통경로별 특징 |

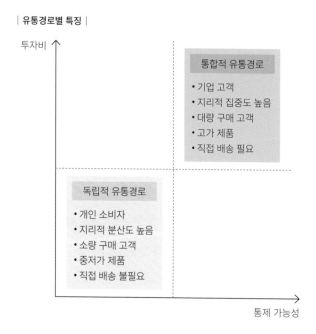

경로의 길이를 결정할 때에는 네 가지 요인, 즉 시장 요인, 제품 요인, 자사 요인, 중간상 요인을 고려해야 합니다. 하나씩 살펴볼까요?

- **시장 요인**: 소비자가 분산되어 있거나 거래량·거래 빈도가 적은 경우에는 간접경로가, 정기적 구매 고객이 집중적으로 분포하는 경우에는 직접 경로가 유리하다.
- **제품 요인**: 중저가의 표준 제품인 경우에는 간접 경로가, 고가 혹은 기술 수준이 높

거나 유효 기간이 짧은 제품인 경우에는 직접 경로가 유리하다.

- **자사 요인**: 관리 역량이 작은 경우에는 간접 경로가 유리하다.
- **중간상 요인**: 경로 기능을 원활히 수행하는 중간상이 있는 경우에는 간접 경로가 유리하다.

소매상과 도매상

소매(retail)는 개인적 또는 비상업적 목적으로 제품과 서비스를 구매하는 최종 소비자에게 제품을 직접 판매하는 모든 활동을 뜻하며, 이를 수행하는 상인을 소매상(retailer)이라한다. 소매상은 물리적인 판매 공간인 점포의 유무에 따라 크게 점포형 소매상과 무점포 소매상으로 구분된다. 점포형 소매상에는 재래시장, 각종 전문매장, 백화점, 슈퍼마켓, 편의점, 대형마트, 전문 할인점, 회원제 창고형 도소매점 등이 있으며, 무점포 소매상에는 방문 판매, 다단계 마케팅, 다이렉트 마케팅(카탈로그 판매, 다이렉트 메일 발송을 통한 마케팅, 텔레마케팅 등), 자동판매기 등이 있다.

한편 도매(wholesale)는 재판매 또는 사업 목적을 가진 고객에게 제품을 판매하는 활동을 뜻하며, 이를 수행하는 상인을 도매상(wholesaler)이라 한다. 도매상은 크게 제조업체 도매상, 상인 도매상, 중개상, 대리상 등으로 구분된다. 제조업체 도매상은 제조업체에 의해 직접 운영되는 도매상점으로 독립적 도매상이라 보기 힘들고, 상인 도매상은 취급하는 제품의 소유권을 보유한 독립된 사업체로 가장 전형적 형태의 도매상이라 할 수 있다. 중개상은 구매자와 판매자 사이에서 거래 협상을 도와주고 수수료를 받는 도매상이며(부동산 중개업자 등), 대리상은 구매자나 판매자 중 어느 한쪽을 대리하여 거래를 촉진하고 수수료를 받는 도매상이다. 전자제품 판매 대리점이 우리 주변에서 가장 흔하게 볼 수 있는 대리상의 예다.

효과적인 광고를 만드는 방법

판매촉진(promotion)은 고객들에게 제품과 서비스의 존재를 알리고, 구매하도록 설득하며, 구매를 유인할 수 있는 여러 가지 인센티브를 제공하는 활동을 의미합니다. 촉진에 사용되는 여러 수단을 촉진믹스(promotion mix)라 하며, 광고, PR(홍보), 판매촉진, 인적 판매 등으로 구성됩니다. 최근에는 촉진믹스가 소비자들과의 소통경로라는 점을 착안해 촉진이라는 용어 대신 IMC라는 용어를 더 많이 사용하고 있습니다. 통합적 마케팅 커뮤니케이션(IMC, Integrated Marketing Communication)이란, 다양한 커뮤니케이션 수단을 전략적으로 활용해 최대 효과를 거둘 수 있도록 관리하는 체계적 과정을 말합니다.

소비자의 머릿속을 들여다보는 효과계층모형

일반적으로 IMC 관점에서는 마케팅을 고객과의 소통 과정으로 봅니다. 따라서 커뮤니케이션 효과를 극대화하기 위한 관점에서 촉진 수단들을 활용해야 하는데, 이 과정에서 효과계층모형(hierarchy-of-effects model)이 유용하게 사용됩니다. 용어가 조금 어렵죠? 이는 소비자의 판단이 여러 단계로 구성됨을 뜻하는 개념입니다. 촉진 수단들의 커뮤니케이션 효과를 극대화하기 위해서는 소비자의 판단 단계마다 어울리는 수단을 사용할 필요가 있습니다. 일반적으로 소비자는 다음과 같은 단계를 거쳐 의사결정을 합니다.

- **인지**: 제품과 브랜드의 존재를 지각하는 단계
- **지식**: 제품이나 브랜드에 대한 연상이 형성되어 기억 속에 저장되는 단계
- **호감**: 제품이나 브랜드에 대해 긍정적으로 느끼기 시작하는 단계
- **선호**: 타 제품이나 브랜드보다 해당 제품 및 브랜드를 더 좋아하게 되는 단계
- **확신**: 해당 제품과 브랜드가 최상의 선택 대안이라는 믿음을 가지게 되는 단계
- **구매**: 실제로 구매 행동에 나서게 되는 단계

인지와 지식 단계에서는 주로 광고와 PR이, 최종 구매를 결정하는 단계에서는 판매촉진과 인적 판매가 효과적이라는 사실이 널리 알려져 있습니다. 이를 표로 정리하면 다음과 같습니다.

| 반응 단계별 효과적 광고 |

소비자의 반응 단계		광고	PR	구전	판매촉진	인적 판매
인지 단계 : 정보와 지식의 전달	인지	●	●			
	지식	●	●	●		
감정 단계 : 태도의 형성	호감	●	●	●		
	선호	●	●	●		
	확신			●	●	●
행동 단계: 구매욕 자극	구매				●	●

출처: 박찬수, 《마케팅원리》 수정 인용, 법문사

목표와 예산, 메시지를 결정하는 광고 계획

광고는 제품이나 서비스를 표적청중(target audience)에게 널리 알리고 구

매를 촉진하기 위해 기업이 비용을 지불해 벌이는 모든 형태의 활동을 뜻합니다. 모든 일이 그렇듯 광고 기획도 광고 목표와 예산을 정하는 것에서부터 출발합니다.

광고의 목표

일반적인 광고 목표로는 인지도 향상(개척 광고), 제품에 대한 정보 제공(제품 광고), 구매 설득(설득 광고), 올바른 선택을 했음을 확신(강화 광고), 제품을 기억에 상기(상기 광고) 등이 있습니다.

광고 예산을 책정하는 방법

- **가용자원법(affordable method)**: 여유 자금 범위 내에서 적정 수준으로 결정하는 방법
- **매출액 비율법(percentage of sales method)**: 기존 또는 예상 매출액 중 적정 비율을 광고비로 책정하는 방법
- **경쟁자 기준법(competitive-parity method)**: 경쟁자의 광고 예산에 필적하는 수준으로 광고비를 책정하는 방법
- **목표과업법(objective-and-task method)**: 광고 목적과 청중에 대한 도달 목표에 따라 예산을 책정하는 방법

사실 위의 방법 중 가용자원법, 매출액 비용법, 경쟁자 기준법은 썩 바람직한 광고 예산 책정법이 아닙니다. 광고를 하는 이유는 매출을 높이기 위함인데, 가용 예산이 많거나 매출액이 많을 때 더 많은 광고를 하기 위해 사용하는 방법이기 때문입니다. 따라서 학자들은 가장 이상적인 광고 예산 책정법으로 목표과업법을 제시했습니다. 목표과업법은 상향식(bottom-up) 방식, 나머지 방법들은 하향식(top-down) 방식이라 부르기도 합니다.

좋은 광고 메시지를 만들기 위한 세 가지 조건

예산을 책정한 다음에는 광고 내용을 설계해야 합니다. 짧은 시간 동안 진행되는 광고를 통해 기업이 전달하고자 하는 내용을 명확히 담아내려면 전달하고자 하는 메시지를 철저히 설계할 필요가 있습니다. 바람직한 광고 메시지는 다음 세 가지 조건을 갖추어야 합니다.

- **유의미성(meaningfulness)**: 표적청중의 삶과 밀접한 관련이 있어야 한다.
- **신뢰성(beliability)**: 표적청중에게 약속한 편익을 제대로 전달할 것이라는 믿음을 주어야 한다.
- **차별성(distinctiveness)**: 경쟁 제품보다 우월한 무언가가 있다는 사실을 알려야 한다.

알아두세요

AIDA의 원칙
소비자가 마케팅에 반응하는 과정을 정리한 이론. 자세한 내용은 41장 참조

효과적인 광고 메시지는 AIDA의 원칙에 따라 결정되는데, AIDA는 소비자들의 주의(Attention)을 집중시키고, 흥미(interest)를 유발하며, 욕구(Desire)를 일으키고, 구매 행동(Action)을 이끌 수 있는 메시지를 의미합니다.

광고를 소구하는 방법과 좋은 광고 모델의 조건

메시지 내용을 전달하는 과정에서 소비자의 구매욕을 자극하기 위해 제품이나 서비스의 우월성을 호소해 공감을 구하는 것을 소구(appeal)라고 합니다. 광고에 많이 사용되는 소구법으로는 이해득실에 관한 메시지를 전달하는 이성소구(rational appeal), 구매동기와 관련된 긍정적 또는 부정적 감정을 유발하는 감성소구(emotional appeal), 당위적 가치관을 자극하는 도덕소구(moral appeal), 성(性)적 소구(sex appeal), 공포소구(fear appeal), 유머소구(humor appeal) 등이 있습니다.

소구법 못지않게 중요한 것이 바로 광고 모델입니다. 광고하고자 하는 내용에 적합한 모델을 등장시켜야 광고효과를 극대화할 수 있죠. 전달하려는 메시지에 최적화된 모델이 갖추어야 할 조건을 정리한 것을 TEARS모델이라 합니다. 좋은 모델은 신뢰성(Trustworthiness), 전문성(Expert), 매력(Attractiveness), 존경심(Respect), 유사성(Similarity, 근접성)을 갖추어야 한다는 의미로, 각 용어의 머리글자를 따 만든 개념입니다.

광고효과를 측정하고 관리하라

광고의 도달 목표와 스케줄 관리

광고는 많은 사람이 보는 것도 중요하지만 표적시장의 고객에게 전달되는 것이 더욱 중요합니다. 이를 위해서는 광고의 도달 목표를 계량화하여 관리할 필요가 있습니다. 대개 광고 도달 목표는 도달률과 도달 빈도의 곱으로 계산합니다. 이렇게 측정된 효과의 측정지표를 GRP(Gross Rating Points)라 하고, 다음과 같은 공식을 사용해 그 값을 구합니다.

 알아두세요

도달률
일정 기간 동안 특정 광고에 적어도 한 번 이상 노출된 사람 또는 가구의 비율

도달 빈도
일정 기간 동안 한 사람 또는 가구에 특정 광고가 노출된 평균 횟수

$$\text{GRP} = \text{도달률} \times \text{도달 빈도}$$

광고효과를 극대화하기 위해서는 도달률과 도달 빈도를 높여야 합니다. 제품이 출시된 지 얼마 되지 않아 표적청중이 애매한 경우에는 도달률(범위)을 넓혀야 하지만, 표적고객이 명확하고 경쟁자가 많은 경우에는 도달 빈도, 즉 광고 횟수를 늘릴 필요가 있습니다.

광고 스케줄은 광고를 어떤 패턴으로 노출시킬 것인지에 관한 의사결정 사항입니다. 크게 1년 이상의 장기 계획인 매크로스케줄링(macroscheduling, 주로 계절성을 고려)과 1년 이내의 단기 계획인 마이크로스케줄링(microscheduling, 단기적인 광고 노출 패턴 결정)으로 나뉩니다. 마

이크로스케줄은 특정 시즌에 광고를 집중적으로 집행하는 집중형(concentration), 정해진 기간 동안 꾸준하고 고르게 광고를 집행하는 연속형(continuity), 주기적으로 광고 집행 양을 늘렸다 줄였다 하는 방식인 파동형(pulsing)으로 구분됩니다.

| 광고의 노출 패턴 |

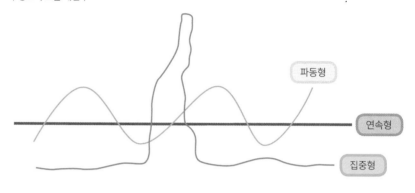

광고효과 측정

광고효과는 크게 두 가지 기준으로 측정이 가능합니다. 첫 번째 기준은 커뮤니케이션 효과, 즉 광고 문구 등에 대한 인지도를 광고 전후에 걸쳐 조사하는 것입니다. 인지도 조사는 가장 일반적인 광고효과 측정법입니다. 하지만 인지도가 높다고 해서 해당 제품이나 서비스가 많이 판매되는 것은 아닙니다. 따라서 두 번째 기준인 매출효과가 필요합니다. 이는 광고가 실제로 매출액 증가에 영향을 미쳤는지를 조사하는 것입니다. 다만, 우리가 앞서 살펴본 효과계층모형에 따르면 광고를 통해 형성된 인지도가 매출로 이어지기까지는 오랜 시간이 걸리며, 광고는 매출에 영향을 미치는 여러 요소(디자인, 브랜드 이미지, 가격 등) 중 하나일 뿐입니다. 따라서 특수한 경우를 제외하고는 광고 목표 설정 시 매출효과보다는 커뮤니케이션 효과를 사용하는 경우가 많습니다.

판매촉진과 PR

광고 외 촉진 수단 중 가장 널리 사용되는 것은 판매촉진이다. 이는 어떤 제품의 구매를 촉진하기 위해 여러 가지 단기적인 인센티브를 제공하는 활동을 뜻한다. 대개 제조업자나 유통업자가 소비자에게 실시하는 소비자 판촉과 제조업자가 유통업자에게 실시하는 중간상 판촉 등의 형태로 진행된다. 소비자 판촉 사례로는 할인 쿠폰, 리베이트(rebate, 일정 기간 동안 어떤 제품을 구입한 사람에게 구입 가격의 일부를 금품으로 보상해주는 것), 보너스팩(bonus pack, 여러 개의 제품을 묶어 싸게 판매하는 것), 보상 판매(trade-ins, 기존 제품을 반납하고 새 제품을 구입하는 조건으로 일정 금액을 할인해주는 것) 등이 있으며, 중간상 판촉 사례로는 광고 공제(advertising allowances, 소매상이 자신의 광고물에 어떤 제품을 중점 광고해주는 대가로 제조기업이 제품 구매 가격의 일정 비율을 공제해주는 것), 진열 공제(display allowances, 소매상이 점포 내에 어떤 제품을 일정 기간 동안 눈에 잘 띄게 진열해주는 대가로 제조기업이 제품 구매 가격의 일정 비율을 공제해주는 것) 등이 있다.

또 다른 촉진 수단인 PR(Public Relation, 홍보)은 긍정적인 기업 이미지를 형성하고 고객의 구매를 이끌어내기 위해 사용하는 여러 수단을 총칭하는 개념이다. 널리 활용되는 PR 수단으로는 기자간담회, 보도자료 배포, 인터뷰, 집회, 사회공헌활동, 대형 행사 후원 등이 있다. 광고는 매체 사용에 대한 대가를 지불하지만, PR은 매체 사용료를 지불하지 않으며, 신뢰성 측면에서도 광고보다 효과가 큰 것으로 알려져 있다. 하지만 광고는 그 내용을 기업이 통제할 수 있는 반면, PR은 언론을 통하는 경우가 많으므로 세부적인 내용에 대한 개입이 어렵다는 단점이 있다.

마케팅에도
지켜야 할 선이 있다

마케팅 윤리와 사회적 책임

마케팅 윤리(marketing ethics)는 마케팅 의사결정에 있어 고려해야 하는 윤리적 기준 또는 행동 원리를 뜻합니다. 납품업자로부터 뇌물을 받는 행위, 필요하지 않은 서비스를 사용하도록 고객을 유인하는 행위를 비롯해 과잉 서비스 광고, 가격 담합, 안전성이 결여된 제품 생산, 정보 왜곡 등의 이슈는 마케팅 상황에서 발생 가능한 윤리적 문제들입니다. 이러한 윤리적 문제들은 기업 이미지를 부정적으로 만들 뿐만 아니라 매출과 성장 가능성에 영향을 미치므로 세심한 관리가 필요합니다. 미국의 경영학자 아치 캐롤(Archie Carroll)에 따르면 기업의 사회적 책임(CSR)의 내용은 경제적 책임, 법률적 책임, 윤리적(도덕적) 책임, 자선적(박애적) 책임으로 구분됩니다.

경제적 책임

기업이 좋은 제품과 서비스를 만들어 이익을 창출해야 한다는 것으로, 기업의 가장 기본적인 책임입니다. 주주의 투자에 대해 수익을 내고 직원들에게는 보상을 지급하는 것 등이 이에 해당합니다.

법률적 책임

시장에서의 기업활동이 관련 법률을 준수해야 한다는 것입니다. 제조기업이 도매상을 대상으로 불법 밀어내기를 시도하는 경우 이익을 창출하더라도 이는 공정거래법을 위반하는 행위입니다.

윤리적 책임

기업이 이해관계자에게 윤리적이고 옳은 일을 행하며, 위해한 일은 피해야 한다는 것입니다. 법적 의무나 책임이 아니라 하더라도 사회규범상 행하는 것이 옳다고 판단될 경우 고객이나 직원들에게 도움이 되는 일들을 행하는 것을 의미합니다. 예를 들어 우리 기업 제품을 사용하는 도중에 사고를 당한 소비자가 있다면 제품의 문제가 아니라 해도 피해 규모의 일정액을 보상해 대중들에게 고객을 중시하는 기업이라는 이미지를 심어줄 수 있습니다. 이처럼 윤리적 책임을 다하는 기업 경영 방식은 고객과의 장기적인 신뢰를 쌓으며 마케팅 성과 향상을 꾀할 수 있습니다.

자선적 책임

기업이 지역사회와 공동체의 번영 및 삶의 질 향상에 공헌하는 책임과 의무를 다하는 것으로, 가장 고차원적인 사회적 책임입니다. 당장 관련된 이슈가 없더라도 평소에 스스로 알아서 사회에 도움이 되는 일을 행하면 기업 이미지를 긍정적으로 만들 수 있습니다. 이익의 일정액을 기부하거나 공익적 캠페인에 참여하는 것이 이에 해당합니다. 애플이 제품 판매 금액의 일정액을 에이즈나 코로나19 퇴치 운동에 기부하는 것이 대표적인 사례입니다.

마케팅에서의 윤리적 문제

지금부터는 기업이 마케팅 활동을 수행하며 저지를 수 있는 윤리적 문제와 그에 대한 대책을 살펴보겠습니다.

위험하거나 결함이 있는 제품의 생산과 제품진부화

술과 담배, 패스트푸드 등과 같은 위험 제품을 생산하는 기업은 그 자체가 문제가 될 수 있다는 사실을 깨달아야 합니다. 물론 법이 허용하는 범위 내에서의 경영활동 자체가 비난을 받아서는 안 되지만, 해당 기업의 제품이 초래할 수 있는 문제를 고객에게 미리 알려야 합니다.

결함이 있는 제품이 생산된 경우에는 제조물책임(product liability)에 의한 보상을 해야 합니다. 때로는 제품 자체는 문제가 없지만 사용하는 과정에서 환경을 오염시키거나 희소자원을 대량으로 소모하는 경우 윤리적 문제가 대두될 수 있습니다.

최근에는 계획된 제품진부화 문제 역시 중요한 이슈입니다. 이는 소비자의 필요보다 짧은 시간 내에 제품 재구매를 유도하기 위해 의도적으로 제품수명주기를 단축시키는 행위입니다. 오늘날 대부분의 전자기기 제조 기업은 1년 또는 수개월을 주기로 신제품을 내놓는데, 이는 과소비나 자원 낭비 등의 문제를 초래할 수 있습니다.

소비자에게 가격을 속이는 행위

오도가격(misleading price)은 소비자를 속이는 가격을 말합니다. 실제로는 할인을 하지 않았음에도 할인을 한 것처럼 가격을 표시하거나(기만가격), 다른 조건에 대한 설명 없이 무조건 최저가라고 홍보하는 경우가 많습니다. 또한 가격을 인상하지는 않았지만 용량을 줄이거나 부품 또는 원료를 저렴한 것으로 교체해 실질적으로 가격을 인상시키는 경우도 있습니다. 이 역시 가격 차원의 윤리적 문제에 해당합니다.

무리한 밀어내기

앞서 '불법 밀어내기'에 대해 설명한 바 있습니다. 제조업체가 밀어낸 제품이 너무 많을 경우에는 이들을 정상적으로 판매하지 못하고 난매시장에 넘길 때가 많습니다. 난매시장은 대리점 등의 유통업체가 제조업체의 밀어내기식 영업으로 넘겨받은 제품을 전문적으로 처리하기 위한 도매전문시장을 말합니다. 대리점주는 강제로 넘겨받은 제품의 구입비용을 조금이라도 건지기 위해 난매시장을 통해 제품을 헐값에 판매합니다. 소규모 도매상들은 난매시장에서 사들인 제품을 시중가보다 저렴하게 판매하는데, 이 과정에서 탈세 등의 문제가 발생할 수 있으며 정상가로 판매하는 소매상에게 피해를 줄 수 있습니다.

광고에서의 윤리적 문제

사실과 내용이 다른 허위 광고, 내용을 사실보다 부풀리는 과장 광고, 거짓은 아니지만 실제와는 다른 인식을 갖도록 유도하는 오도 광고 등은 윤리적 문제를 일으킬 수 있습니다. 바나나가 들어가지 않은 바나나맛 우유를 광고하면서 바나나가 우유 속에 풍덩 빠지는 그래픽을 사용할 경우에는 소비자들이 우유에 바나나가 들어간 것으로 오해할 수 있으므로 오도 광고에 해당합니다.

적은 비용으로 큰 수익을 만들어라! 생산운영관리

경영학 무작정 따라하기

생산성과 효율을 높이려면
생산운영관리는 필수다

많은 사람에게 '생산운영관리'는 다소 생소할 것입니다. 이는 '생산 (production)'과 '운영(operation)'의 개념을 합친 용어입니다. 제1차 산업, 제2차 산업, 제3차 산업, 제4차 산업과 같은 용어를 들어본 적 있으시죠? 생산은 다양한 산업에서 제품이 만들어지는 과정을 의미합니다. 과자가 만들어지는 것, 자동차 혹은 스마트폰이 만들어지는 것이 모두 생산에 해당하죠. 운영은 흔히 서비스업의 관리를 의미합니다. 호텔에서 고객을 맞이하고 객실로 안내하는 업무, 항공기에서 고객에게 식음료를 대접하는 업무 등을 계획하고 실행에 옮기는 것이 운영의 예입니다. 결론적으로 생산운영관리는 다양한 투입물을 제품이나 서비스와 같은 산출물로 만들기 위해 기업이 수행하는 모든 활동이라 정의할 수 있습니다.

생산운영관리의 첫 번째 목표는 원가 절감이다

앞서 효율성에 대해 공부한 것을 기억하시나요? 효율성은 최소한의 투입으로 최대한의 산출을 달성하는 것을 의미합니다. 가장 적은 시간을 들여 가장 높은 성적을 얻는 공부 방법이 있다면 그것은 효율적인 공부 방법인 것이죠. 이처럼 가장 적은 자원을 투입해 최대한 많은 제품을 생산할 수 있다면 그 기업은 효율적인 생산 방식을 택한 것입니다. 이처럼 효율성은 생산성과 밀접한 관련이 있습니다.

$$\text{생산성} = \frac{\text{산출량}}{\text{노동이나 자본의 투입량}}$$

위의 식에서 분모에 노동의 투입량만 들어가는 경우를 노동생산성, 자본의 투입량만 들어가는 경우를 자본생산성이라 부릅니다. 그렇다면 이번에는 똑같은 산출량을 달성하는 경우를 가정해봅시다. 노동이나 자본의 투입이 많아야 효율적일까요, 적어야 효율적일까요? 당연히 적어야 효율적입니다.

바로 여기서 생산운영관리의 첫 번째 목표가 도출됩니다. 생산운영관리는 원가 절감을 지향합니다. 원가는 제품이나 서비스의 생산 시설에 투입되는 설비투자비용과 그 시설을 운영하기 위해 필요한 비용을 총칭하는 개념입니다. 원가는 크게 고정원가와 변동원가로 구분됩니다. 고정원가는 설비투자와 관련된 건물구입비나 임대료 등을 포함하는 개념이고, 변동원가는 설비운영과 관련된 재료비나 시간당 인건비 등을 포함하는 개념입니다. 원가경쟁력은 상대적으로 낮은 가격의 투입 자원을 확보하거나 생산성을 향상시켜서 얻게 되는 가격경쟁력을 의미합니다.

더 좋은 품질의 제품을 만드는 것도 생산성 향상이다

물론 원가를 절감하는 것은 좋지만, 저렴한 원재료를 사용하려고만 하거나 제품을 빨리빨리 만들다 보면 불량품이 생길 수 있습니다. 따라서 생산운영관리에서는 원가 절감만큼이나 품질 향상 역시 중요한 과제입니다. 품질은 제품이나 서비스가 달성해야 하는 일정한 기준 내지는 표준과 관련이 깊습니다. 스마트폰으로 예를 들면 무게나 두께, 폭과 너비 등의 규격을 말하는데, 그 수치들이 고객 혹은 기업 입장에서 더 개선된다면 결국 품질이 향상되는 것입니다. 무게가 더 가벼워지거나 통신 속도가 더 빨라지는 것이 그 예입니다.

생산 시간을 줄이면 곧 돈이 된다

생산운영관리에서는 시간 절약을 강조합니다. 생산에 걸리는 시간, 고객의 주문을 받은 이후 응대하기까지의 시간, 고객이 온라인 쇼핑몰에서 주문한 제품이 배송되기까지의 시간 등을 줄이기 위해 노력해야 합니다. 산출물을 생산하는 데 소요되는 시간을 단축하면 직원들의 인건비도 절감되고, 생산 설비도 더욱 효율적으로 활용할 수 있습니다.

다만, 생산운영관리에서는 항상 모든 시간을 줄여야 한다고 강조하지 않습니다. '적기(適期)'라는 개념이 있습니다. 이는 고객이 제품이나 서비스를 원하는 적절한 타이밍에 기업 측이 공급하는 것을 뜻합니다. 대부분의 고객은 빠른 응대를 선호하지만, 경우에 따라서는 특정 시점에 제품이나 서비스를 필요로 할 수도 있습니다. 예를 들어 저녁 7시에 친구들이 집에 오기로 해 배달 음식을 주문했다면 너무 빨리 배달되어 음식이 식어버리는 것보다는 약속한 시간에 음식이 배달되는 것이 좋겠죠? 이처럼 생산운영관리에서의 시간은 신속한 공급과 더불어 적기 공급의 개념도 포함됩니다.

유연성을 높여 고객의 수요에 빠르게 대응하라

생산운영관리에서는 고객의 요구나 시장 트렌드에 맞춰 생산량이나 제품 및 서비스 사양을 변경하는 것을 중요하게 생각합니다. 휴대폰의 경우, 1990년대부터 2000년대 후반까지는 전 세계적으로 크기가 작아지는 것이 트렌드였지만, 2010년대부터 시작된 스마트폰 시대에는 크기가 점차 커지는 것이 트렌드입니다.

이처럼 고객의 요구나 시장 트렌드가 변화할 경우에는 생산공정과 제품 디자인, 서비스 전달 내용 등을 알맞게 변경할 필요가 있습니다. 이를 유연성(flexibility)이라 부릅니다. 유연성은 방금 이야기했듯 제품 및 서비스의 내용을 바꾸는 것뿐 아니라 생산량 자체를 늘리거나 줄이는 것을 포함합니다. 겨울에는 두꺼운 옷의 생산량을, 여름에는 얇은 옷의 생산량을 늘리는 것, 신학기에 교재 출판을 늘리는 것, 특정 제품이 드라마 유행에 힘입어 수요가 증가할 경우 생산 설비를 증설해 고객 수요에 대응하는 것 등이 모두 유연성의 사례입니다.

고객에게 꼭 필요한 기능을
담아 설계하라

새로운 제품과 서비스를 만드는 첫 단계를 설계(design)라 합니다. 스마트폰의 혁신을 가져온 애플의 아이폰과 같이 소비자에게 호평을 받는 제품이 설계될 경우에는 기업이 새로운 반전 기회를 얻게 되는 반면, 그렇지 못한 제품이 설계될 경우에는 잘나가던 기업조차 소비자의 호응을 얻지 못해 기업 이미지가 실추되는 손실을 입게 됩니다. 또한 설계는 생산운영관리를 구성하는 여러 프로세스의 출발점이기도 합니다. 이번 장에서는 설계와 관련된 개념들을 살펴보겠습니다.

제품 개발부터 생산까지 한 번에 – 동시공학

일반적으로 제품 개발은 '계획 → 제작 → 테스트 → 정식 출시' 순으로 이루어집니다. 이 과정을 '순차적 접근법'이라 부르죠. 어찌 보면 순차적으로 제품을 만드는 것은 당연한 일입니다. 제품의 사양과 특징을 확정한 뒤 이를 구체적인 디자인으로 구현하고, 디자인을 반영해 샘플을 만들고, 이를 일부 고객이 시험 삼아 사용해보게 하고, 반응이 좋으면 정식으로 출시합니다. 하지만 순차적 접근법을 사용할 경우에는 몇 가지 문제가 발생할 수 있습니다. 예를 들어 실제 생산이 불가능한 디자인을 해놓고 억지로 생산을 밀어붙이거나, 반대로 생산 효율만 신경 쓰고 고객이 원하는 바를 제대로 반영하지 못한다면 문제가 되겠죠. 예시와 같은 문제가 발생하는 이유는 제품 콘셉트를 잡는 설계 담당자 또는 디자이너와 실제 제작을 담당하는 생산 담당자 사이에 협력이 유기적으로 이루어지지 못했기 때문입니다. 이처럼 설계자와 생산자 그리고 고객의 의견을 듣는 마케터 간에 교류와 협력이 없다면 경쟁이 치열한 오늘날 시장에서 우위를 점할 수 없습니다.

이에 최근에는 고객의 목소리를 반영하기 위해 설계 담당자와 생산 담당자뿐 아니라 마케팅 담당자와 구매 담당자까지 제품 개발 및 제작 프로세스 설계에 참여하는 경우가 많습니다. 이를 뜻하는 용어가 바로 '동시공학(concurrent engineering)'입니다. 동시공학을 활용하면 순차적 접근법을 사용하던 기업이 시간기반 경쟁력(time-based competitive advantage)을 갖추게 되어 발 빠른 고객 대응이 가능해집니다.

고객을 생각하며 설계하라 – 품질기능전개

앞서 살펴보았듯 제품 설계에서 가장 중요한 것은 기술적 측면의 우위보다 고객이 원하는 제품이 생산될 수 있도록 하는 것입니다. 그러나 상당수의 기업이 고객이 무엇을 원하는지는 신경 쓰지 않고 자신들의 기술력과 특허를 과시하기 위한 제품을 내놓는 경우가 있습니다. 특히 기술과 시장 변화 속도가 빠른 산업(전자산업 등)에서는 기술 위주의 사고방식으로 인해 때로는 고객이 필요를 느끼지 못하는 제품 사양 위주의 경쟁이 이루어지기도 합니다. 스마트폰을 예로 들면 인간의 눈으로 식별이 불가능한 작은 단위의 화소까지 개선하려 한다거나, 두께를 너무 얇게 만들어 정작 손으로 잡기 힘들어지는 것이 이러한 사례입니다. 고객지향적 설계는 이러한 시장에서 경쟁사들과 차별화하는 방법 중 하나가 될 수 있습니다. 이는 철저하게 고객이 무엇을 원하는지를 중심으로 디자인이나 기능 등을 개선하는 것을 말합니다. 그리고 고객지향적 설계를 실현하기 위한 도구로 흔히 언급되는 것이 바로 품질기능전개(QFD, Quality Function Deployment)입니다. 이는 고객의 요구 사항을 도출하고 분석해 이를 설계와 생산 프로세스에 반영하는 방법입니다. 예를 들어 자동차의 품질기능전개는 다음과 같이 진행될 수 있습니다.

자동차의 품질기능전개
① 고객이 우리 회사 자동차에 원하는 바를 설문조사 등을 통해 도출한다.
② 설문조사 항목을 제품 설계에 반영할 수 있는 영역(자동차 문, 타이어, 좌석 등 부문별 명칭)으로 정리한다.
③ 각 영역별로 경쟁사가 개선에 집중하는 분야가 무엇인지 확인한다.
④ 설문조사 등의 결과를 토대로 우리 회사가 개선해야 할 점들을 정리한다.
⑤ 최종적으로 신제품에 우선적으로 반영할 설계 항목을 추려낸다.

제품의 가치를 높여라 – 가치분석과 가치공학

어차피 같은 원가를 투입해 제품을 만들 것이라면 고객이 사용하기 편리하고 깔끔하다는 느낌이 들게끔 하는 것이 좋습니다. 반대로 고객이 제품에 대해 평가하는 가치가 일정하다면 제품 생산에 투입되는 원가를 절감하는 것이 좋겠죠. 이처럼 완성된 제품이 고객에게 줄 수 있는 가치를 높이기 위한 분석 과정을 '가치분석(value analysis)'이라 하고, 가치분석이 이루어지는 과정을 '가치공학(value engineering)'이라 합니다. 구체적으로는 동일한 원가로 제품의 유용성을 증대시키거나, 유용성을 유지하면서 제품 원가를 줄이는 방안을 연구하는 것을 말합니다. 가치분석은 다음과 같은 질문에 답을 하며 진행됩니다.

> **가치분석 진행 단계**
> ① 불필요한 설계 요소를 포함하고 있는지 확인한다.
> ② 2개 또는 여러 개의 부품을 하나로 묶는 방법은 없는지 확인한다.
> ③ 무게를 줄일 수 있는 방법은 없는지 확인한다.
> ④ 제거되어도 되는 부품은 없는지 확인한다.

가치분석은 오늘날 여러 제품의 설계에 폭넓게 활용되고 있습니다. 스마트폰에서 UI(User Interface) 방식을 바꾸거나, 자동차에서 조작 버튼 개수를 조정할 때도 가치분석이 사용됩니다. 과거에는 고급 자동차일수록 사용자가 활용 가능한 기능의 개수를 늘리는 것이 일반적이었지만, 오늘날에는 가치분석을 통해 고객들이 실제로 잘 사용하지 않는 불필요한 기능들을 제거하는 것이 트렌드입니다. 심플함을 추구하면 디자인이 개선되는 동시에 개발비도 줄일 수 있기 때문입니다.

환경과 조건의 영향을 극복하라 – 로버스트 디자인

영어 단어 'robust'는 '강하다'라는 의미를 갖고 있습니다. 여기서 유래한 로버스트 디자인(robust design), 우리말로 '강건 설계'는 제품이나 서비스가 보다 다양한 환경에서 성능을 발휘할 수 있도록 하는 설계 방법을 뜻합니다. 이는 일본의 품질 혁신 대가 다구치 겐이치(田口玄一) 박사가 고안했다 하여 다구치 디자인(Taguchi design)이라 불리기도 합니다.

로버스트 디자인의 핵심은 제품 성능을 저하시킬 수 있는 각종 요인이 제품에 미치는 영향을 줄이는 것입니다. 조금 어렵나요? 예를 들어 스마트폰과 같이 사람들이 늘 휴대하는 제품은 물에 빠지거나 습기가 차면

오작동이 발생할 수 있고, 심각한 경우 전원이 꺼지기도 합니다. 그렇다고 해서 소비자들에게 '물을 조심하세요'라고 경고만 하기에는 고객편의성이 떨어지고, 물에 닿은 제품의 애프터서비스 등에 수반되는 비용도 증가할 것입니다. 이런 경우, 애초에 물이 스마트폰의 핵심 부품에 영향을 미치지 않도록 방수 설계를 하면 문제가 쉽게 해결되겠죠? 이와 같은 것이 바로 로버스트 디자인입니다.

MIT 에이지랩

고령화는 새로운 사업의 기회가 될 수도 있다. 고령인구비율이 늘어난다는 것은 곧 고령의 소비자가 주요 소비자가 된다는 의미이므로 그들을 위한 맞춤형 제품이나 서비스를 출시할 경우 사업의 전망이 밝아질 수 있다. 미국 매사추세츠공대(MIT)의 에이지랩(Age Lab)은 과거와 다른 요즘 노인들이 새로운 시장을 만들 수 있다는 데 주목하여 새로운 노년층을 위한 기술을 연구하기 위해 2001년 세워졌다. 이곳의 연구원 30여 명은 컴퓨터공학이나 산업공학, 인지과학 등 이공계부터 정책, 사회복지, 심리학, 사회과학까지 다양한 분야 출신으로 구성되어 있다. 독일 자동차회사 다임러벤츠와 전자전기회사 지멘스, 미국 약국체인 CVS, 스포츠용품 브랜드 뉴발란스, 음료회사 펩시…. 이름만 대면 알 법한 글로벌 기업들이 모두 '한 수 배우겠다'며 에이지랩을 찾았다. 에이지랩을 대표하는 제품 중 하나는 2005년 다임러벤츠 및 지멘스와 함께 개발된 '아그네스(AGNES)'다. 영문 'Age Gain Now Empathy System(노인에게 공감할 수 있는 노화 체험 시스템)'의 약자인 아그네스는 전문 물리치료사 등의 조언을 바탕으로 70대 후반 노인이 경험하는 노화와 만성질환에 따른 불편함을 느낄 수 있도록 설계된 장치다. 다임러벤츠, 지멘스의 직원들은 아그네스를 입고 차에 시승하거나 자신들의 제품을 사용해보는 것은 물론이고 동작 게임과 레고 조립 등을 했다. 이후 다임러는 차에 타고 내릴 때 허리를 덜 숙일 수 있도록 구조를 바꿨다. 전자제품의 작은 버튼 때문에 계속 잘못된 버튼을 누르는 '간단한 좌절'을 경험한 후 지멘스 직원들은 제품의 버튼 배치를 바꿨다.

출처: 임보미, <노인 운동화에 끈대신 '찍찍이' 달았더니… 청년층 구매도 늘어> 수정 인용, 동아일보, 2019. 07. 26

남기지 않고 판매하기 위한 수요예측

제품과 서비스를 설계한 후에는 그것이 시장에서 얼마나 팔릴지 예측하는 작업이 필요합니다. 수요예측에 따라 생산 설비 가동 계획, 인력 선발 등 세부 작업들이 달라지기 때문입니다. 이번 장에서는 기업이 출시할 제품에 대한 수요나 생산 수량을 예측할 때 활용 가능한 기법들을 살펴보겠습니다.

정성적 기법

정성적 기법(qualitative method)은 예측자의 주관적 판단으로 예측을 수행하는 방법입니다. 판단적 기법 또는 질적 기법이라 불리기도 합니다.

- **시장조사**: 외부 전문 조사기관에 예측을 의뢰하는 방법이다. 신제품 개발에 대한 아이디어, 제품에 대한 소비자 의견, 경쟁 제품과의 비교 등의 내용을 담으며, 주로 인터뷰와 설문조사를 통해 이루어진다.
- **경영자 판단**: 신제품 개발, 새로운 시장으로의 진입과 같이 전략적인 판단이 필요한 경우 경영자나 임원진들이 서로 의견을 교환하며 수요를 예측하는 방법이다.
- **역사적 유추**: 과거 출시된 제품이나 서비스가 시장에서 어떻게 성장하고 자리 잡았는지를 검토하며 수요를 예측하는 방법이다.

- **판매원 추정**: 고객과 가장 밀접한 곳에서 정보를 수집하는 판매원을 대상으로 주기적으로 수요추정치 등을 확보한 다음 이를 바탕으로 예측하는 방법이다.
- **델파이법(delphi method)**: 1950년대에 미국의 랜드연구소(Rand Corporation)에서 개발한 기법이다. 전문가들로 구성된 집단구성원 각각에게 개별적으로 특정 주제에 관한 의견을 묻고 응답 결과를 수집한 다음, 이를 전체 구성원이 돌려 읽은 뒤 다시 의견을 묻는 절차를 반복하며 집단 전체의 합일된 견해를 도출하는 방법이다. 주로 참고할 만한 전례가 없을 때의 수요예측에 사용된다.

정량적 기법

정량적 기법(quantitative method)은 과거 생산량이나 시장 데이터를 활용해 계량적인 분석을 하는 수요예측 방법입니다. 정량적 기법 중 가장 널리 사용되는 방법은 시계열 분석(time series analysis)으로, 이는 과거 자료(매출액, 수요량, 생산량 등)를 시간의 흐름으로 정리한 자료 집합인 시계열(time series) 정보에 기반을 두고 미래를 예측하는 기법입니다. 시계열은 크게 네 가지 요소로 구성됩니다.

- **추세(trend)**: 흔히 '트렌드'라 불린다. 시장 수요가 전반적으로 증가하는지, 아니면 감소하는지의 양상을 말한다.
- **순환(cycle, 주기)**: 거시적 환경 요인(정치, 경제, 사회적 측면)으로 인한 변화 양상을 말한다. 예를 들어 대통령이나 국회의원을 뽑는 선거 주기나 글로벌 경기침체가 반복되는 주기 등은 시장 수요의 증가 또는 감소에 영향을 미친다.
- **계절 변동(seasonal variation)**: 1년 단위로 되풀이되는 변화 양상을 말한다. 같은 제품이라 해도 봄, 여름, 가을, 겨울마다 수요가 달라질 수 있다.
- **임의 변동(random variation)**: 앞서 언급한 추세, 순환, 계절 변동 등에 의해 설명이 힘든 돌발적 변화 양상을 말한다. 임의 변동은 학자에 따라 확률 변동, 무선 변동, 불규칙 변동 등으로 불리기도 한다.

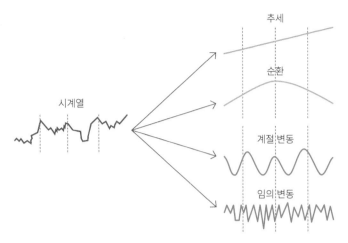

이동평균법(moving average method)은 최근 n개의 데이터를 평균해 미래 수요예측값을 도출하는 기법으로, 구체적인 계산 방법에 따라 다음과 같이 나뉩니다.

- **단순이동평균법(simple moving average method)**: 제품 수요 변화가 빠르지 않고 계절 변동이 크지 않은 경우 주로 활용하는 기법으로, 최근 n개 데이터를 평균해 예측값을 계산한다.
- **가중이동평균법(weighted moving average method)**: 상대적으로 최근의 값이 미래를 예측하는 정확한 정보라는 가정에 입각한 분석이다. 최근 데이터에는 높은 가중치를, 과거 데이터에는 상대적으로 낮은 가중치를 순차적으로 부여해 이들 가중치와 데이터의 곱들을 합하는 방식(가중평균)으로 예측값을 계산한다.

최근 3년 베리굿토익학원의 수강 인원이 다음과 같다면, 2021년 수강 인원은 몇 명으로 예측할 수 있는가?

연도	2018년	2019년	2020년
수강 인원(명)	100	200	300
가중치	0.1	0.2	0.7

① **단순이동평균법으로 계산한 경우**

2021년 수강 인원=(100+200+300)/3= 200(명)

② **가중이동평균법으로 계산한 경우**

2021년 수강 인원=(100×0.1)+(200×0.2)+(300×0.7)=260(명)

예측 기법의 정확도를 확인하는 예측오차

예측 기법이 과연 미래의 제품 수요를 정확하게 예측할 수 있을까? 이를 검증하기 위해서는 예측오차(forecasting error)를 확인하면 된다. 보통 예측오차는 우리가 사용하는 예측 기법에 의해 추정된 수요의 예측값과 실제 수요와의 차이로 정의된다.

오차 = 실제값 - 예측값

따라서 예측의 정확도는 예측오차와 반비례한다. 예측오차가 작을수록 정확한 예측이라 할 수 있다. 예측오차에는 다음과 같은 유형이 있다.

- **편의오차(bias error)**: 예측모형상의 원인으로 인해 나타나는 오차. 예를 들면 모형에 적용되는 가중치가 잘못되어 대부분의 예측값에서 비슷한 오류가 발견되는 것이다.
- **무선오차(random error)**: 예측모형으로 설명되지 않는 미지의 원인에 의해 발생하는 오차. 우연오차 또는 확률오차라고도 한다.
- **누적오차(CFE, Cumulative Forecasting Error)**: 해당 기간에 발생한 오차의 합
- **평균오차(ME, Mean Error)**: 누적오차를 기간으로 나눈 값. 평균오차가 0이라 해서 예측이 정확한 것은 아니다. 양(+)의 오차와 음(-)의 오차가 상쇄되어 평균이 0이 될 수도 있기 때문이다.
- **평균제곱오차(MSE, Mean Square Error)와 평균절대편차(MAD, mean absolute deviation)**: 오차 제곱의 평균과 오차의 절대값을 평균한 것. 이들 두 값이 0인 경우에는 예측이 정확하다고 볼 수 있다. 제곱값이나 절대값이 0이 되려면 원래의 값도 0이어야 하기 때문이다.

생산운영의 과정과 절차

제품을 만드는 생산관리, 서비스를 관리하는 운영관리 모두 장기·중기·단기적 의사결정을 필요로 합니다. 이번 장에서는 이러한 주요 의사결정 사항을 장기의 생산능력 확정, 중기의 총괄생산계획, 단기의 주생산계획과 자재소요계획으로 나누어 살펴보겠습니다.

가장 먼저 생산능력을 확정하라

기업은 장기적 차원에서 설비의 생산능력을 확정해야 합니다. 잘 이해가 되지 않는다고요? 공장이나 토익학원과 같이 제품 생산이나 서비스 제공에 활용되는 공간을 설비(facility)라 부릅니다. 이곳에서 얼마나 많은 제품을 생산할 수 있는지, 얼마나 많은 수의 고객을 응대할 수 있는지 등을 뜻하는 말이 바로 생산능력입니다. 생산능력을 표현하는 몇 가지 개념을 알아보도록 하겠습니다.

설계능력

어떠한 설비가 '이상적 조건'에서 최대한 생산할 수 있는 수량을 뜻합니다. 인간이 이상적으로 하루 14시간 동안 일할 수 있다면 그것이 바로 인간의 설계능력입니다. 공장의 기계를 하나의 자동차라고 비유하면, 어떤 하이브리드 자동차가 1리터당 16킬로미터를 달리는 것으로 설계가 되었을 때 이 연비가 바로 설계능력이 됩니다.

유효능력

'정상적이고 일반적인 조건'에서 달성되는 최대 생산량을 뜻합니다. 인간은 이상적으로 14시간 동안 일할 수 있지만, 식사도 하고 출퇴근도 하고 여가 시간도 즐겨야 하므로 현실적으로는 8시간 정도 일할 수 있습니다. 하이브리드 자동차 역시 연비가 1리터당 16킬로미터라 해도 실제로는 급제동이나 급가속 등 연료소모량을 늘리는 환경에 노출되어 있으므로 13킬로미터 정도가 평균적인 유효능력에 가깝습니다.

실제 생산량

일정 기간 동안 '실제로 달성한 생산량'을 뜻합니다. 8시간 동안 일할 수 있는 사람이라 해도 개인적인 사정으로 3시간밖에 일하지 못할 수도 있습니다. 하이브리드 자동차 역시 운전자의 미숙함 때문에 유효능력보다 못한 1리터당 8킬로미터의 연비를 기록할 수도 있습니다.

이상의 내용을 종합해보면 세 가지 생산능력 사이에는 다음과 같은 식이 성립합니다.

설계능력 ≥ 유효능력 ≥ 실제 생산량

위 식에서 실제 생산량이 설계능력으로부터 차지하는 비율을 가동률(utilization, 생산능력이용률)이라 부릅니다. 가동률은 설비나 노동력이 현재 사용되고 있는 정도를 뜻합니다. 예를 들어 가동률이 80%라면 해당 공장은 20%의 여유생산능력을 갖게 됩니다. 여유생산능력은 이처럼 100%에서 가동률을 뺀 수치인데, 일반적으로 수요 변동이 큰 업종일수록 여유생산능력을 크게 유지하는 것이 바람직합니다.

$$가동률(\%) = \frac{실제\ 생산량}{가동률} \times 100$$

제품별 중기 생산량을 결정하는 총괄생산계획

공장의 규모, 사업장의 면적 등 설비의 생산능력에 관한 의사결정이 끝났다면, 해당 설비에서 제품과 서비스를 어떤 방식으로 생산할 것인지 중기계획을 세워야 합니다. 이는 대략 6~18개월 사이에 발생하는 고객 수요를 최소 비용으로 충족시킬 수 있도록 해당 설비에서 함께 생산될 각 제품군(product family)의 생산량과 이를 달성하는 데 필요한 직원의 규모 등을 정하는 것입니다. 여기서 '총괄'이라는 용어를 사용하는 이유는 개별 제품만을 위해 세우는 계획이 아니라, 해당 설비에서 기업이 생산하는 여러 제품에 공통으로 적용되는 계획이기 때문입니다.

일정하지 않은 수요에 대처하는 두 가지 전략

고객 수요는 일정하지 않습니다. 어떤 날에는 고객이 엄청나게 몰리고, 어떤 날에는 파리만 날리기도 하죠. 그래서 기업은 변화하는 고객 수요에 대응하기 위한 방안을 모색해야 합니다. 그 방법은 크게 두 가지가 있는데, 하나는 수요 변동에 즉시 생산량을 맞춰 나가는 추종 전략(chase strategy)이고, 다른 하나는 미리 일정량을 만들어두어 수요가 변하더라도 무리 없이 대응해 나가는 평준화 전략(level strategy)입니다.

추종 전략	평준화 전략

시장 상황에 따라 생산량을 조절하는 추종 전략을 사용할 경우, 직원들의 근무 시간이나 작업 인원 수 등이 매번 변동되어야 하므로 직원과 기업 입장에서 부담이 되는 것이 사실입니다. 그러나 재고를 처리해야 하는 경우나 제품이 부족해 고객이 불만을 가지는 경우가 적기 때문에 판매 기회를 놓쳤을 때 비용이 매우 큰 고가 제품에는 추종 전략을 사용할 수 있습니다.

일정량을 꾸준히 생산해 재고를 축적하고 이를 판매하는 것을 평준화 전략(level strategy)이라 부릅니다. 이 전략을 사용할 경우, 고객 수요 변동과 무관하게 직원들이 일정한 시간 동안 일정한 속도로 작업을 진행하면 됩니다. 고객이 줄어 제품이 덜 팔리더라도 미리 정한 분량만큼 작업하고, 팔리지 않은 제품은 재고로 축적합니다. 그러다 수요가 늘어 갑자기 판매량이 생산량을 초과할 때는 축적해둔 재고를 활용해 판매합니다. 기업과 직원 입장에서는 생산량 변동이 거의 없어 고용이 안정되고 생산계획을 세우는 것이 용이하지만, 가끔은 재고가 부족한 경우가 생겨 고객들의 불만이 증가할 우려가 있습니다.

알아두세요

부재고(backorder)

제품이 부족해 고객에게 다음 방문 시 제품을 제공해주겠다고 약속하는 경우의 재고를 말한다. 마이너스 재고라고도 부른다. 쉽게 말하면 제품이 남으면 재고, 반대로 제품이 부족할 때는 부재고라 한다.

주생산계획과 자재소요계획

주생산계획(MPS, Master Production Schedule)

총괄생산계획은 여러 제품에 공통으로 적용된다고 이야기했습니다. 이는 곧 개별 제품의 생산계획을 수립하기 위해서는 총괄계획을 보다 더 세분화할 필요가 있다는 의미입니다. 이처럼 총괄생산계획을 제품별·기간별로 분해한 것이 주생산계획이며, 대생산일정계획, 기준생산계획이라고도 부릅니다. 이는 개별 제품이 언제 얼마만큼 만들어져야 하는지 알 수 있도록 노동 시간과 기간 및 무게와 용량 단위 등으로 세분화시킨 생산계획을 뜻합니다.

자재소요계획(MRP, Material Requirement Planning)

특정 제품이 만들어지기 위해서는 부품이나 원자재가 필요합니다. 고객이 원하는 적합한 시점(적기)에 제품과 서비스를 공급하기 위해 주생산계획에 소요되는 원자재 및 반제품의 납기(납품 기한) 및 수량을 구체적으로 파악하는 과정을 자재소요계획이라 부릅니다. 주로 완제품 생산에 필요한 종속 수요(자재 및 부품)의 소요량을 계산해 부품 재고를 효과적으로 관리하는 데 사용되며, 보통 컴퓨터 프로그램을 활용해 구축합니다.

MRP 시스템

MRP 시스템은 제품 생산과 조립에 있어 자재가 투입될 시점과 양을 관리하기 위한 것으로, 고객 수요의 정확한 예측, 필요한 부품 주문의 정확한 타이밍 등을 알 수 있는 동시에 고객에게 납품하는 날짜까지 단축시킬 수 있어 궁극적으로 생산운영의 효율성을 높여줍니다.

MRP 시스템 구축을 위해서는 주생산계획, 자재명세서(BOM, Bill Of Material), 재고기록철(IR, Inventory Record) 등이 필요합니다. 주생산계획은 앞서 설명한 바와 같이 개별 제품의 생산 일정과 작업 단위 등을 세분화한 자료이며, 자재명세서는 다음 그림과 같이 최종 제품의 생산에 필요한 모든 부품 및 원자재의 소요량을 기록한 자료로, 제작 단위에 따라 세분화된 제품구조나무(product structure tree)로 도해할 수 있습니다. 마지막으로 재고기록철은 부품별 현재 재고 상태와 발주량 및 총소요량 등을 정리한 문서입니다.

| 자재명세서 제품구조나무의 예 |

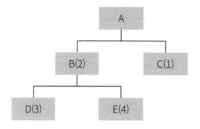

MRP 시스템은 경영 시스템의 전반적인 요소(인사관리, 마케팅, 전략, 물류 등)와 연계해 ERP(Enterprise Resource Planning, 전사적 자원 관리) 개념으로 확장되었습니다. 기업은 ERP를 통해 전산 시스템 운영 및 유지비용을 절감할 수 있으며, 고객 대응 속도를 높일 수 있습니다.

알아두세요

ERP 시스템
경영 의사결정에 도움을 줄 수 있도록 구축된 통합 정보 시스템

잠깐만요
작업일정계획

작업일정계획(operations scheduling)은 개별 주문에 대한 작업이 직접적으로 이루어지는 생산 라인, 기계, 작업장에서의 생산 일정을 구체적으로 계획하는 과정이다. 작업 순서를 결정하는 과정에는 먼저 도착한 업무를 우선적으로 처리하는 선착순 규칙, 납기가 가장 빠른 것부터 처리하는 최소납기일 규칙, 작업 시간이 적게 걸리는 업무부터 처리하는 최소처리시간 규칙 등이 활용될 수 있다.

최적 생산량을 파악하는 공정과 제약이론

이번 장에서는 생산 과정의 핵심이라 할 수 있는 제조공정과 현대 경영학에서 각광받고 있는 주제 중 하나인 제약이론(TOC, Theory Of Constraints)을 집중적으로 살펴보겠습니다.

공정의 개념과 종류

공정(process)은 원재료를 제품으로 바꾸는 기업의 모든 기능을 뜻하는 용어입니다. 영문을 그대로 사용해 '프로세스'라 부르기도 합니다. 공정은 제품 흐름의 구체적 양상에 따라 구분할 수 있습니다. 제품 흐름이란 제조업에서는 공장 자체의 진행 방식을, 서비스업에서는 고객의 흐름이라 할 수 있습니다.

제품 흐름에 따른 공정은 다음과 같이 네 가지로 구분됩니다.

주문생산공정(jobshop process, 개별 작업 프로세스)

다양한 제품을 소량으로 생산하는 수공업에서 주로 활용되는 공정입니다. 제품마다 각기 다른 방식과 고객의 요청 사항을 반영해 생산됩니다 (수제 구두, 지갑 등). 따라서 주문생산공정의 가장 큰 특징은 생산의 유연성이 크다는 것입니다. 대신 원재료나 인적자원을 효율적으로 활용하지 못하는데, 그 이유는 고객들의 요청 사항을 일일이 반영하는 과정에서 생산에 걸리는 시간이 늘어나기 때문입니다.

묶음생산공정(batch process)

주문생산공정을 약간 변형해 더 많은 수량 생산에 활용되는 것이 묶음 생산공정입니다. 여기서 '묶음'을 의미하는 영어 단어 'batch'는 한꺼번에 생산되는 물건들의 집합을 의미합니다. 조금 어렵나요? 보통 빵을 구울 때 적게는 대여섯 개, 많게는 20개가 넘는 반죽을 준비해 오븐에 넣습니다. 그럼 여러 개의 빵이 한 번에 만들어지겠죠? 이들의 묶음을 'batch'라 합니다. 팥빵, 소보로빵, 마늘빵 등 다양한 빵을 생산할 수 있지만, 보통은 같은 빵 여러 개를 한 번에 생산합니다. 즉 묶음생산공정은 기본적으로 다양한 제품 생산에 활용되지만 앞서 살펴본 주문생산공정보다는 다수의 제품을 만들어내는 데 사용됩니다. 감자칩, 아이스크림, 전자 부품, 중장비 등의 생산에 묶음생산공정이 사용됩니다.

조립생산공정(assembly line process)

고정된 생산 경로를 따라 순차적으로 제품이 완성되어가는 흐름으로, 대부분의 공장에서 사용하는 방식입니다. 자동차나 스마트폰의 생산 과정을 보면 공정의 출발점부터 마지막 순서까지 일정한 생산 속도에 맞춰 이동한다는 사실을 알 수 있습니다. 조립생산공정은 대량생산에 적합한 대신 고객의 요청에 따라 제작 과정이나 산출물을 개별적으로 바꾸기가 힘듭니다. 즉 유연성이 다소 떨어지죠. 이러한 점에서 조립생산공정과 같은 대량생산공정을 연속공정(중간에 흐름의 끊김이 없는 공정)이라 부르기도 합니다.

연속생산공정(continuous flow process)

석유화학 공장이나 원자력 발전소 등과 같이 대규모 설비투자가 필요한 장치산업에서 주로 사용하는 생산공정을 연속생산공정이라 부릅니다. 조립생산공정과 같이 미리 정해진 순서대로 생산이 이루어지지만, 조립생산공정과 달리 여기서는 일종의 흐름(flow)이 만들어집니다. 석유나 전기 등은 눈에 보이는 한 덩어리의 제품으로 구분하기가 쉽지 않죠. 즉 연속생산공정에서는 액체나 고체 등의 원자재가 프로세스 내에서 이동하게 되므로 매우 높은 자동화와 24시간 가동 등을 특징으로 합니다.

프로젝트공정(project process)

프로젝트(project)는 목적 달성을 위해 일정 기간 내에 수행되어야 하는 일련의 작업 묶음을 뜻합니다. 선박이나 항공기 제작, 영화 촬영, 컨설팅 작업 등이 대표적인 사례죠. 이렇게 하나의 미션 수행에 가까운 과업 달성을 위해 여러 투입 요소가 집중적으로 투입되는 경우의 작업공정을 프로젝트공정이라 부릅니다.

낭비되는 시간을 잡아 효율을 높이는 제약이론

알아두세요

엘리 골드렛(1948~2011)
이스라엘 출신의 물리학자이며, 제약이론의 창시자이자 《The Goal》(1984년)의 저자이다. 제약이론을 단순한 생산관리 이론이 아니라 일반적 경영문제의 해결방법으로 전개시켰다.

엘리 골드렛(Eliyahu Goldratt)이 제창한 제약이론은 병목(bottleneck) 작업에서 낭비되는 시간이 최소화될 수 있도록 나머지 작업들을 배치하면 공정 흐름이 개선되고, 생산 시스템의 최적화도 달성된다는 이론입니다. 조금 어렵죠? 여기서 병목은 생산능력에 제약을 가하는 요인을 의미합니다. 조금 더 쉽게 말하면 '생산의 각 단계 중에 가장 오랜 시간이 걸리는 작업'이라 생각하면 됩니다.

골드렛에 의하면 기업의 생산능력은 병목에 의해 좌우됩니다. 예를 들어 한 인쇄소에서 인쇄, 표지 제작, 제본, 포장의 공정을 거쳐 책을 만든 다고 가정합시다. 이때 제본 작업에 걸리는 시간이 가장 오래 소요된다면 바로 이 단계가 병목이 되고, 인쇄소 전체의 출판양은 바로 병목인 제본 작업 시간에 따라 좌우된다는 것이 제약이론의 관점입니다. 정말로 그런지 예를 들어 살펴보겠습니다.

| 인쇄소의 제작 공정 |

| 인쇄 → 표지 제작 → 제본 → 포장 |
| 5시간   2시간   10시간   4시간 |

이 인쇄소의 공정에서 한 종류의 책이 만들어지기까지는 21시간이 소요됩니다. 네 단계의 소요 시간을 합쳐보면 쉽게 알 수 있겠죠? 보통 공장에서는 여러 작업을 쉬지 않고 진행하므로 이 인쇄소에서도 일단 한 종류의 책이 만들어진 후에 다른 종류의 책을 작업할 것입니다. 그렇다면 몇 시간 뒤에 또 다른 종류의 책이 만들어질까요? 정답은 10시간입니다. 그 이유를 함께 생각해봅시다.

위 공정에서 보면 한 종류의 책을 인쇄하는 데 걸리는 시간은 5시간입니다. 5시간이 지나면 다음 책의 인쇄 작업을 시작할 수 있습니다. 두 번째 공정인 표지 제작도 2시간 후에 다음 책을 작업할 수 있죠. 문제는 10시간이 걸리는 제본 작업입니다. 전 단계인 표지 제작이 2시간 만에 끝나더라도 제본 작업이 진행되는 동안에는 다음 공정으로 넘어갈 수 없습니다. 표지 제작을 담당하는 직원은 8시간을 대기해야 합니다. 그 다음 단계인 포장 작업 역시 4시간 작업한 뒤 다음 제본이 끝나기까지 6시간을 대기해야 합니다. 정리하면, 가장 긴 시간을 잡아먹는 제본 작업 때문에 나머지 단계가 모두 대기해야 하는 문제가 발생합니다.

골드렛은 바로 이 점을 착안하여 가장 긴 시간을 소모하는 공정 단계를 '병목'이라 지칭했습니다. 두 길이 합쳐지는 지점에서 자동차들이 얽혀

정체가 발생하는 것을 '병목현상'이라 하듯, 공장에서도 마찬가지로 시간이 오래 걸리는 작업 때문에 전체 생산 일정이 지체되는 것을 '병목'이라고 한 것입니다. 골드렛은 생산관리의 효율성을 위해 다음과 같이 두 가지를 제안했습니다.

① 병목이 무엇인지 확인하고 그 원인을 밝혀라.
② 병목 공정에서의 생산 시간을 단축하기 위해 노력하라.

이상의 원칙은 오늘날 제너럴일렉트릭(GE), 포드(Ford), 보잉(Boeing), 마이크로소프트(Microsoft) 등 여러 글로벌 기업과 동부그룹, 이랜드그룹, 삼성전기, 대우조선해양 등 여러 국내 기업에서 실제 경영 문제를 해결하는 도구로 활용되고 있습니다.

잠깐만요

공정과 설비 배치

공정과 설비 배치의 유형 간에는 밀접한 상관관계가 존재한다. 상대적으로 제작 과정상 유연성이 높고 제품 단위당 제조 원가가 높은 주문생산과 묶음생산의 경우에는 작업장마다 제품이 이동하므로 유연성이 높은 공정별 배치가 주로 사용되고, 제작 과정의 표준화가 강조되고 원가경쟁력이 필요한 조립생산과 연속생산의 경우에는 전용 라인을 따라 생산이 진행되는 제품별 배치가 주로 사용된다.

공정		설비 배치
단속공정 (intermittent process)	주문생산공정	공정별 배치
	묶음생산공정	
연속공정 (continuous process)	조립생산공정	제품별 배치
	연속생산공정	

고객이 원할 때 만들어라 – 적시생산(JIT)

적시생산이란 무엇인가

'적시'는 적합한 시각, 즉 고객이나 기업이 원하는 시간대를 말합니다. 따라서 적시생산(JIT, Just-In-Time)은 고객이 원하는 때에 제품이나 서비스를 기업이 공급할 수 있도록 하는 생산 방식을 의미합니다. 고객의 요구는 시시각각 변할 수 있으므로 결국 적시생산은 예상하거나 또는 예상치 못한 변화에 능동적으로 대응하는 동시에 효율성도 유지할 수 있도록 설계된 생산 방식이라는 의미도 함께 가집니다.

이러한 점에서 적시생산은 경영학에서 유연생산 시스템(FMS, Flexible Manufacturing System)의 일종으로 취급되고 있습니다. 새로운 시장 수요가 나타났을 때 이에 대응하기 위해 새로운 제품이나 서비스를 생산하는 것, 현재 제품 수요가 급증하여 이에 대응하기 위해 생산 규모를 증설하는 것 등이 모두 유연생산의 사례라 할 수 있습니다. 정리하면 적시생산과 유연생산은 유사한 의미로 사용된다고 이해하면 됩니다.

미국을 추격하기 위해 만들어진 도요타의 적시생산

적시생산이라는 용어가 처음 등장했을 때만 해도 그 의미는 오늘날 통용되는 유연생산의 의미와는 조금 달랐습니다. 일본의 도요타 자동차에서 유래한 생산 기법인 적시생산은 고객이 필요로 하는 제품을 필요 수량만큼 적시에 생산함으로써 불필요한 생산 요소를 철저히 배제하는 동시에 낭비를 줄인다는 의미를 갖고 있습니다. 낭비를 줄인다는 것은 미국식 소품종 대량생산 방식의 반대 개념입니다.

미국은 풍부한 자원과 물자를 이용해 많은 제품을 대량으로 미리 생산해두고 고객의 불만이나 불량이 발견될 때 즉시 교환해주는 관대한 정책으로 제조의 편리성과 고객 응대 신속성을 동시에 도모하고자 했습니다. 이러한 미국식 시스템에서는 품질 불량이나 기계 고장과 같은 사건들이 발생해도 축적해둔 재고가 많아 당장 매출이 줄어드는 문제가 발생하지 않습니다.

제2차 세계대전 이후 미국을 빠른 속도로 추격하기 위해 노력했던 일본은 부족한 자원과 역량으로 경쟁해야 했기에 불량이나 기계 고장 등의 문제가 가급적 발생하지 않도록 조직을 관리해야 했습니다. 이 과정에서 등장한 개념이 바로 적시생산입니다. 필요한 만큼만 정확하게 만들어 재고량을 줄이고, 재고가 적기 때문에 불량이나 설계 오류 등의 문제가 아예 발생하지 않도록 모든 불량의 원인을 원천 차단하는 정책을 사용한 것입니다. 결론적으로 적시생산은 부품과 자재 공급 및 재고 관리로부터 출발하여 생산계획과 통제 등의 분야에까지 확장된 개념이라 할 수 있습니다.

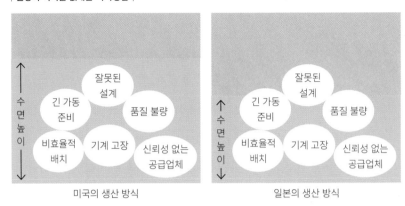

적시생산을 위한 풀 시스템

생산 원리는 크게 푸시 시스템(push system)과 풀 시스템(pull system)으로 구분할 수 있습니다. 푸시 시스템은 중간 생산물을 다음 단계로 밀어내는 방식으로 생산이 이루어지므로, 각 단계의 생산 속도가 정확하게 일치하지 않을 때는 공정 중간에 재고가 축적되거나 부족해질 가능성이 상대적으로 높습니다. 즉 계획대로 생산한다는 장점이 있는 대신 재고 관리가 어렵다는 단점이 있습니다.

반면 풀 시스템은 후속 작업공정에서 필요한 만큼만 이전 단계 공정에 요청하는 방식이므로, 공정이 끊어지지 않고 부드럽게 반복 및 연속적으로 이루어질 가능성이 상대적으로 높습니다. 즉 그때그때 필요한 만큼만 생산하므로 생산량이 매번 바뀌는 대신 낭비되는 재고가 거의 없습니다. 따라서 적시생산에 적합한 생산 개념은 풀 시스템입니다.

푸시 시스템	풀 시스템
생산자 중심의 사고	소비자 중심의 사고
미래 요구 충족을 위해 자재를 생산 라인으로 밀어내는 방식 → 개별 주문 생산의 경우	다음 공정의 수요가 있을 때 자재가 생산 라인까지 끌려오는 방식 → 반복 생산의 경우
비반복 생산에 적합(다품종 생산 등)	반복 생산에 적합(소품종 생산 등)
생산 과정에서 발생 가능한 약간의 불량 인정	가급적 무결점 추구
납품업자에 대한 공격적·적대적 관리	납품업자와의 협력 시스템 구축
효율성 추구	효율성과 유연성 동시 추구
재고는 불가피한 것	재고는 적을수록 좋은 것
대규모 로트(lot) 또는 배치	소규모 로트 또는 배치

풀 시스템을 완성하는 의사소통 수단, 칸반

필요한 만큼만 생산하기 위해서는 생산의 각 공정별로 자재가 얼마만큼 필요한지 공장 내 다른 부서와 정보를 교환할 필요가 있습니다. 이를 위해 도입된 '신호' 또는 '지시' 목적의 카드를 칸반(看板, kanban)이라 합니다. 작업자는 칸반을 통해 생산 흐름을 적절히 통제할 수 있으므로, 필요 부품의 재고가 부족해지거나 불필요한 자재가 남아도는 현상을 미연에 방지할 수 있습니다.

필요한 것을 즉각적으로 생산하기 위해서는 제조공정이나 결과물 검토 과정에서 가급적 불량이 발견되지 않도록 관리해야 합니다. 이를 위해 제품 생산 이후에 품질관리를 하는 것이 아니라 제조공정 중간중간에 실시간으로 품질 이상 여부를 확인하고 점검하는 작업이 필요한데, 이를 자동화(自動化, jidoka)라 부릅니다. 무언가 잘못되었을 때 프로세스와 조립 라인을 즉각 중지시키고 품질 검사를 행해 만약 문제가 발견되면 다른 작업자들과 해당 이슈를 공유하는 것입니다.

잠깐만요

포카요케

적시생산을 처음 창안한 일본의 도요타는 포카요케(ポカヨケ, poka-yoke)를 강조한다. 이는 품질관리 측면에서 실수를 방지하도록 행동을 제한하거나 정확한 동작을 수행하게 끔 하도록 강제하는 여러 기법을 말하는 용어다. 도요타 부사장이었던 시게오 싱고에 의해 고안되었으며, '실수(ぽか)를 피하다(避ける)'라는 뜻의 일본어에서 유래했다. 자동차 기어를 주차 상태인 'P'로 놓지 않으면 시동이 걸리거나 꺼지지 않게 만들어 운전자가 자동차를 안전하지 않은 상태로 두고 내리는 것을 방지하도록 한 것이 포카요케의 대표적인 사례다.

불확실성에 대비하는 재고관리법

경영학
무작정 따라하기

060

경영학자 제프리 페퍼는 자급자족을 하지 않는 한, 기업이 외부 환경으로부터 필요 자원을 조달받는 것을 피할 수 없으므로 의존도를 줄이기 위한 다양한 노력이 필요하다고 강조했습니다. 환경의존도를 낮추기 위해 기업이 수행하는 가장 대표적인 활동이 바로 재고 축적입니다. 이번 장에서는 재고의 의미와 필요성 및 주요 관리 방법을 살펴보겠습니다.

재고는 많을수록 좋은 게 아닐까

재고(inventory)는 기업 내에 보관되어 있는 제품이나 자원을 의미합니다. 생산 공장에서는 원재료를 축적해두는데, 갑작스럽게 재료가 많이 필요해지는 경우가 발생할 수도 있기 때문입니다. 이마트나 롯데마트와 같은 유통업체에서도 평균 판매 수량보다 조금 더 많은 물량을 창고에 쌓아두는 것이 일반적입니다. 특정 제품을 고객들이 평소보다 더 많이 찾는다 하더라도 원활하게 응대하기 위해서입니다. 그렇다면 재고는 일단 많이 가지고 있는 것이 좋을까요?

반드시 그렇지만은 않습니다. 재고도 자원이므로 이를 얻기 위해서는 돈을 써야 합니다. 일반적으로 재고를 축적할 때에는 다양한 관리비용이 발생합니다. 창고와 같은 보관 장소를 확보하면 임대료를 지급해야 하고, 제품 분실이나 파손에 대비해 보험도 들어둬야 합니다. 또한 기업은 재고를 확보하기 위해 지출하는 금액만큼 현금자산을 잃게 됩니다. 즉 은행에 넣어두면 이자 수익을 얻을 수 있을 바로 그 돈으로 재고를 확보하는 것입니다. 이는 유동성 저하로 이어질 수 있습니다. 재고를 적정량 이상으로 갖고 있는 경우를 과다 재고(overstock)라 하고, 이 경우에는 자금 효율이 떨어질 뿐만 아니라 도난 및 파손의 위험을 감수해야 합니다.

알아두세요

유동성
대개 현금보유량을 뜻한다.

반대로 적정량보다 재고를 적게 갖고 있는 경우를 과소 재고(understock)라고 합니다. 이 경우는 어떨까요? 고객이 평소보다 제품을 많이 찾거나 생산 주문이 증가해 더 많은 원재료가 필요하면 품절이 발생하게 됩니다. 원재료가 없어 생산 기회를 놓치거나 재고가 없어 판매 기회를 상실하면 당장 제품을 팔지 못해 발생하는 수익 상실의 문제뿐 아니라, 고객 신뢰도가 떨어질 수도 있습니다. 제품이 많이 없는 매장이라는 이미지가 생기면 고객은 경쟁업체 매장을 방문할 가능성이 큽니다. 결론적으로 과다 재고도, 과소 재고도 모두 문제입니다. 따라서 적정 재고량을 유지하는 것은 생산운영관리의 필수 과제라 할 수 있습니다.

재고가 필요한 순간을 파악하라

고객이 매일 같은 시간에 매장을 방문해 같은 수량만큼만 제품을 구입한다면 기업은 정확히 그만큼의 수량만 가지고 있으면 됩니다. 즉 고객 수요량 이상의 재고를 가지고 있을 필요가 없다는 뜻이죠. 하지만 현실은 그렇지 않습니다. 고객들이 몰리는 날도 있고, 파리만 날리는 날도 있죠. 물론 장사를 오래 한 사람은 고객이 언제 많이 몰릴지 예측할 수 있습니다. 그래도 예측만으로 영업을 할 수는 없겠죠? 그래서 필요한 것이 바로 안전 재고(safety stock)입니다.

안전 재고는 불확실성에 대처하기 위해 비축하는 재고를 뜻합니다. 고객 측면의 불확실성은 주로 소매점에서 문제가 되지만, 생산 공장에서도 자재 수급의 불확실성이 발생합니다. 따라서 대부분의 기업에는 안전 재고가 필요합니다. 불확실성은 제조 시간, 포장에 걸리는 시간, 배송과 조달에 걸리는 기간, 고객의 구매 의사결정 과정 등에 의해 발생합니다.

안전 재고의 크기를 결정하는 요인은 다음과 같이 두 가지로 압축할 수 있습니다.

안전 재고가 필요한 기간

재고가 필요한 기간이 길수록 안전 재고의 양도 증가합니다. 어떠한 제품의 배송 기간이 이틀이라면 이틀 동안 발생 가능한 수요의 불확실성을 감안해 안전 재고를 준비해야 합니다. 그러나 석유나 철광석처럼 선박으로 수송해야 하는 원재료의 경우 배송 기간 자체가 길어질 수 있으므로 더 많은 안전 재고가 필요합니다.

수요의 불확실성

기업이 직면하는 재고 문제에는 100% 확실한 것이 없습니다. 원재료가 얼마나 필요한지, 창고에 쌓인 제품이 어떤 추세로 판매될지 알 수 없기 때문입니다. 상대적으로 불확실성이 적고 예측이 가능한 업종에서는 안전 재고를 적게 확보하는 것이 가능하지만, 불확실성이 무척 커 수요 변동이 큰 업종이라면 안전 재고를 많이 확보해야 합니다. 결론적으로 수요의 표준편차가 안전 재고를 결정하는 중요 요인이 됩니다.

재고관리에서 고려해야 하는 비용

지금까지 살펴본 바를 종합해보면 결국 기업이 재고를 확보해야 하는 가장 기본적인 이유는 불확실성 때문입니다. 가급적 재고량이 줄어들면 좋겠지만, 예상하지 못한 상황을 대비해 재고를 가지고 있어야 하는 것이죠. '가급적 재고량이 줄어들면 좋다'라고 한 이유는 재고 자체는 물건이므로 보관에 필요한 비용이 발생하기 때문입니다. 앞서 언급했듯 보관을 위한 임대료나 제품의 분실이나 파손에 대비한 보험료 등이 대표적인 예입니다. 이러한 것을 재고유지비용(carrying cost)이라 부릅니다. 재고유지비용은 창고에 입고되는 재고량에 비례합니다. 따라서 이 비용을 줄이기 위해서는 한꺼번에 많은 양을 주문하기보다 필요한 양을 조금씩 여러 번 주문하는 것이 좋겠죠. 그런데 주문을 자주 하다 보면 주문비용(ordering cost)이 발생합니다.

여러분도 온라인 주문을 해본 적이 있을 것입니다. 주문 한 건당 보통 배송비 명목의 주문비용이 발생합니다. 이러한 비용은 주문 수량이 아닌 주문 건수에 따라 정해지는 경우가 많아 재고유지비용을 줄이기 위해 여러 번 주문을 하게 되면 주문비용이 증가해 바람직하다고 볼 수 없습니다. 따라서 기업의 재고관리에 있어 가장 중요한 목표는 재고유지비용과 주문비용의 합계를 최소화하는 것입니다. 이와 관련된 개념이 바로 경제적 주문량(EOQ, Economic Order Quantity)입니다.

경제적 주문량 계산 방법

경제적 주문량은 간단한 식을 통해 계산할 수 있습니다. 이 식은 재고유지비용과 주문비용을 계산한 다음 이를 더한 총비용이 언제 가장 작아질 수 있을지 검토하는 과정에서 도출됩니다.

$$EOQ = \sqrt{\frac{2DO}{C}} \times \sqrt{\frac{2 \times 연간\ 수요량 \times 건당\ 주문\ 비용}{재고\ 단위당\ 재고비용}}$$

다음 그래프를 봅시다. D는 제품이 1년간 판매되는 양(연간 수요량), C는
재고 단위당 유지비용, O는 주문 건당 비용입니다. 전체 비용 T를 가장
적게 하는 주문량 Q를 계산한 결과가 바로 EOQ, 즉 경제적 주문량입
니다.

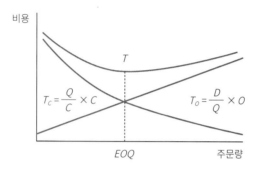

예를 들어 설명하면, 경제적 주문량은 신발가게에서 창고에 신발을 보
관하는 비용(재고유지비용)과 신발 주문부터 배송까지 드는 비용(주문비용)
의 합계를 최소화하는 신발주문량을 의미합니다. 만약 신발주문량을 늘
리면 연간 주문 횟수가 줄어들어 주문비용이 절감되지만, 한 번에 많은
양을 주문하게 되므로 창고보관료가 많이 들 것입니다. 반대로 신발주
문량을 줄이면 창고보관료는 절감되지만 신발 주문 횟수가 늘어나므로
주문 및 배송비용이 증가할 것입니다. 즉 경제적 주문량은 재고유지비
용과 주문비용의 합계를 최소화하는 주문 수량이라 할 수 있습니다.

공급사슬관리와 채찍효과

공급사슬이란 무엇인가

현대경영학의 생산운영관리 분야에서 가장 많이 언급되는 용어 중 하나
가 바로 공급사슬관리(SCM, Supply Chain Management)입니다. 공급사슬은
우리가 앞서 살펴보았던 가치사슬과 비슷한데요. 구체적으로 설명하면
재료를 공급하는 기업에서부터 최종 소비자에게 제품 및 서비스가 도달
하기까지 각 단계에서의 작업 흐름을 이야기하는 용어입니다. 즉 공급
업자, 물류창고, 공장, 유통업자, 도·소매상, 소비자에 이르는 모든 흐름
을 '공급사슬'이라 부르죠.

점점 중요성이 커져가는 공급사슬관리

공급사슬관리는 이러한 공급사슬상의 정보들을 통합적으로 관리하는
작업입니다. 무슨 정보냐고요? 보통은 고객이 얼마나 자주 물건을 구매
하는지, 평균 배송 기간은 어떻게 되는지, 생산에 걸리는 시간은 어느 정
도인지 등에 대한 다양한 정보가 공급사슬관리에서 다루어집니다.
오늘날 글로벌 트렌드 속에서 물류비용이 지속적으로 증가함에 따라 생

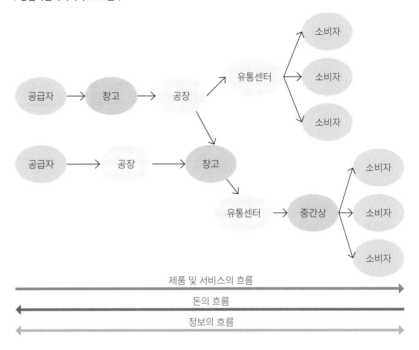

산의 각 단계를 개별적으로 관리하기보다는 단계별 지식과 정보의 흐름을 통합적으로 살펴보는 공급사슬관리의 필요성과 중요성이 점차 커지고 있습니다. 성공적인 공급사슬관리는 고객의 니즈에 대한 신속한 대응을 가능하게 하며, 공급사슬 내 모든 이해관계자에게 이익을 줄 수도 있습니다.

공급사슬에서 발생하는 채찍효과를 줄여라

이번에는 채찍효과(bullwhip effect)에 대해 알아보겠습니다. 채찍이 무엇인지 다들 알고 계시죠? 채찍 끝부분을 잡은 뒤 흔들면 어떻게 될까요? 살짝만 흔들어도 끝 방향으로 갈수록 크게 흔들립니다.

| 채찍효과 |

쉽게 말해 채찍효과는 공급사슬상에서의 증폭효과입니다. 구체적으로 설명하면, 고객의 수요 정보가 공급사슬상의 참여 주체(소매상, 도매상, 물류 창고, 제조 공장, 원재료 공급자 등)를 하나씩 거쳐 전달될 때마다 점차 왜곡되는 현상을 뜻합니다. 예를 들어 소매상 입장에서 고객이 특정 제품을 평소보다 많이 주문하면, 이에 대비하는 차원에서 해당 제품의 재고를 여유 있게 준비하려 할 것입니다. 따라서 도매상에 평소보다 많은 양을 주문하겠죠. 그렇다면 도매상 입장에서는 방금 더 많은 양을 주문한 소매상뿐 아니라 다른 소매상들도 추가 주문을 할 수도 있으니 더 많은 양을 여유 재고로 비축해두려 할 것입니다. 결국 공급사슬상의 각 주체가 전체적으로 '만약에 대비하기 위한(just-in-case)' 재고를 축적하게 되죠. 즉 고객 주문 단계에서의 작은 변화가 공급사슬을 거슬러 올라가며 증폭되어 생산 과정 전반에 걸쳐 과다한 재고를 축적하게 하는 비효율로 이어지게 됩니다.

채찍효과는 경영활동의 불확실성 때문에 발생합니다. 이러한 불확실성은 주로 고객의 주문 수량이 갑작스럽게 변경되는 것과 같은 수요의 급변동, 잘못된 수요예측, 한꺼번에 주문하면 가격을 할인해주는 일괄 주문 방식, 생산업체들의 유동적 가격 정책, 업체들 사이에서 발생하는 배급게임(rationing game) 등으로 인해 발생합니다.

채찍효과를 줄이기 위해서는 공급사슬을 구성하고 있는 주체들 간에 긴밀한 협조와 정보 공유, 배송 시간(리드 타임) 감축 등의 노력이 이루어져

 알아두세요 ―――――

배급게임
인기 제품을 얻기 위해 비인기 제품까지 한꺼번에 주문하는 것

야 합니다. 이외에도 대량생산의 이점을 누리는 동시에 고객별 니즈를 효과적으로 반영하는 전략인 대량고객화(mass customization)를 고려해야 합니다. 대량고객화를 위한 세부 방안으로는 다음과 같은 것들이 있습니다.

- **모듈화 설계(modular design)**: 제품을 핵심 구성 요소(모듈)별로 미리 생산한 다음 최종 조립 단계에서 서로 다른 요소끼리 결합시켜 다양한 제품을 만들어내는 것으로, 자동차와 컴퓨터 생산이 대표적인 예다.
- **주문조립생산(assembly-to-order)**: 모듈화 설계와 유사한 것으로, 미리 대량으로 구매해둔 부품을 고객의 주문에 맞춰 조립하는 것이다.
- **연기(postponement)**: 주문이 접수될 때까지 최종 제품 생산을 늦추고 있다가 고객이 요청하면 표준화된 모듈을 고객 요청에 맞게 변형하는 것이다.

잠깐만요

일상에서 발견할 수 있는 채찍효과의 사례

A서점에서 《경영학 무작정 따라하기》가 하루에 10권이 판매되었다고 가정하자. 서점 주인은 하루에 10권이 판매되었다고 해서 정확히 10권만 준비하지는 않는다. 고객 수요의 변동, 즉 편차를 감안해 12권 정도를 준비할 것이다. 편차가 큰 서점이라면 그 이상을 주문할 수도 있다.

아무튼 이렇게 책을 주문하게 되면 A서점에 책을 공급하는 도매업자인 도서총판 B업체는 해당 서점뿐 아니라 다른 서점에서 책이 판매될 가능성까지 염두에 두고 재고를 준비하게 된다. 즉 '15권+편차'에 자신들이 거래하는 서점 수를 곱해 재고를 준비할 것이다. 그로 인해 출판사와 거래하는 인쇄소는 그 이상의 책을 찍어낼 수 있도록 종이를 준비할 것이다. 결론적으로 정확한 수요예측이 어려운 경우에는 이렇게 공급사슬 전반에 걸쳐 많은 재고가 축적되어 낭비될 가능성이 커진다.

품질관리란 무엇인가

품질(quality)은 '어떤 제품이나 서비스가 일정한 표준(규격)에 얼마나 가까운가' 하는 척도로, 제품이나 서비스가 어떠한 성능을 발휘해 효용을 충족시키는 정도를 뜻합니다. 우리가 일상에서 생각하는 품질과 경영학에서 말하는 품질은 의미가 조금 다릅니다. 일상에서는 대개 고장이 잘 나지 않거나 다른 회사 제품에 비해 성능이 뛰어날 때 품질이 좋다고 말하지만, 경영학에서의 품질은 회사가 설정한 생산 규격과 실제 생산된 결과물의 차이가 적은 것을 뜻합니다. 이러한 품질을 적합 품질(quality of conformance)이라 합니다.

적절한 품질관리는 비용절감으로 이어진다

품질을 관리하는 데 들어가는 각종 비용을 품질비용(quality cost)이라 합니다. 품질비용에는 크게 품질 수준에 비례하는 불량 자체를 제거하는 데 드는 비용인 통제비용(control cost)과 품질이 규격에 미달되어 발생하는 비용인 실패비용(failure cost)이 있습니다. 즉 품질비용은 통제비용과 실패비용의 합계이기 때문에 무조건 고객이 느끼는 품질 수준을 높인다고 해서 비용이 줄어드는 것이 아닙니다. 품질 수준을 높이다 보면 실패비용은 줄어들겠지만, 통제비용이 과하게 지출될 테니까요. 결국 소비자 입장에서도 고품질일수록 가격이 비싸지므로 효용을 높이는 데 한계가 있습니다. 따라서 기업은 품질이 좋으면서도 동시에 소비자들이 원하는 적당한 가격의 제품을 만들기 위해 노력하게 됩니다.

| 통제비용과 실패비용 |

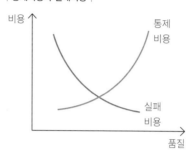

품질 차이의 유형과 관리도

앞서 설명했듯 경영학적 의미의 품질관리는 설계 규격과 실제 생산품과의 차이, 즉 품질 차이를 줄이는 데 초점을 두고 있습니다. 일반적으로 공정이 설계되고 생산이 시작되면서 발생하는 품질 차이는 크게 두 가지로 분류할 수 있습니다. 하나는 공정 자체에 내재된 품질 차이로서 완벽히 제거하기 힘든 무작위변동(공통변동, 우연변동)이고, 다른 하나는 생산 과정에서 작업자가 통제할 수 있는 품질 차이인 이상변동입니다.

월터 슈하트(Walter Shewhart)가 개발한 관리도(control chart)는 이러한 이상변동 발생 여부를 확인하는 데 사용하는 도구 중 하나입니다. 관리도의 가로축은 시간, 세로축은 품질 특성이며, 관리상한(UCL, Upper Control Limit)과 관리하한(LCL, Lower Control Limit) 및 평균 특성을 의미하는 중심선(CL, Central Line)을 설정한 뒤, 제품에 따라 점을 찍는 형태입니다.

 알아두세요

월터 슈하트

미국의 통계학자. 품질 변동을 안정 내 상태에서의 무작위변동과 안정에서 벗어난 상태에서의 이상변동으로 구분했다.

UCL과 LCL의 범위는 무작위변동(정상변동)을 뜻하며, 이를 넘어서는 범위는 이상변동(비정산변동)에 해당한다고 해석합니다.

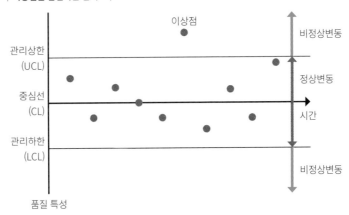

| 이상점을 발견하는 관리도 |

각 관측값을 관리도상에 표시한 점을 '타점'이라 하는데, 이러한 타점들이 시간 흐름에 따라 어떤 궤적을 만드는지를 살펴보면 현재 공정이 정상적인지, 비정상적인지를 대략적으로 판단할 수 있습니다. 관리도를 해석하는 일반적 기준은 크게 두 가지입니다.

첫째, UCL과 LCL 사이에 타점들이 분포하면 대부분 정상적 공정으로 판단할 수 있습니다. 물론 예외도 있습니다. 둘째, 관리도상의 타점들이 일정한 패턴을 보이면 관리 한계를 벗어나지 않더라도 공정 내에 이상이 있음을 뜻합니다. 예를 들어 특정한 타점들이 UCL이나 LCL에 근접하는 경우, 연속한 몇 개의 타점이 CL 이상 또는 이하에 집중적으로 분포하는 경우, 연속한 몇 개의 타점이 지속적으로 증가하거나 지속적으로 감소하는 추세를 보이는 경우에는 비록 정상 범위 내라 하더라도 원인을 조사할 필요가 있습니다.

통계적 품질관리와 전사적 품질관리
이상변동과 무작위변동 중 어느 것에 관리의 초점을 두는지에 따라 품질관리 방식을 크게 통계적 품질관리(SQC, Statistical Quality Control)와 전사적 품질관리(TQM, Total Quality Management)로 구분할 수 있습니다. 전자는 주로 계량적인 측면에서 불량을 관리하고 품질 이상을 확인하는 데 사용되며, 이상변동 해결에 초점을 둡니다. 반면 후자는 소비자 만족의 극대화를 위한 사내 모든 부문의 협력을 강조하며, 이상변동뿐 아니라 무작위변동 역시 관리 가능한 요소로 봅니다.

전사적 품질관리와 식스 시그마

전사적 품질관리란 무엇인가

전사적 품질관리(총체적 품질관리)는 조직의 모든 구성원이 고객만족과 품질 향상을 위해 노력하고 협조하고 자발적인 연구를 해야 한다는 것입니다. 품질을 위해 기업 조직의 모든 노력을 결집시킨다는 의미죠. 앞서 설명했듯 전사적 품질관리는 이상변동뿐 아니라 무작위변동 역시 관리가 가능하다는 특징이 있습니다.

아래 그래프를 볼까요? 통계적 품질관리와 달리 불량률을 줄이기 위한 노력을 일정 수준 이상으로 기울이면 오히려 통제비용이 점차 줄어들어 결국 총비용을 최소화시키는 완벽한 품질 상태 달성이 가능하다는 의미입니다.

| 통계적 품질관리와 전사적 품질관리의 차이 |

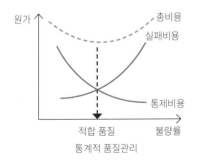
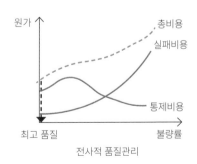

전사적 품질관리에서 가장 중요한 개념 중 하나가 바로 지속적 개선 (continuous improvement)을 뜻하는 일본어인 카이젠(改善, Kaisen)입니다. 카이젠이 전사적 품질관리를 상징하는 단어가 된 데는 1980년대부터 미국 경영학계에서 일본 기업의 경영 관행에 상당한 관심을 가지게 된 것과 관련이 깊습니다. 1950년대 한국전쟁 당시 미 군수 물자 납품을 담당했던 일본 회사에서 미군 품질 규격을 충족시키기 위해 미국의 에드워드 데밍(Edwards Deming)을 초빙해 품질 교육을 받은 이후 일본에서 근대적 품질 관리 연구가 본격화되었습니다. 그 후 일본이 품질 개선 아이디어를 발전시켜나가자 아이러니하게도 미국이 일본의 품질 용어인 카이젠을 받아들여 전사적 품질관리의 이론적 기초로 삼았습니다.

✏️ 알아두세요 ────

에드워드 데밍(1900~1986)
미국의 공학자이자 통계학자. '14대 품질관리 원칙'과 '데밍의 수레바퀴(Deming's Wheel)' 등을 고안했다. 품질관리 분야에서 가장 널리 알려진 대가다.

최소한의 불량률을 유지하라 – 식스 시그마

식스 시그마(six sigma)는 제너럴일렉트릭, 모토로라(Motorola) 등의 기업에서 전사적 품질관리를 발전시킨 개념으로, 모든 프로세스의 품질 수준을 표준편차(σ)의 6배 범위 수준(100만 개당 3~4개의 불량률)으로 유지하고자 하는 전사적 품질 개선 전략입니다. 이를 '시그마 수준 6', '6σ'라고도 표현하죠. 6σ 수준이라는 것은 규격상한(또는 규격하한)과 중심선(CL)까지의 거리가 표준편차의 6배라는 의미입니다. 시그마 수준이 높을수록 공정의 변동 폭이 설계 규격 안에 집중적으로 분포하고 있다는 뜻이므로 공정능력이 상당히 우수하다고 볼 수 있습니다. 다음 그림에서 A 공정이 B 공정보다 우수한 것은 바로 이러한 이유 때문입니다.

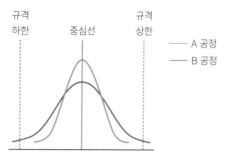

| 식스 시그마의 개념 |

식스 시그마는 총 5단계로 진행됩니다. 이는 D(정의)-M(측정)-A(분석)-I(개선)-C(통제)로, 그 내용은 다음과 같습니다.

- **정의(Define)**: 소비자의 니즈를 파악하고, 그에 부합하는 공정 목표를 세우는 것이다. 이를 위해 소비자의 니즈를 바탕으로 핵심품질특성(CTQ: Critical to Quality, 고객에게 중요한 품질 특성)을 파악한다. CTQ는 고객들이 가장 중요하게 생각하는 품질 특성으로, 스마트폰을 예로 들면 배터리 사용 시간, 무게, 강화유리 강도 등이 이에 해당한다.

- **측정(Measure)**: 공정 프로세스상의 결함을 정의하고, 그 측정 계획을 수립하는 과정을 포함하며, 품질의 현재 수준을 파악하고 문제점을 정의하는 단계다.

- **분석(Analysis)**: 결함 원인을 규명하고 논리적인 해법을 찾는 과정이다. 불량 및 각종 품질 문제의 데이터를 수집하고 분석하며, 핵심인자(vital few)를 결정한다.

- **개선(Improve)**: 결함 원인을 제거하고 최대 허용치 내에서 시스템이 안정적으로 작동하도록 수정 및 보완을 하는 과정이다. 구체적으로는 통계적 방법을 활용해 핵심인자의 최적 운영 조건을 도출하고, 개선 전략을 수립한다.

- **통제(Control)**: 개선 결과를 유지함과 동시에 프로세스 성능을 지속적으로 감시할 수 있는 도구를 배치하는 과정을 포함한다. 관리도를 이용해 개선 결과를 측정하고 관리하는 방안을 마련하며, 성공 조건을 표준화한다.

품질과 관련된 기본적인 개념들

- **ISO 인증**: 국제표준화기구(ISO, International Organization for Standardization)에서 품질 관련 인증제도를 실시하고 있다. ISO 9000시리즈는 고객만족 제고와 성과 개선을 포함한 일반적인 품질 경영에 대한 인증, ISO 14000시리즈는 환경경영(제품 설계, 생산, 사용, 폐기 등 제품의 생애주기 과정에서 환경에 미치는 영향 및 개선 사항)에 대한 인증, ISO 26000시리즈는 지속 가능 경영에 대한 인증이다.

- **품질향상운동**: 주요 품질향상운동으로 ZD운동(zero defects movement), 싱글 PPM 품질혁신운동, QC(Quality Circle) 등을 들 수 있다. ZD운동은 크로스비(P.B. Crosby)에 의해 주창되었으며, 1960년대 미국에서 미사일 납기 단축을 위해 '처음부터 완전한 제품'을 만들자는 운동에서 출발해 점차 널리 보급되었다. 싱글 PPM 품질혁신운동은 제품 100만 개 중 불량품을 10개 이내로 줄이자는 운동이며, '품질관리분임조'라고도 불리는 QC는 품질 관리에 대한 폭넓은 자율성과 권한을 갖는 작업팀을 의미한다.

건강한 기업을 책임지는 회계와 재무

경영학 무작정 따라하기

064 회계란 무엇인가

재무회계와 관리회계, 무슨 차이일까

회계(accounting)는 기업 등의 경제 주체가 수행하는 각종 활동(영업활동, 투자활동, 재무활동 등)에 대한 다양한 정보를 측정하고 기록해 전달함으로써 정보 이용자의 합리적인 경제적 의사결정을 돕는 시스템을 뜻합니다.

회계의 영역은 회계 정보가 담고 있는 내용과 그 활용 목적에 따라 크게 재무회계(financial accounting)와 관리회계(managerial accounting)로 구분됩니다. 재무회계는 기업 외부의 정보 이용자가 합리적인 의사결정을 하는 데 유용한 정보 제공을 목적으로 하고, 관리회계는 기업 내부의 정보 이용자가 경제적 의사결정을 하는 데 유용한 정보 제공을 목적으로 합니다.

재무회계와 비교하면 관리회계의 특징을 더욱 명확하게 파악할 수 있습니다.

- **목적**: 재무회계는 기업 외부의 정보 이용자가, 관리회계는 기업 내부의 정보 이용자가 의사결정을 하는 데 유용한 정보를 제공하는 것을 목적으로 한다.
- **보고 대상**: 재무회계에서의 정보는 주로 주주, 채권자, 소비자, 정보 등의 불특정 외부인에게 보고되지만, 관리회계에서의 정보는 주로 경영진을 중심으로 한 내부 이용자에게 보고된다.
- **준거기준과 보고 수단**: 재무회계는 회계 기준을 따라야 하며, 반드시 재무보고서

(재무제표) 형식으로 작성되어야 한다. 반면 관리회계는 작성에 특별한 기준이 없으며, 의사결정의 목적에 적합하고, 합리적이기만 하면 어떤 방식으로 작성되어도 무관하다.

- **활용 정보의 시간적 특징**: 재무회계는 과거와 관련된 정보 위주로 다루지만, 관리회계는 미래와 관련된 정보 위주로 다룬다.

기업의 모든 활동을 기록하는 재무보고서

재무보고서는 기업의 활동 내용을 반영하는 정보를 체계적으로 정리한 양식을 의미하며, 이를 이용하는 사람들의 경제적 의사결정에 도움이 될 수 있도록 만들어집니다. 재무보고서는 계정(account)으로 구성되는데, 이는 각종 거래를 공통적 속성을 가지는 것들끼리 묶은 것입니다. 다른 말로 재무재표라고도 합니다.

거래(transaction)는 기업의 활동 결과로, 기업의 자산·부채·자본의 구조, 즉 재무 상태에 변화를 일으키는 경제적 사건(economic events)을 의미합니다. 거래는 반드시 재무적으로 실현된(화폐 단위로 측정 가능한) 결과여야 하며, 계약 체결이나 물품 주문 등과 같이 미실현된 사건은 거래라 할 수 없습니다. 따라서 화재나 도난의 경우 상식적으로는 거래가 아니지만 자산 손실로 인한 기업의 재무 상태 변동이 발생하므로 거래로 기록됩니다.

- **회계상 거래에 해당하는 사건**: 제품 소실(화재나 도난), 급여 체납, 외상 매출, 건물 사용에 따른 건물 장부 금액의 감소 등
- **회계상 거래에 해당하지 않는 사건**: 구입이나 납품 계약 체결, 건물 임차 계약 체결, 신입사원 채용, 계약 내용 협의, 차입금에 대한 담보 제공 등

재무보고서에서 사용하는 대표적인 계정과 그 의미를 표로 정리해두었으니 참고하기 바랍니다.

| 재무보고서에서 사용하는 대표적인 계정의 종류와 의미 |

계정	의미
자산(assets)	과거의 거래나 사건의 결과로 기업이 지배하거나 통제하고 미래에 경제적 효익을 창출할 것으로 기대되는 자원
부채(liabilities)	과거의 거래나 사건의 결과로 현재 기업이 부담하고 있고 미래에 자원 유출 또는 사용이 예상되는 의무
자본(capital)	기업의 자산총액에서 부채총액을 차감한 잔여액 또는 순자산. 기업의 자산에 대한 소유주의 청구권이므로 소유주지분(owners' equity)이라고도 부른다.
수익(revenues)	기업의 경영활동으로서 재화 판매 또는 용역 제공 등의 대가로 발생하는 자산 유입이나 부채 감소
비용(expenses)	기업의 경영활동으로서 재화 판매 또는 용역 제공 등에 따라 발생하는 자산 유출이나 사용 또는 부채 증가

재무상태표는 그 기업의 건강신호등이다

재무상태표는 정해진 하나의 시점에서 기업이 보유하고 있는 경제적 자원인 '자산'과 경제적 의무인 '부채' 그리고 '자본'에 대한 정보를 제공하는 재무보고서입니다. 즉 재무상태표는 특정 시점에서 측정된 기업의 투자활동과 재무활동의 결과로 발생한 기업의 재무 상태를 나타낸 표라 할 수 있습니다. 과거에는 재무상태표를 대차대조표라 부르기도 했습니다. 재무상태표의 구성 요소인 자산, 부채, 자본의 관계를 식으로 나타내면 다음과 같습니다.

자산 = 부채 + 자본

지금부터 회계 기준에 명시된 자산, 부채, 자본의 세부 항목들을 살펴보겠습니다. 회계 기준은 기업의 언어이자 서로 간의 약속이므로 내용이 조금 딱딱하더라도 잘 숙지하기 바랍니다.

자산

자산은 과거의 거래나 사건의 결과로 기업이 지배하거나 통제하고 미래에 경제적 효익을 창출할 것으로 기대되는 자원입니다. 이는 재무상태표상에서 1년 이내에 현금화되는 자산인 유동자산(current assets)과 그렇지 않은 비유동자산(non-current assets)으로 나뉩니다.

먼저 유동자산은 1년 이내에 현금으로 바꿀 수 있는 자산을 말합니다. 대표적인 유동자산으로는 당좌자산, 재고자산, 기타 유동자산이 있습니다.

당좌자산	현금 및 현금성 자산, 단기금융상품, 유가증권, 매출채권(외상매출금, 받을 어음) 등
재고자산	기업이 보유한 상품, 제품, 반제품, 재공품(work-in-process), 원재료, 저장품 등
기타 유동자산	선급금(advanced payment, 미리 지급한 상품대금 등), 선급비용(prepaid expense, 선지급한 보험료 등) 등

알아두세요

재공품

중간 생산물이라는 점에서 반제품과 유사하지만, 그 상태 그대로 판매나 저장이 불가능하다는 점에서 반제품과 구별된다.

비유동자산은 판매 또는 처분을 목적으로 하지 않고 비교적 장기간에 걸쳐 영업활동에 사용하고자 취득한 각종 자산을 말합니다. 대표적인 비유동자산으로는 투자자산, 유형자산, 무형자산, 기타 비유동자산이 있습니다.

투자자산	타 기업을 지배 내지 통제하거나 영향력을 행사할 목적 또는 이자 수익이나 배당 수익을 얻을 목적으로 획득한 자산. 장기금융상품, 만기보유증권, 출자금, 관계 회사 주식, 투자부동산, 장기대여금, 임차보증금 등을 포함한다.
유형자산	기업의 영업활동에 사용할 목적으로 취득한 형체가 있는 물적 자산. 토지, 건물, 기계장치, 차량운반구, 각종 비품 등을 포함한다.

무형자산	재화 생산이나 용역 제공, 타인에 대한 임대나 관리 등에 사용할 목적으로 기업이 보유·통제하고 있는 비화폐성 자산. 물리적 형체는 없지만 식별 가능하다. 산업재산권, 라이선스와 프랜차이즈, 저작권, 컴퓨터 소프트웨어, 개발비, 임차권리금, 광업권 및 어업권, 영업권(goodwill) 등을 포함한다.
기타 비유동자산	장기매출채권, 장기미수금 등

 알아두세요

영업권

타 기업에 비해 평균 이상의 경쟁 역량을 가질 때 발생되는 무형자산. 비록 직접적인 식별은 어렵지만 기업경쟁력에 영향을 미치므로 경제적 효익을 창출할 것으로 기대되어 자산으로 인식한다.

부채

부채는 과거의 거래나 사건의 결과로 현재 기업이 부담하고 있고 미래에 자원 유출 또는 사용이 예상되는 의무입니다. 부채 역시 자산과 마찬가지로 1년 이내에 상환할 의무가 있는 유동부채(current liabilities)와 그렇지 않은 비유동부채(non-current liabilities)로 구분됩니다.

유동부채로는 단기금융부채(단기차입금 등), 매입채무(외상매입금, 지급어음 등), 미지급금, 선수금(advance receipt, 미리 받는 공사대금 등), 예수금(withholding, 최종 수령자인 제3자를 대신해 일시로 받아두는 돈), 기타 유동부채 등이 있습니다. 비유동부채로는 장기금융부채(사채, 장기차입금 등), 장기성매입채무, 장기충당부채, 이연법인세대(나중에 더 내야 할 법인세액), 기타 비유동부채 등이 있습니다.

자본

자본은 주식을 발행해 조달한 자금 및 과거 기업활동을 통해 벌어들인 이익을 의미합니다. 대개 기업의 자산총액에서 부채총액을 차감한 잔여액 또는 순자산으로, 기업의 자산에 대한 소유주의 청구권이므로 소유주지분, 주주지분, 자기자본 등으로 불리기도 합니다. 자본은 자본금(주식발행금액), 자본잉여금(주식에 의한 자본 거래로부터 발생), 이익잉여금(영업활동으로 인한 이익 중 사내유보금액), 자본조정(자본을 증감시키는 요인들 중 자본금, 자본잉여금, 이익잉여금으로 분류하기 어려운 항목), 기타 포괄손익누계액 등으로 구성됩니다.

어제와 오늘, 달라진 돈의 가치를 계산하라

같은 금액이라 하더라도 내 손에 현금으로 들어오는 타이밍, 즉 현금흐름(cash flow, 현금 변동 내역)이 실현되는 시간의 차이에 따라 그 가치가 다르게 평가됩니다. 이를 화폐의 시간가치(time value of money)라 합니다. 일반적으로는 가까운 장래에 실현되는 현금흐름이 먼 미래에 실현되는 현금흐름보다 큰 가치로 평가됩니다. 예를 들어 이번 달에 받을 수 있는 100만 원의 가치는 내년에 받을 수 있는 100만 원의 가치보다 높게 평가되는 것이죠. 지금부터 그 이유를 알아볼까요?

지금 가진 돈이 미래에는 얼마의 가치를 가질까

미래가치(future value)는 현재의 일정 금액을 미래 특정 시점의 가치로 환산한 금액입니다. 우리가 저축한 금액이 만기에 얼마가 될 것인지를 예측할 때 보통 미래가치를 계산하게 됩니다.

미래가치에는 단리(simple interest)와 복리(compound interest)가 있습니다. 단리는 같은 크기의 이자(즉 최초 원금에 대한 이자)가 매 기간 발생하는 이자 계산법입니다. 예를 들어 매달 10만 원을 저축하고 이자율이 연 2%라면 매년 2,000원의 이자가 원금에 더해지는 것이죠.

한편 복리는 이미 발생한 이자가 다음 이자 계산 시 원금에 반영(즉 재투자)되어 이자에 대한 이자가 다시 발생하는 이자 계산법입니다. 예를 들어 매달 10만 원을 저축하고 이자율이 연 2%, 복리라면 1년째 되는 날 2,000원의 이자가 붙고, 2년째에는 기존 10만 원에 이자 2,000원을 추가한 10만 2,000원을 원금으로 보고 이 금액의 2%에 해당하는 2,040원이 이자로 더해지는 것이죠. 재무관리에서는 주로 복리를 다루므로, 앞으로 미래가치를 이야기할 때는 복리를 기준으로 계산하기로 합시다.

$$\text{미래가치 } N = \text{원금} \times (1 + \text{이자율})^n$$

미래의 돈을 현재로 가져오면 가치가 달라진다

현재가치(present value, 현가)는 미래에 발생하게 될 현금흐름을 현재 시점의 가치로 환산한 금액입니다. 현재가치는 미래가치 계산 방법을 거꾸로 적용해 계산합니다. 즉 이자율과 미래가치를 알고 있을 때 원금을 구하는 방법이라 생각하면 됩니다.

$$\text{현재가치 } N = \frac{\text{미래의 현금흐름}}{(1 + \text{이자율})^n}$$

위의 식에서 우변의 분모에 해당하는 $(1 + \text{이자율})^n$을 할인 요소(discount factor)라 하고, 이때의 이자율을 할인율(discount rate)이라 합니다. 이처럼 미래의 현금흐름을 할인해 그 가치를 구하는 방법을 현가모형(present value model) 또는 현금흐름할인모형(DCF, Discounted Cash Flow model)이라 부르며, 이는 재무관리에서 가장 기본이 되는 가치평가 모형입니다. 한 시점에서 발생하는 현금흐름의 현재가치와 미래가치를 계산할 수 있다면, 적금과 같이 복수의 시점에서 발생하는 현금흐름의 미래가치 또는 현재가치도 계산할 수 있을 것입니다.

반복되는 현금흐름에 가치를 매기는 방법

재무관리에서는 여러 기간 동안 반복해 발생하는 금액을 더해 현재가치로 환산해야 하는 경우가 종종 있습니다. 매년 이자 수익을 얻거나 반대로 매월 임대료를 지급하는 경우가 이에 해당합니다. 조금 어렵다고요? 복잡하게 생각할 필요가 전혀 없습니다. 예를 들어 설명해보겠습니다.

> **예시** A는 B에게 100만 원을 빌려주고 3년간 10%의 이자를 받기로 했다. 만기가 도래했을 때 A가 수령할 수 있는 총금액의 현재가치는 얼마인가? 할인율은 5%라고 가정한다.

이상의 사례에서 발생되는 현금흐름을 그림으로 그려보면 다음과 같습니다.

| 3년 동안 100만 원을 빌려주었을 때 현재가치 계산 |

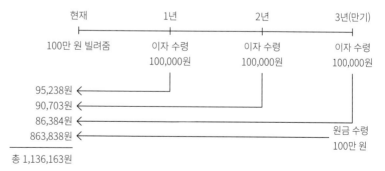

앞서 살펴본 현재가치의 계산 방식을 이용하면 총금액의 현재가치를 쉽게 구할 수 있습니다. 우선 3년간 발생하는 이자 각각의 현재가치를 구해 더한 뒤 원금의 현재가치를 합하면 됩니다.

- 1년 치 이자의 현재가치 $= \dfrac{100,000}{(1 + 0.05)^1} = 95,238(원)$

- 2년 치 이자의 현재가치 $= \dfrac{100,000}{(1 + 0.05)^2} = 90,703(원)$

- 3년 치 이자의 현재가치 $= \dfrac{100,000}{(1 + 0.05)^3} = 86,384(원)$

- 원금의 현재가치 $= \dfrac{1,000,000}{(1 + 0.05)^3} = 863,838(원)$

위 금액을 모두 합하면 현재가치의 총금액은 1,136,163원이 됩니다. 그런데 이에 대한 계산이 왜 필요할까요? 이는 매년 이자 수익을 얻거나, 임대료를 받을 수 있는 권리 등을 거래해야 하는 경우 모든 것을 통틀어 현재가치로 거래해야 하기 때문입니다. 빌려준 돈이 100만 원이라고 해서 100만 원에 거래한다면, 판매자가 앞으로 받을 수 있는 이자만큼 손해를 보겠죠. 반대로 3년 동안 받을 수 있는 이자가 10만 원이라고 해서 130만 원에 거래한다면, 상대 입장에서는 미래에 받을 돈을 지금 판매자에게 내는 셈이니 거래를 하지 않을 것입니다. 한 기업이 투자 여부를 결정할 때도 이와 같은 계산이 필요합니다.

기업은 어떻게
투자 여부를 판단할까

자본예산(capital budgeting)의 핵심은 투자 대안들에 대한 경제성 분석입니다. 예상되는 각종 현금흐름을 면밀히 분석해 기업가치를 극대화시킬 수 있는 투자안을 선택하는 의사결정을 뜻하죠. 투자안의 경제성 분석에는 다음 다섯 가지 기법이 주로 활용됩니다.

회수기간법

회수기간법(payback period method)은 투자 시점에서 발생한 비용을 회수하는 데 걸리는 기간을 기준으로 투자안을 선택하는 자본예산 기법입니다. 예를 들어 투자비용이 5억 원인 프로젝트를 통해 매년 1억 원의 수익을 낼 수 있다면 5년이 되는 시점에 투자비용과 수익이 같아지므로, 이 프로젝트의 회수 기간은 5년이 됩니다. 회수기간법의 투자안 평가 방식은 기준 기간을 정해 두고, 그 기간보다 회수 기간이 짧은 투자안을 선택하는 것입니다.

여러 투자 대상 중 하나만 골라야 하는 상호배타적 투자안을 평가할 때는 회수 기간이 가장 짧은 투자안을 선택하게 되며, 꼭 하나만을 고를 필요가 없는 독립적 투자안을 평가할 때는 각각의 회수 기간이 기업 자체에서 정한 기준보다 짧으면 투자가치가 있는 것으로 봅니다.

쉽고 간편한 방법이지만 회수 기간 이후의 현금흐름을 고려하지 않고, 화폐의 시간가치를 무시한다는 단점이 있습니다. 여기서 시간가치란, 서로 다른 시점에서 발생하는 여러 현금흐름을 통일된 시점을 기준으로 하여 가치를 평가한 결과를 의미하는데, 회수기간법은 오로지 회수 기간만을 고려한다는 문제가 있습니다.

회계적이익률법

회계적이익률법(accounting rate of return method)은 투자로 인해 나타나는 장부상의 연평균 순이익을 연평균 투자액으로 나누어 회계적이익률을 계산하고, 이를 이용해 투자안을 평가하는 자본예산 기법입니다. 여기서 순이익은 각 프로젝트로 인해 발생하는 매출(또는 수익)에서 세금과 감가상각 등을 뺀 값이며(따라서 실제 현금흐름과 달라질 수 있음), 투자액은 각 기간별로 투자에 소요되는 금액을 합계한 것입니다. 연평균 순이익과 연평균 투자액은 이상의 순이익과 투자액을 영업 기간으로 나눈 값입니다.

$$회계적이익률 = \frac{연평균\ 순이익}{연평균\ 투자액}$$

상호배타적 투자안을 평가할 때는 가장 높은 회계적이익률을 가진 투자안 하나를 선택하게 되며, 독립적 투자안을 평가할 때는 투자 대상의 회계적이익률이 기업에서 기준으로 정한 회계적이익률보다 높으면 투자가치가 있는 것으로 봅니다.

간단하고 이해하기 쉬운 방법이지만, 이 역시 회수기간법과 마찬가지로 화폐의 시간가치를 고려하지 않으며, 투자안의 현금흐름이 아닌 장부상의 이익을 분석 대상으로 한다는 문제가 있습니다.

수익성지수법

수익성지수법(profitability index method)은 사업 기간 동안 발생하는 전체 현금유입(=수입금액)의 현재가치를 전체 현금유출(=투자금액)의 현재가치로 나눈 상대지수인 수익성지수값에 따라 투자안의 경제성을 분석하는 방법입니다. 앞의 두 기법과 달리 수익성지수를 구하는 과정에서 현재가치, 즉 화폐의 시간가치가 고려됩니다.

$$\text{수익성지수} = \frac{\text{총현금수입합계의 현재가치}}{\text{순현금투자지출합계의 현재가치}}$$

상호배타적 투자안을 평가할 때는 수익성지수가 가장 높은 투자안을 선택하게 되며, 독립적 투자안을 평가할 때는 기업에서 정한 수익성지수를 상회하는 수익성지수를 나타내는 투자안을 선택하게 됩니다. 일반적으로 총현금수입합계의 현재가치가 총현금투자지출의 합계보다 크면(즉 수익성지수>1) 투자가치가 있는 것으로 봅니다.

수익성지수는 다양한 투자 대안들 중 무엇을 선택할 것인지 우선순위를 정하는 과정, 즉 기업의 자본할당(capital rationing) 의사결정에 도움을 줍니다. 예를 들어 같은 현금유입이 예상되는 두 투자 대안이라 하더라도 수익성지수에서 차이가 발생한다면 현금유출의 규모가 다르다는 의미이므로 두 투자 대안은 더 이상 동일할 수 없습니다. 그러나 수익성지수의 가장 큰 단점은 이것이 일종의 비율이므로 금액의 절대적 크기나 규모를 고려하지 못한다는 것입니다. 예를 들어 현금유입의 현재가치가 1억 원이고 현금유출의 현재가치가 5,000만 원인 투자안 A와, 현금유입의 현재가치가 10억 원이고 현금유출의 현재가치가 5억 원인 투자안 B는 수익성지수가 모두 2로 동일하지만, 실제 투자안의 규모를 고려할 경우 B가 훨씬 큰 수익을 주는 투자안이 됩니다(투자안 A의 순이익은 5,000만 원이지만 투자안 B의 순이익은 5억 원). 따라서 수익성지수 자체는 투자 규모의 차이점을 무시한다는 문제점이 있습니다.

순현가법

순현가법(NPV, net present value method, 순현재가치법)은 투자로 인해 발생할 미래의 모든 현금흐름을 적절한 할인율(=이자율)로 할인한 현재가치(현가)와 최초 투자액을 비교함으로써 투자 의사결정을 행하는 기법을 뜻합니다. 즉 프로젝트로 인한 유입현금흐름의 현재가치와 투자비용(유출현금흐름)의 현재가치의 차이를 계산하여 이를 순현재가치로 정의합니다. 쉽게 말하면 들어오는 현금과 나가는 현금의 현재가치 차이를 순현재가치(=순현가)라고 생각하시면 됩니다.

$$\text{순현가} = \sum_{t-1}^{n} \frac{\text{현금흐름}_t}{(1 + \text{할인율})^t} - \text{최초투자액}$$

순현재가치법은 여러 이유로 인해 그 어떠한 다른 자본예산 기법보다 우월한 기법으로 알려져 있습니다. 첫째, 순현재가치는 금액의 절대적 크기를 반영하기에 (배당금 지급이나 프로젝트 채택 및 기각) 다양한 의사결정에 활용할 수 있습니다. 둘째, 순현재가치회수기간법이나 회계적이익률법 등의 방식과는 다르게 화폐의 시간가치를 반영하기에 여러 시점에 걸쳐 발생하는 금액들을 현재시점의 가치로 한꺼번에 환산하여 비교할 수 있다는 장점을 갖습니다. 셋째, 순현재가치는 회수기간법과는 다르게 프로젝트로부터 발생하는 모든 현금흐름을 반영합니다.

내부수익률법

순현재가치법을 약간 변형한 것이 바로 내부수익률법(internal rate of return method)입니다. 이는 미래현금의 순현가를 0으로 만드는, 즉 미래 현금유입의 현가와 현금유출의 현가를 같게 만드는 할인율인 내부수익률(IRR, Internal Rate of Return)을 기준으로 투자안을 평가하는 자본예산 기법입니다.

내부수익률은 다음 등식을 성립시키는 값(IRR)이 됩니다. 잘 살펴보면 순현재가치가 0이 될 때의 할인율이 곧 내부수익률임을 알 수 있습니다.

$$\sum_{t-1}^{n} \frac{현금흐름_t}{(1 + IRR)^t} - 최초투자액 = 0$$

상호배타적 투자안을 평가할 때는 내부수익률이 이자율(자본비용)보다 큰 투자안 중 내부수익률이 가장 큰 투자안을 선택하게 되며, 독립적 투자안을 평가할 때는 투자안의 내부수익률이 할인율(이자율, 자본비용)보다 크면 투자가치가 있는 것으로 봅니다.

위험과 수익률의 상관관계

위험이란 무엇인가

당연한 말처럼 들리겠지만, 재무관리에서는 안전한 1원의 가치를 위험한 1원의 가치보다 높게 평가합니다. 이는 매우 중요한 개념입니다. 여기서 위험(risk)이란 불확실성(uncertainty)과 같은 의미로, 설비투자나 주식투자 등 각종 재무활동이 미래에 얼마만큼의 가치를 창출할 것인지 확실하지 않다는 의미입니다. 따라서 위험은 곧 '미래수익률의 변동' 정도로 정의할 수 있습니다.

주식의 가치, 건물 가격 등은 모두 미래 상황에 따라 서로 다른 값을 가지게 됩니다. 이처럼 가변적인 변수를 확률변수(random variable)라 하고, 확률변수가 취할 수 있는 각 상태에서의 확률변수 값(예: 주사위 눈금 6)과 발생 확률(예: 눈금 6이 나올 확률 1/6) 간에 존재하는 함수를 확률분포(probability distribution)라 합니다.

위험의 발생 확률을 알면 기대수익률을 계산할 수 있다

일반적으로 확률변수 X의 기댓값은 확률변수의 평균(mean)으로 E(X)로

표시하며, 각 상태가 발생할 확률 p에 각 상태가 발생할 경우의 확률변
수값 x를 곱한 결과를 모두 더해 구할 수 있습니다.

$$E(X) = p_1x_1 + p_2x_2 + \cdots + p_3x_3 = \sum_{j-1}^{3} p_jx_j$$

확률변수 X의 분산(variance)은 각 상황이 발생했을 때 실현되는 값과 기
댓값의 차이(즉 편차)를 제곱하여 이를 각 상태가 발생할 확률로 곱해 모
두 더한 값이 됩니다. 분산 V(X)는 일반적으로 다음과 같이 계산합니다.

$$V(X) = p_1[x_1 - E(X)]^2 + p_2[x_2 - E(X)]^2 + \cdots + p_3[x_3 - E(X)]^2 = \sum_{j-1}^{3} p_j[x_j - E(X)]^2$$

재무관리 분야에서 기댓값은 기대수익률을, 분산은 위험을 상징합니다.
위의 수식들은 실제로 계산에 활용할 일이 많지 않지만 명확한 개념 이
해를 위해 소개했습니다.

평균-분산 무차별곡선과 위험프리미엄

무차별곡선(indifference curve)은 투자자에게 동일한 효용가치를 제공하는
기대수익률(기댓값 또는 평균)과 위험(분산)의 조합을 연결한 곡선입니다. 대
부분의 투자자는 위험 회피 성향이 있으므로 같은 수익률하에서는 적은
위험을(다음 그림에서 A보다는 B가 우월), 같은 위험하에서는 높은 수익률을
(다음 그림에서 A보다는 D가 우월) 추구합니다. 따라서 평균-분산 무차별곡선
을 그래프로 표현하면 우상향하면서 원점을 향해 볼록한 모양이 나타납
니다.

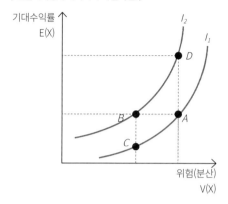

| 위험회피형 투자자의 무차별곡선 |

한편 보수적 투자자의 무차별곡선은 공격적 투자자의 무차별곡선보다 가파른 기울기를 가집니다. 이는 같은 위험 증가에 대해 보수적 투자자가 더욱 큰 보상(수익률) 증가를 요구하기 때문입니다.

| 보수적 투자자와 공격적 투자자의 무차별곡선 |

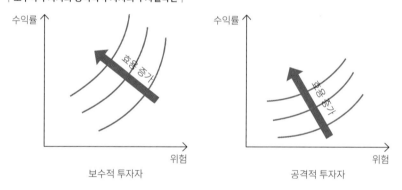

주식 등 모든 투자 대상은 나름의 위험, 즉 가격 변화 가능성을 가지고 있습니다. 따라서 투자자를 유인하기 위해서는 각 위험도에 맞는 수익률을 제시할 필요가 있습니다. 이처럼 위험에 대한 보상으로 얻는 수익률을 위험프리미엄(risk premium)이라 하며, 일반적으로 위험이 클수록 위험프리미엄도 커집니다.

계란을 한 바구니에 담지 말라 – 포트폴리오 이론

포트폴리오는 여러 투자 대상의 집합을 의미합니다. 넓은 의미로는 여러 개의 자산이 결합된 자산군을 말하며, 좁은 의미로는 증권시장에서 거래되는 주식이나 채권(회사채) 등 금융자산의 집합을 말합니다.

복수의 자산을 결합해 포트폴리오를 구성할 경우에는 개별 투자에 비해 위험이 줄어들어 자산에 대한 기댓값이 증가하게 되는데, 이를 분산효과(diversification effect) 또는 포트폴리오 효과(portfolio effect)라 합니다. 이러한 현상이 나타나는 이유는 포트폴리오를 구성하는 자산들의 움직임이 서로의 위험을 상쇄하기 때문입니다.

포트폴리오의 위험 중에서 자산 종류의 다양화, 즉 분산투자로 제거할 수 있는 위험을 비체계적 위험(unsystematic risk) 또는 기업 고유의 위험(firm-specific risk)이라 하며, 분산투자로 감소시킬 수 없는 위험을 체계적 위험(systemic risk) 또는 시장 위험(market risk)이라 합니다. 체계적 위험은 시장의 전반적 상황, 즉 인플레이션이나 이자율 변화, 경기변동 등에 의해 영향을 받기 때문에 분산투자를 해도 위험을 제거할 수 없습니다.

| 금융자산 수에 따른 위험 변화 |

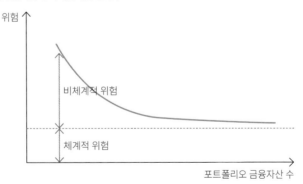

기업의 자본 조달 방법

기업은 어떻게 자본을 조달할까

기업이 필요로 하는 자본을 조달하는 방법은 크게 직접금융을 통한 방법과 간접금융을 통한 방법으로 나뉩니다. 이번 장에서 살펴볼 자본구조는 주로 직접금융을 통한 자본 조달에 해당합니다. 직접금융은 기업이 주식이나 채권을 통해 자본의 공급자인 투자자로부터 자본을 직접 조달받는 것을 의미합니다. 주식은 불특정 다수의 일반 투자자를 대상으로 발행하며, 채권은 유동성이나 편리성 측면에서 가장 일반적으로 사용되는 자본 조달 수단입니다.

일반적으로 직접금융을 통해 자본 조달의 원천을 구분할 때는 조달자금의 만기에 따라 유동자산에 필요한 자금의 조달인 단기자본조달과 비유동자산에 필요한 자금의 조달인 동시에 기업지배권과 밀접한 관련이 있는 장기자본조달로 구분하기도 합니다. 장기자본조달에 활용되는 주요 수단으로는 회사채, 주식(보통주, 우선주), 선택권부증권 등이 있습니다. 이에 대해 좀 더 자세히 알아볼까요?

 알아두세요

선택권부증권
회사채에 주식을 확보할 수 있는 권리를 부여한 것

이표채
액면가로 채권을 발행하고 이자를 일정 기간 나누어 지급하는 채권

순수할인채권
이표 이자 없이 할인 가격에 발행되며 만기에 액면 금액이 지급되는 채권

영구채권
만기 없이 매년 일정 금액을 영원히 지급하는 채권

- **회사채(corporate bond)**: 회사채에는 이표채, 순수할인채권, 영구채권 등 이자 지급 방식에 따른 분류 외에도 상환 방식에 따라 기업이 만기 이전에 약속된 상환 가격으로 상환할 수 있는 수의상환사채(callable bond), 상환 금액을 정기적으로

적립해 일시 상환 부담을 줄일 수 있는 감채기금사채(sinking fund stock), 발행 후 일정 거치 기간 경과 이후 분할 상환이 가능한 정시분할상환사채 등으로 구분할 수 있다.

- **보통주(common stock)**: 액면 표시 여부에 따라 액면주식과 무액면주식, 주식 소유주 이름의 명시 여부에 따라 기명주식과 무기명주식, 의결권 유무에 따라 의결권주와 무의결권주 등으로 구분할 수 있다.

- **우선주(preferred stock)**: 회사채와 보통주의 성격이 결합된 것으로, 회계장부 상에는 자기자본으로 처리되지만 기업 해산 시 잔여재산청구권으로 인해 회사채 다음의 순위를 부여받는다. 예정된 배당을 지급받지 못하더라도 다음 배당 시 보상받을 수 있는 누적적 우선주와 그렇지 않은 비누적적 우선주로 구분할 수 있다.

- **선택권부증권**: 회사채에 주식을 확보할 수 있는 권리를 부여한 것으로, 사채를 포기하지 않고 주식을 인수할 수 있는 권리가 부여된 채권을 신주인수권부사채(BW, Bond with Warrants), 사채를 포기하고 주식으로 전환할 수 있는 권리가 부여된 채권을 전환사채(CB, Convertible Bond)라 한다.

알아두세요

신주인수권부사채

BW에서 신주 인수 여부는 전적으로 투자자의 판단에 달려 있으며, 신주인수권은 별도의 거래가 가능하다.

자본구조를 바꾸어서 비용을 낮출 수 있다

재무관리에서 가장 중요한 의사결정항목 중 하나는 앞서 살펴본 자금 조달의 다양한 원천별 비중을 정하는 것입니다. 예를 들어 10억 원의 사업자금을 조달하고자 할 때 자기자본(주식)과 타인자본(부채)을 각각 얼마만큼 사용할 것인지를 결정하는 것인데요, 이러한 의사결정 주제를 자본구조(capital structure)라 합니다. 구체적으로는 기업이 직접 조달한 자금 중에서 재무상태표의 대변에 나타나는 구성 항목들(부채와 자본) 가운데 단기적인 성격을 띠는 유동부채를 제외한 장기 항목들의 구성입니다. 간단히 말해 채권과 주식의 구성이라고 이해하면 됩니다.

가중평균자본비용

기업 입장에서 최적의 자본구조는 자금 제공자에게 지급하는 대가인 자본비용(cost of capital)을 최소로 만들어주는 것입니다. 정확한 의미에서의 자본비용은 자금원천별 자본비용(채권의 자본비용, 주식의 자본비용 등)을 각 자본이 차지하는 비율로 가중평균(비중이나 중요도를 반영한 평균)한 값을 의미합니다. 이를 가중평균자본비용(WACC, weighted average cost of capital)이라 합니다.

타인자본을 B, 자기자본을 S라 하고 각각의 구성비율을 $\dfrac{B}{B+S}$와 $\dfrac{S}{B+S}$라 할 때 WACC의 산식은 다음과 같습니다.

$$WACC = k_b \cdot \frac{B}{B+S} + k_s \cdot \frac{S}{B+S}$$

이 식에서 주의해야 할 것은 타인자본비용 k_B가 세금(법인세)과 관련이 있다는 점입니다. 타인자본비용(cost of debt)은 기업이 타인자본, 즉 부채를 사용할 때 지급하는 대가입니다. 부채비용은 대부분 이자비용이지만 법인세 역시 주요 고려 대상인데요, 그 이유는 타인자본에 대한 이자는 세금 납부가 면제되는 비과세 금액이기 때문입니다. 이자비용을 k_B만큼 부담하는 기업은 법인세율 T일 때, $k_B \times T$만큼 세금을 덜 내게 됩니다.

따라서 일반적인 경우에 타인자본비용은 세금효과를 고려한 후의 타인 자본의 비용으로 이해하시면 됩니다. 이상의 논의를 식으로 정리하면 다음과 같습니다.

$$\text{세후타인자본비용} = \text{세전타인자본비용} - \text{법인세 감세효과} = k_B(1 - T)$$

경제학자 프랑코 모디글리아니(Franco Modigliani)와 머튼 밀러(Merton Miller)에 따르면 법인세를 고려하지 않는 경우에는 완전자본시장하에서 기업가치가 자본구조와 무관하게 결정된다고 보았습니다. 직관적으로 받아들이기 힘든 논리일 수도 있으니 설명을 잘 들어주세요. 우선 완전자본시장이란 시장참여자가 무수히 많고 세금과 각종 거래비용이 없으며 모든 정보가 투자자에게 정확하게 전달되는 시장을 의미합니다. 그리고 일반적으로 재무관리에서는 부채비용이 자기자본비용보다 낮다고 봅니다. 부채비용이 더 낮다는 사실은 역사적 증거와 이론적 증거 모두에 의해 입증될 수 있다고 하니 일단 받아들이도록 합시다. 만약 부채비용이 저렴한 것이 사실이라면 기업은 부채를 최대한 활용함으로써 가중평균자본비용을 낮추려 할 것입니다. 그러나 부채비율이 증가할수록 기업의 재무 위험이 증가하게 됩니다. 이는 곧 부채로 인한 이자와 원금의 상환 위험을 뜻하고, 그 결과 기업의 미래수익률의 불확실성이 커지게 됩니다. 따라서 주주들은 점차 높은 요구 수익률, 즉 높은 자기자본비용을 요구할 것입니다. 즉 저렴한 부채비용을 사용하여 WACC를 낮추려 해도 자기자본비용이 증가하게 되어 다시 WACC가 상승하는 것입니다. 그 결과 WACC는 일정하게 유지되고 기업의 가치 역시 일정하게 유지됩니다. 그러나 만약 법인세를 고려할 때는 이자비용의 법인세 절감효과가 발생하므로 부채를 사용하는 기업의 가치가 무부채 기업의 가치보다 크다고 합니다.

모두에게 재미있는 경영학을 위하여

2009년, 저는 대학 졸업을 앞두고 있었습니다. 대학원 진학을 희망했고, 스스로 학비를 해결하고 싶은 마음에 공부하는 틈틈이 과외 아르바이트를 병행했습니다. 당시에는 수능시험 이후 대학 입학 전까지 대학교의 전공과목을 예습하는 차원에서 가볍게 다루어주는 과외가 일부 지역에서 인기가 있었습니다.

그 과외 수업을 준비하던 저는 경영학 전반을 알기 쉽게 설명해주는 교재를 찾았지만, 쉽지 만나지 못했습니다. 특정 분야 위주로 서술된 교재가 대부분이었고, 그렇다고 해서 대학 교재를 가지고 수업을 하기에는 지나치게 어려웠습니다. 그러던 중 서점에서 발견한 책이 바로 《경영학 무작정 따라하기》였습니다. 경영학의 웬만한 분야를 모두 다루는 동시에 서술의 깊이도 결코 얕지 않았습니다. 입문서는 맞는데 만만하지는 않은 오묘한 책이라는 생각에 주저하지 않고 그 책을 선택해 즐겁게 수업을 진행했습니다.

10년이 지난 2019년, 대학원 석사와 박사 과정을 거쳐 경영학 전문 강사로 활동하고 있던 저는 길벗출판사로부터 원고 집필 의뢰를 받았습니다. 10년 전 수업 교재로 사용했던 바로 그 책! 《경영학 무작정 따라하기》의 개정판 작업을 요청받은 것입니다. 참으로 영광이었지만, 한편으로는 '내가 과연 이 책을 감당할 수 있을까?' 하는 심적 부담도 컸습니다. 경영학을 처음 접하는 사람들을 위한 책이기에 절대 어려워서는 안 되고, 경영학의 모든 분야를 망라해야 하며, 최신 트렌드를 반영해야 하기 때문이었습니다. 부담 속에 원고를 한 줄 한 줄 쓰고 지우기를 반복했습니다. 그렇게 시간이 흘렀고, 출판사와 약속한 기한을 2년이나 넘겨 겨우 탈고를 했습니다.

내용 구성이나 설명 방식 차원에서 기존의 《경영학 무작정 따라하기》와는 완전히 다른 책이 탄생했습니다. 일본인 대학 교수가 집필한 기존판과 다르게 이번 책은 한국의 경영학 전문가가 젊은 감각을 반영해 집필했습니다. 10년 이상 스테디셀러로 많은 사람의 사랑을 받았던 기존판의 명성을 이어갈 수 있도록 최선을 다해 작업했지만, 결과물을 내놓는 지금은 두려운 마음이 큽니다. 독자 여러분의 질책과 건설적 조언을 기다리겠습니다.